河北省"十四五"职业教育规划教材

中职美育素养

孙青 卢丽华 杨飞◎主　编
王晓彤 孙宇辉 王萌 刘会◎副主编

清华大学出版社
北京

内 容 简 介

本书是中等职业教育公共基础课程教材。本书根据国务院办公厅发布的《关于全面加强和改进学校美育工作的意见》等文件精神要求，有机整合相关学科美育内容，推进课程教学、社会实践和校园文化建设深度融合，适应以美育为主题的跨学科教育教学与新时代职业院校人才美学素养培养需要编写而成。本书内容采用项目、任务的编与体例，囊盖美育素养概述、人文之美、音乐之美、书法之美、绘画之美、舞蹈之美、劳动之美等项目，能有效提高课程的针对性与实用性。

本书既有生动活泼的实例描述，又有对接未来岗位工作的具体实用指导，适用于中职（五年制高职）各专业公共基础课程，也可作为大中专院校素养提升的专业教材。

本书封面贴有清华大学出版社防伪标签，无标签者不得销售。
版权所有，侵权必究。举报：010-62782989，beiqinquan@tup.tsinghua.edu.cn。

图书在版编目（CIP）数据

中职美育素养 / 孙青, 卢丽华, 杨飞主编. -- 北京：清华大学出版社, 2025.2. -- ISBN 978-7-302-68272-1

Ⅰ. G40-014

中国国家版本馆 CIP 数据核字第 2025LY8362 号

责任编辑：张　弛
封面设计：刘　键
责任校对：李　梅
责任印制：宋　林

出版发行：清华大学出版社
网　　址：https://www.tup.com.cn, https://www.wqxuetang.com
地　　址：北京清华大学学研大厦 A 座
邮　　编：100084
社 总 机：010-83470000
邮　　购：010-62786544
投稿与读者服务：010-62776969, c-service@tup.tsinghua.edu.cn
质量反馈：010-62772015, zhiliang@tup.tsinghua.edu.cn
课件下载：https://www.tup.com.cn, 010-83470410

印 装 者：小森印刷霸州有限公司
经　　销：全国新华书店
开　　本：185mm×260mm
印　　张：14.5
字　　数：350 千字
版　　次：2025 年 2 月第 1 版
印　　次：2025 年 2 月第 1 次印刷
定　　价：59.90 元

产品编号：109196-01

编 委 会
EDITORIAL BOARD

主　编：孙　青　卢丽华　杨　飞

副主编：王晓彤　孙宇辉　王　萌　刘　会

编　委：（按姓氏笔画排序）

　　　　吕文浩　赵常利　夏　卿　董建杉

　　　　韩　露　蔡　辉

前 言
PREFACE

随着我国教育的不断改革深化，德智体美劳"五育并举"、大力发展素质教育成为普遍共识。2020年10月，中共中央办公厅、国务院办公厅发布《关于全面加强和改进新时代学校美育工作的意见》，指出要不断完善美育课程和教材体系，充分挖掘和运用各学科蕴含的体现中华美育精神与民族审美特质的心灵美、礼乐美、语言美、行为美、科学美、秩序美、健康美、勤劳美、艺术美等丰富美育资源。有机整合相关学科的美育内容，推进课程教学、社会实践和校园文化建设深度融合，大力开展以美育为主题的跨学科教育教学和课外、校外实践活动。党的二十大报告指出要全面贯彻党的教育方针，落实立德树人根本任务，培养德智体美劳全面发展的社会主义建设者和接班人。为深入贯彻党的二十大精神，落实习近平总书记做好美育工作、遵循美育特点、弘扬中华美育精神，让祖国青年一代身心健康成长的要求，我们整合相关学科优势资源，及时调查、分析、研究新时代职业院校美学素养培养方案，组织力量编写了这本具有中职特色又对接岗位需求的美学教材——《中职美育素养》。

本书体例按照项目、任务展开，利于提高课程的针对性与实用性，且适合职业院校学生的学习特点和认知规律。本书共设七个项目，每个项目的开始都设有学习导语和学习目标，可以为学生提供本项目内容的预览以及提醒学生需学习的重要内容；每个任务的开始设有情境导入，以帮助学生通过更轻松、更生动的模拟实例快速进入学习主题。结尾处的任务实施环节设置一定的案例分析和试题，旨在激发学生思考、探索、讨论，学生可以通过小组任务实施评价表等形式检查评估对本项目内容的掌握情况；每个项目的最后都有项目梳理，以帮助学生快速回顾本单元的主要内容；每个项目设有知识链接版块，可以拓展和加深学生相关知识的视野。此外，本书总结、分析、吸收了一些新时代发展的新理念，学生培养的新要求，当代职业岗位的新变化，遵循"必需，实用，适合"的原则重组和整合多个艺术学科，解决了现有教学采用多本教材的问题，实现一本教材贯通美育教学的目标。

本书学时分配建议如下。

学时分配表（供参考）

项　　目	学时分配
项目一　美育素养概述	8
项目二　人文之美	8
项目三　音乐之美	8
项目四　书法之美	8
项目五　绘画之美	8
项目六　舞蹈之美	8
项目七　劳动之美	8

本书汇聚了大批中职一线优秀教师和行业企业人才参与编写,很好地体现了产教融合、校企合作。本书由孙青、卢丽华、杨飞担任主编,王晓彤、孙宇辉、王萌、刘会担任副主编,韩露、赵常利、董建杉、夏卿、吕文浩、蔡辉参与编写。

本书在编写过程中,参阅了大量的文献资料,在此向作者表示致谢!书中若有不当之处,敬请广大读者批评指正,以便完善。

编　者

2025 年 1 月

教学课件

素养提升元素

目 录
CONTENTS

项目一　美育素养概述 ·· **001**

　　任务一　美育的概念 ··· 001
　　任务二　认识美育 ··· 005
　　任务三　美育发展简史 ··· 011

项目二　人文之美 ·· **020**

　　任务一　心灵之美 ··· 020
　　任务二　语言之美 ··· 026
　　任务三　文化之美 ··· 032
　　任务四　行为之美 ··· 037
　　任务五　环境之美 ··· 043

项目三　音乐之美 ·· **050**

　　任务一　音乐简介 ··· 050
　　任务二　中国民族民间音乐 ··· 053
　　任务三　世界民族音乐 ··· 068

项目四　书法之美 ·· **079**

　　任务一　书法概说 ··· 079
　　任务二　文房雅趣 ··· 106
　　任务三　篆刻之美 ··· 121

项目五　绘画之美 ·· **137**

　　任务一　中国绘画 ··· 137
　　任务二　西方绘画 ··· 152

项目六　舞蹈之美 163

任务一　舞蹈认知 163
任务二　中国古典舞蹈 168
任务三　中国民族民间舞蹈 170
任务四　外国民间舞蹈 177
任务五　国际标准舞蹈 180

项目七　劳动之美 186

任务一　认识劳动 187
任务二　生活劳动 194
任务三　生产劳动 201
任务四　生存劳动 209
任务五　工匠精神 217

参考文献 224

项目一
美育素养概述

学习导语

美是人类在生活中向往和追求的主要内容之一。对人类来说，美是一种精神和情感的体验，是一种对生活的热爱和渴望。在浩瀚的宇宙长河，在漫长的人类历史中，美无所不在、无处不在，并时刻被创造和产生着。为了科学地认识美、享受美、鉴赏美、运用美，学习美育，了解美的相关知识具有很大的现实意义。

本部分将学习美育的相关知识，了解美育的概念、意义及研究对象，理解美育的功能和原则，掌握美育的特点和任务等；为提升学生综合素质，增强学生的审美感知能力、培养学生的审美意识和审美想象力、强化学生的审美情感表达、"五育并举"锻造学生优良品质打下坚实基础。

学习目标

- 了解美育的概念和意义，掌握美育的基本功能。
- 能够充分认识美育，了解美育特点及任务。
- 通过美育素养学习，激发对于各学科美育之间的学习兴趣，培养能感受美好、向往美好、追求美好、创造美好的人。

任务一　美育的概念

情景导入

一青年登顶泰山后，一边走一边怄气，青年还说："跑来跑去看石头，上来下去看木头，坐等三天看日头，花钱看'三头'，傻瓜才说有看头。"此时，泰山雄奇的险峰、苍劲的古木、壮观的日出，在她眼里都成了没有生命的"石头""木头""日头"。

请同学们思考一下，该青年的想法和言论属于缺乏哪一方面的感受和能力？

一、美育基本概念

美育又称美感教育或审美教育,是按照美的标准以培养人的形象化情感教育,从而促使人们追求人生的情趣与理想境界等为目标的教育活动。美育作为一个相对独立的教育范畴,始于德国诗人席勒1793—1794年写的《美育书简》,强调美育对诗意人生的促进功能。他认为美育是"通过审美自由活动来培养全面发展的、完全的人"。席勒《美育书简》的哲学基本框架来自康德美学。康德美学从自己的哲学体系为出发点,按照古希腊的传统,将人的心理功能分为知识、情感和意义三部分,并认为人也具有与之相对应的三种认知能力,即理解、判断和推理。

美育一般包括美感教育、美学知识教育和学科美育三方面。美感教育是指运用美的规律,通过审美事件训练,以强化人的感知、想象、情感、理解等心理能力,健全人的审美心理结构,培养敏锐的审美能力和审美创造力;美学知识教育主要是开展美学原理等方面的教育,以提高人们的审美趣味和美学素养,帮助人们树立正确的审美观念和审美理想;学科美育主要是指在教学活动中,如何应用美学知识来指导学科实践,把枯燥的理论变成美好的形象,把教师单纯的知识灌输变成师生间平等的交流。通过上述三个方面的相互补充与配合,培养具有敏锐的感受力、丰富的个性、高尚的审美情趣和道德修养、爱好较多、知识面广的新人。本书主要进行美感教育和美学知识教育。

美育以特定时代、特定阶级的审美观念为标准,以形象为手段,以情感为核心,以实现人的全面发展为宗旨。这种教育可以陶冶人的情操、丰富人的感情、开阔人的视野,可以使人具有一定的美的理想、美的品格、美的素养以及欣赏美、创造美的能力。正如我国近代著名教育家蔡元培先生所说:"美育者,应用美学理论于教育,以陶冶情感为目的者也。"可见,美育是审美与教育的结合,集美感教育与心灵感受于一体,在对美的事物的欣赏、体验、鉴别过程中,使人的理性受到感性启迪,以丰富心灵情感,激发人的创造力。从形式上看,这种教育具有潜移默化、润物细无声的特点,而对于思维方式的转型,却可以使人实现从单纯的感受到能力的飞跃,从单一的封闭到多角度的开放。

首先,美育不仅仅是艺术教育。通常当大家提到美育就会想起中小学的音乐与美术课,到了职业学校便是艺术选修课。但从美育的内容上来讲,美育还包括自然美、社会美和科学美,而美育对学生的艺术基础能力和艺术鉴赏能力要求也并不严格,由此可见艺术教育完全概括美育的内涵。其次,美育也不能称为辅助教育,尽管"德、智、体、美、劳"五育之间存在紧密的关系,它们相互支撑、彼此渗透,在人的全面发展中它们同时发挥作用,但是它们也是独立存在,不可相互替代的。

美育是一种如何塑造美、创造美的立美教育,有着不同于德育、智育和体育的特点。美育是通过"施教于美"的过程,达到"立美育人"目的的一种教育。它是融德育为心灵之美,融智育为灵秀之美,融体育为健壮之美,融劳动为创造之美的单项教育过程,也是德、智、体、美、劳诸育相互渗透和交融所呈现出来的完美而统一的教育过程。育人始于立美，而立美离不开审美。因此，学习一定的美学基本知识有助于提高中职学生自身的整体素质。

二、美育的意义

美育在当今社会中具有重要的意义，它不仅仅是一个话题，更是一种思想，是人类追求真理、美好、善良生活的机制，反映了实践基础教育和道德教育的统一和发展。

（一）美育有助于学生的心理健康与人格完善

美育是教育活动的重要组成部分。美育不仅能够促进学生的鉴赏能力和感受美的能力的提升，还能够使学生的情感和精神力量达到一种和谐的状态。美育对于一个人，尤其是当前中职学校中很多心理发展不成熟又受到社会商业文化影响较大的学生的全面发展有着不可取代的作用。美育能够以情感感染学生，让学生取其精华、去其糟粕，用美的法则与规律对生活中的事物做出筛选，从而逐渐构造学生心灵健康、人格完善的情感世界。

《国家中长期教育改革和发展规划纲要（2010—2020年）》针对职业教育提出要"着力培养学生的职业道德、职业技能和就业创业能力。"对中职学生进行美育教育，培养他们的审美情操，对他们的成长有着深远的意义：一方面可以帮助学生形成审美目标，有了审美目标，学生就有了创造的动力，也就有效地提高了就业、创业能力；另一方面，美是一种友善、和谐的情操，能使学生品格高尚、心地善良、情感纯洁、态度端正，有利于学生健康、快乐地成长，让他们无论在学习、工作还是家庭生活中都能更有效地融入社会。此外，美好的事物能给人以愉悦的心情，审美是一种高层次的精神享受，能够促进人们身心的健康发展。无论是事物的自然美还是艺术的造型美，都对学生理想的树立、情操的陶冶、精神的塑造、人格的完善具有十分重要的意义，这也是美育的主要任务。孔子说："知之者不如好之者，好之者不如乐之者。"也就是说，一个人只知道知识是不够的，只有从情感上产生爱好，才能在行动中发挥最大的潜力，可见，美育具有全方位的渗透作用，能够把其他教育带动起来，全面提高人的素质，促进学生人格完善。

（二）美育可促进学生专业的发展和知识面的拓展

现在社会对学生的综合能力的要求较高，尤其是需要那些精通专业、博学多才的人才。要想做到既精通专业又博学多才，具备一定的审美能力是一个重要条件。美术教育在培养人的综合能力方面具有不可替代的重要作用。当前，中等职业学校开设的很多专业都要求学生具备一定的艺术审美能力。例如各种设计类专业需要学生具备素描、色彩、空间想象等基本的绘画能力，因为审美能力的高低在一定程度上决定了设计作品的优劣。美术教育是超越单纯的美术技法的，是提高学生的美术知识、美术素质、美术修养的教育，主要任务是使学生建立美术知识结构，提高审美修养，形成健康高尚的审美情操。

（三）美育可加强学生的具象思维能力和创造力

学生阶段是人生中最宝贵的时期，学生具有强烈的好奇心和求知欲。在一系列美育活动中，学生的主观能动性得以发挥，情感得以激发，能够在美育的过程中打开思路，发挥想象，从而做到融会贯通，提高认识问题、分析问题、解决问题的能力。学生的观察力一般较弱，不能深入观察事物，而且兴趣容易转移，而艺术审美活动从内容、形式到过程、结果都能够提升学生的观察力。同时，美育能够有效地激发学生的想象力，激起他们种种美妙的联想，这种联想是比较自由的，能使人超越时间和空间、有生命与无生命、现实和幻想的种种限制。学生在美术教学中发展起来的具象能力、空间想象能力与抽象思维、逻辑思维形成互补，有助于思维的全面发展。

1978年度诺贝尔奖获得者、美国哈佛大学教授格拉索在回答"如何才能造就好的科学家"的问题时说："往往许多物理问题的解决并不在物理范围之内，涉及多方面的学问可以提供广阔的思路，如多看看小说，有时间去动物园看看也有好处，可以帮助提高想象力"；当居里夫妇终于在那些沥青铀矿的残渣中提炼出"镭"的时候，种种艰难困苦在他们的心中都淡化了、消失了，剩下的只是欢乐。那天，他俩默默地坐在那间黑暗的工作室里，目不转睛地看着镭发出的略带蓝色的异常美丽的荧光，这时的镭，在科学家的心目中是那样的美丽；贝多芬双耳失聪，但依旧创作出那么多美好的乐曲，正是由于他对音乐视如生命般的热爱；保尔·柯察金无论在艰苦的战争环境，还是在困难的祖国建设时期，都用一种大无畏的英雄气概面对一切困难，宁愿为事业付出他年轻的生命，正是因为他认定自己所追求的事业是人类历史上最美好的事业。可见，炙热的情感，可激发人类巨大的创造力，大大推动人类的各种创造活动。

（四）美育可提升学生的情商

人的大脑两半球的功能是高度专门化而又高度合作的：左脑掌管人的认知活动，右脑则掌管人的创造活动。学校教育以及社会对人才要求的重点在于左脑的开发完善，因此右脑相对左脑则开发较为缓慢。实际上，右脑在人的一生中具有十分重要的作用，这就是我们经常提到的情商、职业性格的基础。而美育无疑是开发右脑的最佳学科。同时，美育的功能是整体的，它虽然主要作用于右脑，却又不止右脑，它所拥有的空间知觉能力和直觉思维能力不仅为智能健全的人所必需，而且想象力会对左脑的逻辑思维能力起到促进作用。因此，美育的特别意义还在于其有利于大脑的全面开发。

三、美育的研究对象

美育不是一般的情感教育和艺术教育，而是关系到人之间的精神世界水平的教育活动，其最基本的目的是全面地培养人。美育研究的对象是人的审美活动以及审美创造的发展规律和特点。美育只有把握这一最基本的目的和研究对象，才能针对不同的教育对象，做到有的放矢地进行工作，有效促进人类精神境界的升华。

检测评价

选择题

1. 席勒在1793—1794年写的（　　　　）中首次提出了"审美教育"这一概念。（单选）

项目一　美育素养概述

　　　A.《美育书简》　　　B.《理想国》　　　C.《美学》　　　D.《审美心理描述》
2. 美育教育一般包括（　　　）。（多选）
　　　A. 美感教育　　　B. 美学知识教育　　　C. 学科美育　　　D. 文化知识教育
3. 美育的积极意义包括（　　　）。（多选）
　　　A. 促进学生人格完善　　　　　　　　　B. 拓展学生知识面
　　　C. 加强学生思维能力与创造力　　　　　D. 提升学生情商

任务实施

　　孔子云："兴于诗，立于礼，成于乐"，强调了审美教育对于人格培养的作用。蔡元培先生曾大声疾呼："美育是最重要、最基础的人生观教育。"可是，现实生活中，也有一些学生不理解美育，不懂得审美。有的说："我们学习这样忙，哪有时间欣赏美？"有的说："考上大学主要靠智育，审美能力的有无是无关紧要的啊！"也有的说："人无德不立，只要品德好，就能拥有一切。"等。
　　以上材料引发你怎样的认识与思考？

任务实施评价表

小组编号：　　　　　　　　　　　任务序号：

项　目	评　价　依　据	优秀	良好	及格	继续努力
任务准备	是否认真阅读了材料案例，并按照教学内容作了细致梳理				
知识理解	对于美育基本概念、意义、研究对象的理解掌握				
分析讨论	任务实施讨论成果				
合作学习	小组成员讨论是否积极主动、发言是否充分、观点补充是否完整				

任务二　认识美育

情景导入

　　英国生物学家达尔文曾结合自己的亲身体会作过这样的说明："假如我能够从头再活一次，我一定给自己规定这样一个原则，一星期之内抽出一定的时间去读诗和听音乐。只有这样，我现在业已退化的那一部分能力才能在持续不断的使用中保持下来。事实上，失去这种趣味和能力就意味失去了幸福，并且会进一步损害理智，甚至可能会因为本性中情感成分的退化而危及道德心。"
　　请进一步分析，达尔文为什么会给自己规定这样一个原则？

知识积累

一、美育的功能与原则

（一）美育的功能

1. 训练感知、丰富想象

社会实践中，人希望进步就必须不断提高和培养自己的感知能力，以应对社会和自然的各种变化。美育是在各种不同审美活动中进行的，而这些活动，包括人、自然、社会及艺术中的美，无不是以色彩、声音、线条等具体形象作为载体的。这种载体可直接刺激人们的感官，使人们的感知能力在不断地训练中得到提高。

丰富的想象力能够使人不断地改造和创造世界，使现实变得越来越美好。艺术是实施美育的主要手段，而艺术审美则更需要丰富的想象力。聆听一首乐曲时，人们可随着一定的音符组合和旋律的刺激，产生漫步在月光下、进入暴风雨中、听到林中的鸟语、看到恋人的缠绵等感觉；断臂维纳斯之所以给人以美感，是因为人们在欣赏的过程中，将她那静止的形象予以了鲜活的生命，并在想象中对之进行了某种程度的"修正"。这些审美活动的完成，均需要具备丰富的想象力。

2. 拓展时空、开发智能

人具有生物与社会双重属性，精神生活是社会人的重要标志，时空的感觉是人类所特有的感觉。美育可使人开阔眼界、增长见识，大幅拓展人已有的精神时空，以拥有更加博大的胸怀。无数事实表明，美育对于智育的发展，确实有很大的促进作用。

3. 平衡心理、修身养性

面对现代社会的快速发展，人们的各种心理压力日趋增加。美育作为一种教育活动，具有调节情感、稳定情绪、平衡心理、培养健全人格等作用，它不仅能振奋精神、缓解压力，还可以增强人的心理防卫机制。例如挥毫于书法中，可令人静心屏息；纵情于山水间，则让人心旷神怡。徐志摩的《再别康桥》"那榆荫下的一潭，不是清泉，是天上虹，揉碎在浮藻间，沉淀着彩虹似的梦。寻梦？撑一支长篙向青草更青处漫溯，满载一船星辉，在星辉斑斓里放歌。"如此美的诗境，每个人听了都会产生美好的感受。

美可移情，美可调心，美是人们生活中不可缺少的内容，适时开展各种美育活动是保证学生心理健康的重要条件之一。

（二）美育的基本原则

1. 真、善、美相统一

这是美育的一个根本性原则。任何一个生活事件或作品，只有做到了"真"，才有认识价值；只有做到了"善"，才有教育价值；只有做到了"美"，才有审美价值，离开了真和善，也就无美可言。因此，在美育过程中必须将真、善、美统一起来，使受教育者得到协调一致的发展。

2. 主体与客体相适应

审美主体是在社会实践特别是审美实践中形成的具有一定审美能力的人，通常指个人主体。审美客体与审美主体处于审美关系之中，故为主体所欣赏的客观事物。审美客体通常具有生动的形象，能为人的审美感官所感知，包括形状、颜色、音响、质地等自然属性，而不是指思想或者概念之类的抽象物。它往往有多种形态，如空间的、时间的、静态的、动态的，人的社会形态以及人所创造的艺术品、物质产品等。审美主体和审美客体相互依存，离开审美主体就没有审美客体，没有审美客体也就不存在审美主体，各审美客体培养和提高着主体的审美能力，主体不断提高的审美能力又促进着审美客体的扩展和丰富。

审美活动中，审美客体是不以审美主体的意志为转移的客观存在，是第一性的。然而，审美客体之所以能够被欣赏，并使主体从中受到教育，是因为主体本身有着审美或者接受教育的要求，有健全的审美感觉器官，有能和客体相适应的情感联系方式。因此，教育者应按照审美主体不同的生理、心理发展阶段的规律，有针对性地选择合适的审美对象开展美育活动。

3. 理论与实践相结合

美育实施中，一方面要重视基本理论的学习，同时要强调做到学以致用，抓住课程内容的重点、难点以及关键问题，联系日常生活中的审美情趣、人际关系和艺术鉴赏等方面的问题，加强引导，规范言行，完善人格。

4. 情感与认识相一致

美育特别强调情感的作用，这是美育同其他教育的根本区别。审美教育中的情是蕴涵着理的情，理是渗透着情的理，情与理相互交融。因此，美育实施中应将理性的教育内容融化在美的形式之中，以打动人们的情感，使人知美而又知其真，赏美而又得其善。

二、美育的特点

1. 生动形象

美的形象之所以不同于科学、政治和道德形象，就在于它是真善美的统一，是可感知的、具体生动的、具有观赏价值的运动现象或事物形象。美育是通过具体生动形象来教育人、感染人，寓教于美的形象之中的。黄山的奇特、西湖的妩媚、泰山的雄伟等，都具有自然美的形象性；见义勇为、文明礼貌、助人为乐等都表现着社会美的形象性；而艺术美的形象性则是通过悠扬的乐曲、绚丽的图画、优美的舞姿等形式表现出来。值得注意的是，美育的过程也并不排斥理性的因素。

2. 愉悦情感

美育是以情感活动为中介，使受教育者从情感上产生对客观事物喜怒哀乐的审美评价和审美态度，进而认识事物的本质，达到理、智、情的统一。在欧·亨利的小说《最后一片叶子》中，一片被老画家画在墙上的黄叶，竟然会激发身染重病的女画家对生命的热情，才使她有了战胜病魔的力量。一片几乎没有任何意义的黄叶，只有以审美的眼光去看它，才会发现在它身上所蕴含的生命力，从而给人启迪。

3. 主动自由

德育、智育由于学科本身的严肃性与逻辑性，决定了受教育者必须克制自己的情感，适应与接受理性思维的训练；而美育则不带有任何的强制性，是靠美的事物本身所具有的魅力打动人，受教育者在舒畅的心境和轻松的氛围下，通过多种途径、形式和方法获得情感世界的满足，这种活动是自觉自愿的，因而也是主动自由且以不降低欣赏品位为基础。

4. 潜移默化

美育是一种具有一定深邃性的教育，且常常使受教育者身心都处于愉快的状态之中，潜移默化地接受教育，它的效果是深刻且久远的。

三、美育的任务

1. 树立正确的审美观

审美观直接制约着人们的审美方向，指导着人们的审美实践。在欧也妮·葛朗台看来，最美的莫过于善良和纯真的爱情，所以她把自己所有的积蓄给了她所爱的人；但在老葛朗台的眼中，最美的是那黄澄澄的金钱，为了金钱他可以不要兄弟之情、父女之情和夫妻之爱。可见，审美观的不同，人生的意义截然不同。只有具有正确的审美观，才能更好地认识美与创造美，使自己的人生更加丰富多彩并具有积极的意义。要树立正确的审美观，就要认真学习一些美学理论，提高自身的审美理想，结合平时的工作、学习、生活实际，培养美好的生活情趣，将美育和劳动相结合，并从劳动中创造幸福和认识人生的价值。

2. 塑造高尚的人格

人格一般指人的尊严、价值和道德品质的总和，是一个人的精神面貌的集中体现。人格并非天生的，而是教育和社会实践的产物。一个人的人格形成、定位，同自身社会实践、生活环境以及个人修养密切相关。一个具有高尚人格的人，无论何时何地都会自爱、自尊、自信，不卑不亢，具有强大的感染力和精神动力。

3. 提高自身审美能力

审美能力是一种在自然、生活、艺术中发现美、欣赏美、鉴别美的能力，这种能力的获得与审美者自身的文化底蕴、审美经验、艺术修养等因素都有着密切的联系。

审美感受能力：指审美主体对审美对象的感知能力。它是人们进行审美活动的前提，是审美过程的起点，也是其他审美能力萌生和发展的基础。审美感受能力包括对事物美的内在情感和外在形式的感知两个方面。提高人的审美感受能力关键在于提高人的素质。法国艺术家罗丹说："世界上并不缺少美，缺少的只是发现。"这正是对培养人们审美感受能力的强调。当人们面对长城时，有的人只能看到它表面的砖瓦，而有的人则可通过长城感受到中华民族不屈的民族之魂，感受到的壮美远远超出了眼前的实体，从而达到精神世界的升华。

审美鉴赏能力：是人们对事物的美与丑以及美的类型、态度、性质的辨别能力及体会程度。在审美鉴赏能力的培养中，既要重视发展个体的审美个性，也要注意培养个体区别美丑的审美辨别和判断能力。如果没有这种能力就区分不了美丑，就不能认清美的性质，当然也就谈不上欣赏、感受和创造美了。

审美欣赏能力：是指人们对美的事物的领悟能力和评价能力。它和审美鉴赏能力的不同在于，审美鉴赏更侧重于审美主体对审美对象的认识和鉴别，而审美欣赏则更侧重于审美主体对审美对象的精神领悟，更加突出了审美主体的情感作用。有了这种能力，不但可以敏锐地察觉到美的外在形式，而且善于通过有限的形式领悟其深刻的内涵，达到较高的审美层次。

审美想象能力：审美想象是指人们可以在以往表象积累的基础上，在头脑中进行加工制造而创造新形象的过程。审美主体在欣赏美的事物时，不仅要感知其客观形象，而且要体会其内在本质。这一过程如果没有想象，就不能做到真正的欣赏。因此，应尽量拓宽学生的想象空间，建立和巩固正确的、符合社会发展方向的审美观和审美标准，如欣赏交响乐、芭蕾舞，阅读大量的科普、科幻作品以及较为深刻的文艺作品等。

4. 培养较强的审美创造能力

审美创造力是审美主体按照美的规律，进行创造性活动所表现出的一种能动性。正如人们认识世界是为了改造世界一样，人们欣赏美、感受美是为了创造美，因此，培养和提高中职生的审美创造力，是中职学校审美教育的立足点，是一项有战略意义的工作。

四、美育的实施途径与方法

（一）家庭美育

1. 父母的行为

父母是孩子的第一任老师，其言谈举止对孩子审美品德的塑造具有重要意义，甚至起着决定性的作用。

2. 感情的交流

家庭不能没有爱，没有爱的生活就如缺少了阳光的世界。在情感和思想上对于孩子的关心、支持和引导，和孩子真正有效的情感交流和沟通，才能使之在充满爱的环境中健康成长，才能有效地进行审美行为和品德的培养。

3. 良好的氛围

良好的家庭氛围主要包括良好的家庭环境和融洽的家庭关系。家庭是人的生活的重要组成部分，对于人的生理和心理都会产生最直接的作用和影响。

4. 增强荣誉感

增强家庭荣誉感是家庭美育的重要内容之一。讲荣誉感，也是重视人格美，就是要让每个家庭成员，正确认识自己的社会责任和社会角色。作为父母一定要从小培养孩子的家庭荣誉感，为孩子今后走向社会奠定良好的基础。

（二）学校美育

学校教育是人一生中接受教育的重要阶段，是形成自己的世界观、人生观，培养自己知识和能力的最佳阶段，也是美育的关键时期。学校美育贯穿于教育教学的各个方面，无论从课程的设置、教学方法、教学过程、教师的素质,还是从学校环境、课外活动,都会对学生个性的发展、文明行为的培养、实践能力的提高以及正常的情感交流产生重要的影响。

学校美育的实施,主要可通过教学活动、课外活动以及学校优美的环境、教师良好素质的示范作用,并配合适当的方法来进行。教育工作者应了解和掌握学校教育、教学工作中潜在的审美因素及其功能,强化美育意识,做到以美育人。

(三)社会美育

社会美育和家庭美育、学校美育相比,有着更为广泛的内容和特点。人作为一个社会的人总是生活在一定的社会环境中,随时会受到各种社会审美形态和审美心理的影响,因而美育也是在有形无形中起着作用。重视并搞好社会美育,对整个社会的文明化进程将会有较大的促进作用。

社会美育的途径和方法:利用各种宣传媒介进行美育,如广播、电视、各种形式的娱乐活动;通过优美的环境进行美育,如各种自然与人文景观体现社会美和自然美的每一个侧面;通过各种社会实践活动进行美育,如各种社会公德、各个行业的职业道德要求,为全社会营造一个和谐优美的生活秩序和环境,提高全社会成员的审美水平。

检测评价

单项选择题

1. 美育的特点中不包含(　　)。
   A. 生动形象　　　　B. 潜移默化　　　　C. 严肃逻辑　　　　D. 愉悦情感
2. 发展审美创造能力,最重要的是培养丰富的(　　),注重创造性思维的训练,使人们创造出更多、更新的审美对象。
   A. 感知力　　　　　B. 理解力　　　　　C. 想象力　　　　　D. 判断力
3. 美育的任务中不包含(　　)。
   A. 提高学生感受美的能力　　　　B. 培养学生鉴赏美的能力
   C. 形成学生创造美的能力　　　　D. 培养学生健康的身心素质

任务实施

在红军长征途中,曾发生过这样一件事:一位同志穿着单衣冻死在一棵大树下,有的同志愤怒地要去找军需处处长,想狠狠地责备他一顿。周围的同志含着眼泪告诉他这位死去的同志便是军需处处长,他把能发的东西都发给了大家,却没有给自己留下应得的一份。看着这位冻死的军需处处长,战友们无不激发出极大勇气和继续前进的力量。这就是人格魅力的一种生动表现。这种人格力量是最伟大的。

(资料来源:长征中的永恒雕像. 解放军报, 2006-6-25.)

上面的材料引发你怎样的认识与思考?

项目一　美育素养概述

任务实施评价表

小组编号：　　　　　　　　　任务序号：

项　目	评价依据	优秀	良好	及格	继续努力
任务准备	是否认真阅读了材料案例，并按照教学内容作了细致梳理				
知识理解	对美育功能与原则、特点、任务实施途径与方法的理解和掌握				
分析讨论	任务实施讨论成果				
合作学习	小组成员讨论是否积极主动、发言是否充分、观点补充是否完整				

任务三　美育发展简史

情景导入

20世纪80年代，由吴贻弓执导的怀旧题材经典电影《城南旧事》大获成功。

本片以一曲脍炙人口的主题曲《送别》开篇，伴随着甜美的旋律，呈现了一幕幕民国时期的温情故事，成为一代人挥之不去的美好回忆。不过鲜为人知的是，这首曲调优美又文辞典雅的《送别》歌，正是20世纪20年代民国校园里最流行的歌曲之一。它的传唱不衰，是民国时期青少年艺术教育的一个缩影。

在传统《六经》中，就有专为门客弟子教授音乐的《乐经》。西汉时期，汉武帝正式设立乐府，整理改编与创作音乐，再进行演唱及演奏。到了唐宋时期，还出现了一大批和艺术有关的书籍，都是中国古代艺术教育的精华之作。

五千年的中华文明史有着光辉灿烂的艺术与文化。很长一段时间里，艺术教育也保持着良好传统。

请同学们思考一下，我国的美育教育是从近代才开始的吗？美育是如何发展的？

知识积累

美育素养概述重难点讲解

一、中国美育发展简史

（一）中国古代美育

中国古代美育思想极为丰富。中国古代美育以"礼乐教化"为核心观念，并通过"乐教""诗教"等途径具体实施。这一美育传统的历史根源就是先秦文献所载的"先王乐教"。"先王乐教"不仅直接影响到"礼乐教化"美育传统的形成，而且为美育思想的产生奠定了观念的历史来源和思考的历史背景。

"乐教"一词最早见于《礼记·经解》篇，但"乐教"之事先秦文献已有很多记载。这些记载都是围绕从三皇五帝到西周的历代帝王展开的，不仅见于《论语》《荀子》等儒家文献及《尚书》《周易》等儒家相关文献，也见于《墨子》《庄子》《韩非子》等诸子之书，并在先秦晚期的《吕氏春秋·古乐》篇有较系统的整理。这说明，"先王乐教"已经成为先秦思想的一个普遍性共识。

第一个提倡美育的人是儒家学派的创始人、思想家和教育家孔子。孔子的思想以"仁"为核心，他的美学思想也是建立在仁学的基础上的。孔子致力于教育，把人的培养放在首位，他把"六艺"即礼、乐、射、御、书、数，列为教育的基本内容，主张对人进行全面的培养。这里的"礼"即德育；"书"和"数"指文字与计算，即智育；"射""御"指包括射箭、骑马等项目在内的体育训练；"乐"指综合艺术教育，即美育。他认为要造就完美人格，必须"志于道，据于德，依于仁，游于艺"，将道德教育、知识教育结合于审美艺术教育，实行全面教育。孔子的美育理论经过孟子、荀子和汉儒、宋儒的推动，在中国教育史上产生了极为深远的影响。

（二）中国近代美育

中国近代的美育思想，是在西方文明思想的直接影响下，在中西文化相互激荡中形成和发展起来的。中国近代美育指鸦片战争直到五四运动期间实施的美育，代表人物有王国维、蔡元培、李瑞清、鲁迅、梁启超等人。在中国，美育作为教育学的一个重要组成部分，明确地被提倡、论证，并广泛付诸实践是在近代。

著名的政治思想家康有为、梁启超是中国近代史上最早的美育倡导者。他们最早介绍和引进西方美学，并将之与中国传统美学思想理论相结合。康有为认为对于人的美的情感，应该用美的事物加以熏陶教育。梁启超则认为情感与趣味是人类活动的原动力。

我国近代最早系统地宣传美育，并把美育与德育、智育相提并论的是著名学者王国维，他不仅介绍和引进了西方美学，还进行系统研究和传播，重视审美教育的实践并应用于文艺研究，取得了很大成就。他说："美育者，一面使人之感情发达，以达完美之域，一面又用德育与智育之手段，此又为教育者不可不留意也。"可见，王国维的美育思想，与前人相比具有系统性。中国人真正知道美育与美学，也正是始于王国维对西方哲学与美学的介绍。

中国近代美育体系的主要建设者是著名教育家蔡元培。他在近代美育史上的突出贡献表现在：①在中国教育史上首次将美育纳入教育方针；②提出了著名的"以美育代宗教"的主张；③阐述了美育的定义；④提出了实施美育的具体方案。他的美育思想，在广度和深度方面，超过了中国历史上任何一位学者，是我国美学以及教育史上一份极其珍贵的文化遗产。

（三）中国现代美育

中国现代美育是指五四运动到中华人民共和国成立期间实施的美育。此间，文化知识界提倡美育、宣传美育，比较著名的有丰子恺、朱光潜等人。丰子恺是著名的艺术家，在文学、音乐、绘画、书法等方面均有较高的造诣。他大力提倡美育，指出艺术的审美教育作用在于打动人的情感，以艺术家的丰富感情和热情积极开展审美教育。

朱光潜是我国从事美学研究比较早的学者。他热心倡导美育，把艺术看作美育的重要手段，认为艺术能帮助人们认识人生，培养高尚的道德精神。他明确提出"美感教育是一种情感教育""美感教育的功用在怡情养性"。他的论述深刻触及了美育的核心问题。

（四）中国当代美育

中国当代美育是指中华人民共和国成立后实施的美育。中华人民共和国成立初期，美育即被明确写进了教育方针，成为有章可循的教育事业的一部分。党的十一届三中全会后，美育进入了新的历史阶段，广大美育工作者积极开展美育研究与实践，美育思想空前广泛。1980年6月在昆明召开的第一次全国美学会议上，美育被列为会议讨论的四大问题之一。人们认为，美育的任务在于树立正确的审美观念，目的在于使人全面发展。美育不仅要包括指导欣赏，而且要包括指导创作，指导生产和生活中的实践活动等。此后，我国教育界不仅加强了审美教育，而且从理论上开始了全面的研究和探讨。

二、西方美育发展简史

（一）古代希腊与罗马的美育

古代希腊与罗马时期，在人类的思想文化史上是一个非常重要的时期。

古希腊的美学和艺术，可追溯到公元前6世纪，极盛于公元前5世纪到公元前4世纪。古希腊是城邦林立的奴隶制城市国家，其中最为强大、最具代表性的是雅典和斯巴达这两个城邦。由于二者经济、政治体制的不同，逐渐形成了截然不同的教育制度。斯巴达形成的是以军事和体育训练为中心的教育制度体系；雅典教育则可分为缪斯教育和体育教育，缪斯教育即美育。城邦规定，7~14岁儿童可进文法学校或琴弦学校；13~15岁儿童进入体育学校；16~18岁青年接受体育馆教育和政治、文学及哲学教育；18~20岁青年进入高等学校学习。众多的审美教育实践，使得审美教育观念和审美教育思想在古希腊文化中占有重要地位，也成为西方审美教育理论的开端和来源。

在古希腊，较为系统地研究并阐述美育理论的美学家是柏拉图，他的思想对后人的影响很大。柏拉图十分重视教育，尤其是幼儿教育、音乐教育及美育的形式和内容。他主张7~17岁的青少年应主要学习音乐和文学，然后再学习体育和其他方面的知识。

作为柏拉图的学生，亚里士多德在《修辞学》中同样认为"美是一种善，其之所以引起快感，正因为它善"，他主张将情感和行为调整适度。他的情感教育论，对后人有很大影响。

古希腊城邦衰落以后，罗马开始在西方崛起。贺拉斯是古罗马时期有名的诗人，也是一位有影响的美学家。他认为艺术就是用情感来感染人，艺术创作只有有了真情实感，才能使作品具有魅力，打动读者的心灵。对艺术的审美作用，贺拉斯则提出了"寓教于乐"的著名观点。他还认为，审美创造既要有天才，也离不开训练。若天才和训练相比，则训练更为重要。

（二）欧洲中世纪美育

在欧洲中世纪这漫长的历史时期，教育带有强烈的宗教性质。因此，中世纪的美育是神学美育。影响最大的美学家是奥古斯丁，他把美分成最高的和无限的、低级的和有限的两类，他视上帝为万美之源，认为只有神与上帝的美才是一切美的源泉和最高的美。他肯定艺术的情感作用，主张将艺术用于宗教教育。

（三）文艺复兴运动时期的美育

在 14—16 世纪的欧洲文艺复兴运动时期，许多思想家都提出了"遵循自然"的原则，宣传以人为本，将美从"天上"拉回到人世间。这种思想的产生体现着资本主义生产方式发展的要求。

文艺复兴运动的先驱、著名诗人但丁在《神曲》中深刻揭露了教皇政权的黑暗与罪恶，他强调美与艺术的社会功用，认为艺术必须以善为内容，以美为形式。当时另一位著名艺术家达·芬奇，更以他的许多现实主义作品，歌颂人类的美好世界，如名画《蒙娜丽莎》《最后的晚餐》等，都代表了当时艺术的最高成就。教育家、美学家夸美纽斯的美育思想也很有特点，他主张"泛智论"，高度重视人的全面发展，认为教育是"艺术中的艺术"，为此，他特别强调直观性教学原则。他的美育思想，体现了打破封建教育的束缚，发展资本主义的要求。

（四）西方近代美育

从 17 世纪中叶起的西方近代时期是美育史上的重要阶段，随着美学和教育学作为独立学科的出现，审美教育也日益被人们重视而得到重大发展。18 世纪的启蒙思想家们，都把文艺当作重要的宣传手段，强调通过文艺丰富人的情感，通过宣传理性与科学，提高人的思维能力。法国启蒙思潮先驱者卢梭晚年出版的《爱弥儿》一书，全面阐述了其教育思想，被称为"新旧教育的分水岭"。他主张人"回到自然去"，让儿童在自然的环境中感受美，以恢复人的自然本性。

德国启蒙时期的艺术家和美学家席勒在美学史上首次提出"美育"的概念，他的《美育书简》是"美育宣言书"，标志着美育向系统的理论科学方向的发展。席勒在此书中明确提出德、智、体、美四育的概念，他认为"要使感性的人成为理性的人，除了首先使他成为审美的人，没有其他途径。"审美教育在他看来是完善人性的最好手段。

（五）西方现代美育

19 世纪中叶以后，欧美各资本主义国家的工业革命对艺术教育、审美教育起了极大的促进作用。美育思想也较以往任何历史阶段更为丰富、更为深刻。这时期引起人们特别重视的是杜威和苏霍姆林斯基的美育思想。

美学家、教育家杜威强调艺术即经验，创立了在教育史上影响广泛的实用主义教育理论，课程设置全面，其中文化和艺术是其重要组成部分，提倡"从做中学"，同时重视从活动中使学生养成良好的道德观念。

苏霍姆林斯基是一位杰出的美育理论家与实践家。他的美育思想主要有四方面的内容：①统一完整的教育过程，应当体现智育、体育、德育、劳动教育和审美教育相互渗透、相互交织；②美育对德育、智育、体育具有促进作用；③美育的直接效果是陶冶人的情感；④特别推崇自然美在美育中的作用。苏霍姆林斯基的教育思想是比较全面的，他揭示了德育、智育、体育、美育和劳动教育在培养人的全面、和谐发展中的作用，以及它们之间的相互关系，使之成为一个完整统一的整体。在美育方面，他不仅从理论上进行了探讨，而且在实践中有效地解决了美育的原则、内容和方法等重要问题。

（六）西方当代美育

20世纪六七十年代以来，科技发展极为迅猛，对人类社会生活和思维方式、价值观念等方面都产生了巨大的影响和冲击。西方的教育家、美学家对审美教育进行了更加深入的探讨和实践。

1972年联合国教科文组织国际教育发展委员会发表"国际教育年"专题报告《学会生存——教育世界的今天和明天》。该报告指出，科学发展的前景既令人振奋又令人紧张。现代是教育面临经济、政治、文化、传统观念挑战的时代，应该革新教育，从而使受教育者学会生存，学会学习，学会终身吸收新知，学会自由地、批判地思考，学会热爱世界并使这个世界更具有人情味和诗意审美化。

联合国这份报告反映了人们在新时代对美育的重视。西方发达国家近二三十年也确实大大加强了对美育的研究和实施。美国哲学家奈尔森·古德曼发起并领导的《零点项目》，其目的就是要研究和提高艺术教育的地位。他认为艺术教育必须作为一种重要的认识能力和手段来学习，艺术教育在人才培养和人类的智力开发方面有自然科学教育无法替代的作用。鉴于人们过去对艺术教育的了解很不系统、不全面，理论研究接近于零，故起名为《零点项目》。这一理论研究和实践结果对美国各界产生了深远影响，艺术教育逐渐成为美国大中小学的重要教育科目。1994年美国还颁布法令，首次把艺术（音乐、视觉艺术、舞蹈和戏剧艺术）增列为美国基础教育的"核心学科"，这是当代美国教育改革的一大特点。

有着美育悠久历史的德国，当代美育也有新的进展，尤其是"缪斯教育论"引起世界性的瞩目。这种理论认为，美育是一种自我活动的教育，自我活动是生命本身，能够进行自我活动的便是艺术。其宗旨在于改变和提高受教育者乃至整个民族的素质。

三、马克思主义美育思想

马克思主义美育思想是指在马克思、恩格斯的论著中所涉及的美育思想。马克思和恩格斯虽然没有美育专著，但在他们的论著中涉及了许多美育的根本问题。包括：①从唯物史观出发来探讨美育问题，指出了美育方向与社会发展方向的一致性；②从人的全面发展的角度揭示了实施美育的必然性；③揭示了美育的娱乐作用和认识功能。马克思和恩格斯都极富文艺修养，有高超的审美鉴赏力。他们在繁重的社会活动和理论研究工作中，常常借文艺愉悦精神，了解历史和现实。马克思、恩格斯的这种文化生活，本身就是美育的极好教材。他们影响于人、影响于世的，不是板着面孔干巴巴地说教，而是他们的全部热情，他们为实现共产主义理想而不懈奋斗的美以及对劳动人民深沉的爱。自马克思主义诞生后，美育思想的发展进入了一个崭新的历史阶段。

检测评价

单项选择题

1.（　　）先生指出"美育的基础立在学校"。

A. 蔡元培　　　　B. 王国维　　　　C. 梁启超　　　　D. 王夫之

2. 近代思想家（　　）在谈到美术与科学的关系时,曾提出了"求美先求真"的思想。
   A. 梁启超　　　　B. 王国维　　　　C. 蔡元培　　　　D. 陈独秀
3. 著名的"美的理念说"是古代西方哲学家（　　）提出的。
   A. 柏拉图　　　　B. 鲍姆加登　　　C. 黑格尔　　　　D. 贺拉斯

 任务实施

19 世纪末 20 世纪初,众多思想家、教育家在借鉴西学的基础上大力倡导美育思想,以期实现"立人""新民"与"强国"。例如王国维痛斥中国人暗"利"与"官"的卑劣,欲糅合中国传统美学与西方美学治疗"国民精神上之疾病";蔡元培针对晚清"忠君尊孔"的钦定教育宗旨,指出"以美育代宗教"是社会发展和科学进步的必然,并积极创办艺术院校,扩大美育影响。但由于国家一直处于风雨飘摇、民不聊生的境地,美育终究不可能完成这份历史重任。

根据材料并结合所学知识,简述中国近代美育代表蔡元培对美育发展的贡献。

任务实施评价表

小组编号:　　　　　　　　　　　任务序号:

项　目	评价依据	优秀	良好	及格	继续努力
任务准备	是否认真阅读了材料案例,并按照教学内容作了细致梳理				
知识理解	对美育发展简史的理解与掌握				
分析讨论	任务实施讨论成果				
合作学习	小组成员讨论是否积极主动、发言是否充分、观点补充是否完整				

要点梳理

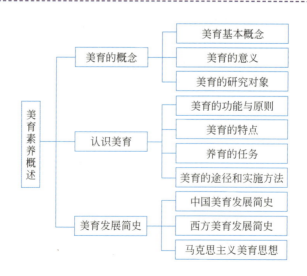

项目一　美育素养概述

小结检测

让"看朝霞"成为日常，让美育成为课堂

2022年12月，安徽淮南一中学老师让学生暂停早自习，去窗边看朝霞的新闻受到媒体关注（图1-1）。老师称"学生回来背书的声音都大了很多"。视频中的画面显得浪漫而唯美：教室窗外漫天朝霞，身穿蓝色校服的学生们看向窗外。班主任方老师将学生看朝霞的背影记录了下来，并配文"你站在桥上看风景，看风景的人在楼上看你。"这一幕对学生来说或许很短暂，但若干年后回想起来，可能又会觉得珍贵和美好。这样的例子还有很多：之前，云南蒙自一中学高三老师为给学生减压，在晚自习间隙让学生们走出教室欣赏晚霞，被网友称为"最浪漫的老师"；山东潍坊一位地理老师"停下作业快看彩虹"的即景教学也得到了很多网友的点赞……朝霞、晚霞、彩虹等属于壮丽的自然景观，引导学生欣赏，有利于激发学生的审美意识和想象力。和身体的成长、智识的成长一样，心灵的成长也很重要。培养出更多拥有审美能力和艺术修养的人，是我们当下这个物质丰富的社会应该努力补充的。

图1-1　学生去窗边看朝霞（图片来自网络）

上面的材料引发你怎样的认识与思考？请以学习委员"小明"的身份为主题班会写一篇"倡议书"。要求：综合材料内容及含义，选好角度，确定立意，明确文体，自拟标题；不要套作，不得抄袭；不少于800字。

知识链接

美育典型事例精选

1. 爱因斯坦与小提琴

爱因斯坦的母亲是位优秀的钢琴师，小爱因斯坦6岁时，母亲就让他学习拉小提琴。因为从小的教育和熏陶，音乐成为爱因斯坦一生的挚爱。在繁忙的科研工作之余，拉

小提琴是爱因斯坦主要的休闲方式，而且，这也是他的灵感来源。他的助手霍夫曼说："爱因斯坦的研究方法，虽然以渊博的物理学为基础，但在本质上，是美学的、直觉的。"因为在科学研究中发挥了艺术家的想象力，爱因斯坦才具有了惊人的创造才能。

2. 李政道：科学和艺术就像硬币的两面

诺贝尔奖获得者、物理学家李政道对中国画有很深的造诣，他的国画作品笔墨洒脱、色彩绚丽，令人赏心悦目。谈起科学和艺术的关系，李政道说："当科研思路受阻时，某些艺术美感的启示，能使你茅塞顿开""科学和艺术是不可分割的，就像一枚硬币的两面。"

3. 蔡元培：中国美育第一人

蔡元培是我国近代著名的民主革命家和教育家，曾任北京大学校长、"中央研究院"院长等职。

蔡元培对我国近代教育贡献极大，堪称"学界泰斗、人世楷模"。他曾提出过著名的"五育并举"的教育方针，这"五育"为：军国民教育、实利主义教育、公民道德教育、世界观教育、美感教育。其中美感教育是蔡元培先生的一个非常有特色的教育思想，尤其以"以美育代宗教"的口号闻名于世。

蔡元培"以美育代宗教"的思想在其《赖斐尔》《对于教育方针之意见》《教育独立议》《以美育代宗教》等文章中都有体现，特别是1917年他在北京神州学会的讲演词，后发表于《新青年》杂志中的《以美育代宗教说》一文，最具代表性。他还亲自在北京大学开设美学课（这是蔡元培在北京大学亲自讲授的唯一一门课），并且在北京大学建立了画法研究会、书法研究会、戏剧研究会、音乐传习所，大力推动艺术学科的建设，成为中国美育第一人。

4. 鲁迅：一个被文学"耽误"的设计师

鲁迅拥有多重身份，除了弃医从文的作家，他还是一位审美一流的设计师。

鲁迅的美术功底很深，他自幼喜爱美术，并受过很好的艺术训练。弟弟周作人在文章《鲁迅的青年时代》中回忆说："鲁迅小时候也随意自画人物，在院子里矮墙上画有尖嘴鸡爪的雷公，荆川纸小册子上也画过'射死八斤'的漫画，这时却真正感到了绘画的兴味，开始来细心影写这些绣像……"

鲁迅的书籍封面设计很多采用"素封面"，即除了书名和作者题签外，不着一墨，颇有中国传统讲求的"留白"意境，远超于如今市面上花里胡哨的书籍装帧。《美术报》曾发表过一篇关于鲁迅设计书籍装帧的文章，对于《呐喊》的设计，文章写道："黑色块中是书名和作者名的阴文，外加细线框围住。'呐喊'两字写法非常奇特，两个'口'刻意偏上，还有一个'口'居下，三个'口'加起来非常突出，仿佛在齐声呐喊……这个封面不遣一兵，却似有千军万马；它师承古籍，却发出令人觉醒的新声。"

鲁迅非常重视美育。很少人知道鲁迅在北京大学教授的科目里就有《美术略论》，甚至他还举办过全国儿童艺术展览会。他说："美传诸人间，使与国人耳目接，以发美术之真谛，起国人之美感，更以冀美术家之出世也""美术诚谛，固在发扬真美，以娱人情""进步的美术家——这是我对于中国美术界的要求……"

5. 王澍：建筑大师眼里的最丑建筑

建筑设计大师、普利兹克建筑奖首位中国籍得主王澍对建筑有自己独特的理解。在一次访谈节目中，主持人翻出美国一家网站曾评选出的全球最丑十大建筑的照片，让他挑选出感觉最丑的两张。

这十张照片有捷克奇奇科夫电视塔、美国西雅图体验音乐博物馆、迪拜亚特兰蒂斯饭店、罗马尼亚国会大厦、中国沈阳方圆大厦和巴西石油公司总部等。

王澍只看了一眼，就挑选出其中两张——迪拜的亚特兰蒂斯饭店和外形为铜钱状的中国沈阳方圆大厦。这个结果出乎现场所有人的意料，因为在美国网站上，大家票选出的"最丑"建筑的前两名并不是这两座建筑。

王澍说："从生态和价值观的角度来看，在世界能源、生态如此危机的前提下，迪拜人为了满足娱乐的欲望，在一个几乎没有水的沙漠里人造这么一座建筑，绝对是一种不道德的行为。"

主持人点点头，随后又问："那么，方圆大厦呢？作为一个推崇中国传统文化的建筑师，您不觉得这个建筑充满了浓郁的中国味吗？"

王澍回答道："铜钱形状确实充满了中国味，但它的金钱味更浓。至于为何觉得它丑，因为英国一个建筑史家说过：'如果一座城市的建筑是庸俗的，那么整座城市里的人都将跟着它变得庸俗。'"

台下顿时响起了热烈的掌声。

6. 朱光潜：美学是一生的修行

"（他）大名鼎鼎，但毫不起眼，身材矮小，穿一身深蓝色咔叽布中山装，踏一双布鞋，像图书馆的一个老员工，甚至有点像一个杂役工。他满头银发，高悬在上，露出一个宽大的额头，几乎占了半个脑袋。他步履稳健，全身透出凝重肃穆之气。"在当代翻译家柳鸣九的记忆里，这位毫不起眼的、不"美"的老者正是著名美学家、文艺理论家、翻译家、教育家、北京大学教授——朱光潜。

作为 21 世纪中国最重要的美学家之一和现代美育理论的重要代表人物之一，朱光潜一生都与青年为友。针对青年这一特殊群体的特点，以及青年即将面临或已经面临的诸多人生问题，他著书立说，把美学与生活联系起来，以通俗化、生活化的语言加以表达，如朋友般地引导青年人正确看待人生意义，从美育的角度引导青年树立正确的世界观、人生观和价值观。其中，《谈美》是朱光潜早年留学西方时的美学思考和体悟，谈美从哪里来以及美的本质等问题，提出"人生的艺术化"；《谈美书简》则是其耄耋之年的心血之作，深入探讨了美学、艺术、文学中的美和美感、审美范畴等一系列问题。

（资料来源：朱红.美育[M].北京：人民卫生出版社，2023.）

项目二
人文之美

 学习导语

  人文之美是美育素养的重要组成部分,对于年轻一代来说,不仅要关注科技的发展,更要重视人文精神的传承与发扬,本部分内容将介绍心灵之美、语言之美、文化之美、行为之美和环境之美等方面的内涵、价值、表现以及培养方法,为同学们提升个人素养,培养审美情趣,更好地融入社会,创造美好的人生打下坚实基础。

 学习目标

- 了解人文之美各方面的内涵和价值,理解人文之美的表现和培养方法。
- 增强学生人际交往和沟通的能力,帮助学生发挥创造力和创新精神,推动个人和社会的发展。
- 培养学生对人文之美的热爱和追求,帮助学生建立积极向上、健康乐观的情感态度。

任务一 心灵之美

 情景导入

  小刚是一名中职二年级的学生,他在学校里积极参与各种活动,不仅在专业技能上表现突出,还经常参加志愿者服务等课外活动。他不仅在技能方面有着出色的表现,还通过参与各种活动培养了团队意识、责任感和奉献精神。同学们都很羡慕他的优秀,老师也邀请他给同学们介绍一下经验,其中有一段他是这么说的:"我本来很内向,害怕别人轻视自己,就疯狂地买名牌衣服和通过个性打扮来引起别人的注意,后来我才意识到他们只是羡慕我的外在,而非我本身,我只有丰富自己的内在涵养,才会真正赢得尊重。所以我开始努力学习,积极交往,不断锻炼自己的能力,越是这样,我越感觉到自己过得充实和快乐!"

心灵之美重难点讲解

  请同学们思考一下,小刚充实与快乐来源于哪里?结合本部分内容,思考如何让自己变得富有内涵,拥有魅力。

项目二　人文之美

 知识积累

在飞速发展的现代社会，青少年作为未来社会的建设者和接班人，其心灵之美对于社会的和谐与进步具有至关重要的作用。美育素养不仅包括对艺术和美的欣赏能力，更涵盖了塑造健康、美好、积极向上的心灵。以下将从心灵美的内涵及价值、表现、培养方法等方面引导学生树立正确的价值观和人生观，培养美好的品德、情操与人格。

一、心灵美的内涵

德国诗人海涅说："在一切创造物中间没有比人的心灵更美、更好的东西了。"心灵美是人美的基础和核心，是更高层次、更高境界的美，是人最本质的美。

心灵美是指人的内在精神世界的美，包括思想、情感、道德等方面。这种美是学生个体在成长过程中逐渐形成的积极向上的品质。表现为一个人在面对生活中的各种挑战和困难时，能够保持积极向上的态度，勇于担当责任，展现出善良、真诚、勇敢等品质。

二、心灵美的教育价值

（一）塑造健全人格

人格发展既有稳定不变的地方，也有通过后天环境影响可改变、可塑造的地方，因而每个人都可以发挥主观能动性，努力修正自己人格中不完善的地方，补充阳光积极的因素，从而使自己的人格更加健康，更好地适应外部环境，也利于个人的身心舒畅。心灵美就是要遵循学生的心理个性，符合学生的年龄特征，循序渐进，针对不同性格因材施教，在情感性和超功利性中完善积极健康的人格。

学生的心理成长尤为重要，心灵美的培养可以让个体更加喜欢自己，也可以善待别人。一个爱计较的人活得很累，一个自私的人也不会过得很轻松，因为他时时都在担心别人把自己比下去。所以，要承认别人的存在价值，由衷地为别人的成功而高兴，也要学会和别人分享自己的成功，成功的喜悦就会加倍。此外，还要对新生事物充满好奇，包括乐于接受新的科学技术、新的经验、新的观点，顺应时代发展带给人们的新的生活变化，并愿意用一种积极的态度去感受新的生活。

心灵美可以帮助人树立正确的价值观和自我认知，提高自尊和自信。这样，人在面对挑战和困难时能够更加坚定自己的信念，不轻易放弃。宋朝时期司马光在意志品质方面做的就比较出色，他曾立志写一部通志，为了能让自己每天读书的时间更长一些，特意制作了一个圆木枕头，这个枕头的特别之处就是睡觉时身子只要一翻动，枕头就会滚动，这时人就会被惊醒，这样就可以提醒自己继续努力学习。日复一日，每当司马光想休息时，便枕着这个原木枕头，如此自律自强，他终于成为一位学识渊博的人。

心灵美还可以塑造良好的行为习惯，让人在日常生活中表现出礼貌、诚信、责任感等优秀品质，从而赢得他人的尊重和信任。心灵美的人做事有分寸，情感较成熟，懂得如何处理自己的情感和情绪；为人处世笃定而不偏执、果敢而不莽撞、坚强而不逞能、自律而不自大、自重而不自恋、自信而不自负、谦虚而不软弱、认真而不固执、开朗而不轻浮、豪迈而不粗俗等；设置的目标立足于自己已有能力，实事求是、切合实际。

（二）增强人际交往能力

心灵美与人际交往之间存在着密切的关系。在人际交往中，心灵美表现为真诚、善良、宽容和同理心等方面，这些特质能够让人与人之间建立良好的关系，促进人际和谐。

首先，心灵美的人在人际交往中表现出真诚和诚实。当一个人具备心灵美时，他会关注自己的内心世界，认真思考自己的情感和需求，从而在与他人交往时能够表现出真诚和诚实。这种真诚和诚实可以赢得他人的信任和尊重，为良好的人际关系打下基础。其次，心灵美的人在人际交往中表现出善良和慈悲，他会关注他人的需求和感受，愿意为他人提供帮助和支持。这种善良和慈悲可以在人与人之间建立稳定的情感连接，促进人际关系的和谐。雷锋同志就是乐于助人的典型，他小时候常常帮助邻居和同学解决困难，比如帮助邻居老奶奶盖房子、帮助同学搬东西……他的行为赢得了周围人普遍的尊重和爱戴。此外，心灵美的人还可以让人在人际交往中表现出宽容和包容，他能够理解和接受他人的差异和不足，不会轻易地对他人进行评判和指责。这种宽容和包容可以让人与人之间减少冲突和矛盾，增强人际关系的稳定性和持久性。

（三）培养创造力

心灵美可以帮助学生培养创造力，包括对美的感知、想象力和创新思维等能力。心灵纯澈的人往往具备更强的好奇心、求知欲，拥有更多想象力，进而孕育新知。个人的创新能力的提升离不开心智的感性抽象与理性逻辑的有机融合、相互影响。爱因斯坦通过音乐激发了想象的空间和创新的激情，为相对论的诞生奠定基础，还有很多科学家从小就保持着使世界更美好的愿望，不断提升自己，创新进取，推动社会的不断发展，比如爱迪生发明了电灯，使世界光明起来；卡尔·佛里特立奇·奔驰发明了汽车，拉近了人们的交往距离。

（四）提升学生审美素养

真正的美不仅仅是外在的，更是内在的。心灵之美是审美素养的重要组成部分，心灵美好的人更能够欣赏和理解美好事物背后的精神内涵，从而提升自己的审美素养。具体而言，学生通过多次大量美好事物的感知形成高尚的审美经验，怡养感情，在此基础上，通过美好事物感知背后所传达出的深厚情感和思想，不断提升自己的思想高度、文化底蕴、知识背景，从而提高自我审美鉴赏力，体会到心灵美是一个人的美具有持久性、永恒性的前提。例如古今中外的杰出人物，人们不会计较他们的容貌美丑，而是在乎其内在的涵养。老子云："不失其所者久，死而不亡者寿。"古语有云："人之贤圣在德，岂在乎貌？且吾先君生无须眉，而天下王侯不以此损其敬。"外表美一时，心灵美却能感动一世。此外，一个心灵美的人，更能够以美好的心态看待周围的世界，以欣赏的眼光看待生活中的一切美好事物，更加关注美的事物，也更加能够体验到生活中的美好。

三、学生心灵之美的表现

一是热爱学习：热爱学习是学生心灵美的重要表现。他们对知识充满好奇，愿意主动探索，并享受学习的过程。他们积极向上，面对困难和挑战时，能够以积极的态度去解决；二是诚实善良：心灵美的人在处理问题时，他们能够以公正、诚实的态度对待他人，不欺骗、不欺诈，做到言行一致；三是忍耐宽容：心灵美的人能够理解他人，包容他人的缺点和错误。对自己的行为负责，有责任感，自律、自控能力较强；四是勇敢坚强：心灵美的人面对挑战和困难时，保持勇气和决心，能够看到问题的积极面，对未来充满希望。

四、心灵之美的培养途径

（一）提高知识素养

知识素养是心灵美的基础，鼓励学生通过阅读经典文学作品、欣赏艺术作品等方式，增强其对美的感受力和理解力。同时，知识素养的提高也能够帮助中职生更好地认识自己和他人，更好地适应社会和生活。

其中，心理学知识对于中职生心灵之美的培养最为基础。心理学可以了解人的各种思想、情绪、情感、意志等是如何产生的。学生通过心理健康教育课程及相关书籍的阅读学习，具有以下的作用。

1. 认识内外世界

学习心理学，可以加深中职生对自身心理状态的认识。理解自己某些下意识行为背后隐藏的心理动机，洞察自己的个性、脾气等特征的形成原因。可以解释为什么早期成长环境对一个人内在心理结构的影响，也能够理解"入芝兰之室，久而不闻其香"的环境对人格的熏陶浸染作用。同样，也可以把自己学到的心理活动规律运用到人生成长的各个方面，通过他人的行为理解别人，融洽关系，从而实现对外部世界更恰当的判断。

2. 调整和控制行为

心理学不但可以对心理现象和外部行为做出描述性解释，还能揭示内在心理运行规律。人的心理特征具有相当的稳定性，中职生通过心理学知识的学习，有利于自己遵循心理规律处理成长烦恼，避免不利因素，创设积极心态，处理好与他人的关系。例如，当发现自己在学校写作业经常拖延时，就可以运用心理发展规律，分析自己拖延行为背后的潜意识可能是很多试题自己在上课时没有认真听讲，所以现在不愿意面对这些困难和挑战，因为这会诱发自己的焦虑情绪。分析清原因后，能够积极地寻找解决方法，比如找老师或同学辅导，理解掌握了同类型试题的解题思路后，自然就不会再拖延了。

3. 直接指导学习生活

每个人都可以通过心理学知识的学习帮助改善自己的生活、学习、人际关系等方面。心理学可以帮助人们适应现实，帮助我们形成积极向上的人生态度，懂得如何与他人相处，如何支配的时间；懂得欣赏差异、接受差异，找到自我价值，最终体验到幸福。

（二）注重品德教育

心灵美关乎对生命的理解以及人生价值的导向。心灵美的人必然道德高尚，无处不体现着对人、对事、对物的真诚。假如一个人只重私利，过度追求现实利益，功利心过于强烈，不顾伦理纲常、道德法律以及精神纯净，人为物役，心为形役，哪还有自我，又何以言美？唯有心灵美才能使人高贵，而没有高贵心灵的人，一文不值。宋代理学家朱熹曾说过："和顺积中，而英华发外；美在其中，而畅于四肢，发于事业，则德业至盛而不可加矣。"（《孟子·尽心下注》）。意思是说和顺的美积淀于形体之中，也就是内心的丰盈，扩展到外在言谈举止，内外相融，彼此呼应，就会散发出巨大人格魅力。所以，正确的价值观是心灵美的导向，通过树立正确的价值观，可以引导学生追求积极向上的人生目标。例如，尊重他人、关心他人、帮助他人等意识的树立，可以让学生更加注重他人的利益和幸福。同时，正确的价值观也能够帮助学生更好地认识自己的价值和使命，不断努力，充实自己，提高自己，将自己的潜力尽可能地释放，更好地实现自己的人生目标。学校理应重视德育课程的开设，将社会主义核心价值观融入课堂教学中。通过开展多样化的德育活动，如志愿服务、道德讲座等，让学生在实践中感受心灵美的力量。教师作为学生的引路人，更应加强自身师德建设，提高教师的道德品质和人格魅力，发挥教师的榜样作用，以身作则引导学生做一个堂堂正正的人。

（三）增强情感体验

通过增强情感体验，可以让学生更加敏感地感受生活中的美好和温情。学校要利用好课堂与教材，点化学生的心灵。教学本身就是审美的过程，许多美文佳作都是作者美好的情感的铺陈。在教学的过程中，教师应尽力激发起学生丰富的内心情感，把学生引入文章所描述的现实情景中，帮助学生更好地体验其精神内涵，从而升华学生的思想境界，塑造他们美好的灵魂。例如语文课上莫泊桑的《项链》，让学生认识到虚伪与真诚。古代二十四孝的故事让学生理解孝心，懂得感恩。只要留心，就可以通过课堂濡染，为学生架设一座人格完善的大桥。此外，在校园里可以以真实的事例去铸造他们的灵魂。身边的事最为直观，事迹也更具真实性和感召力。曾经有过这样一个事例，有一个学生家庭条件很好，可他从不炫耀，一直勤俭节约，做事低调，有分寸。一次演讲比赛，同学们在他的发言中才了解到，他的家人以前为了事业发展付出了很多努力，吃了很多苦头，才换来现在较好的生活条件，他理解幸福的来之不易，更懂得珍惜的价值和意义，许多学生听完之后为之一振，从而激励了一大批学生努力进取。

最后，利用好新闻消息、社会热点、电视电影、文章故事等资源。例如，组织学生观看"开学第一课""百家讲坛""开讲啦"等优秀文艺作品；通过读书、画报、音乐、视频等多种媒体传播，陶冶学生的思想情感，使其在有趣、生动的直观演示中感染并提升人格修养。

此外，学校还可以通过参加志愿者活动、关注弱势群体等方式，增强学生的同情心和社会责任感，让他们更加关注他人的感受和需要。学校可以开设美术、音乐、舞蹈等艺术课程，鼓励学生参与艺术实践活动，让他们在艺术熏陶中提升审美情感，滋养心灵之美。也可以通过组织贴合学生实际的社会实践活动，使学生感受到生活的艰辛和美好，培养他们的感恩之心和责任意识，还可以通过开展心理辅导和心理健康教育等活动，帮助学生解决心理问题，促进身心健康。

检测评价

一、单项选择题

1. 心灵美是指人的内在精神世界的美,主要涵盖了( )方面。
   A. 外貌和穿着　　B. 思想和情感　　C. 道德和品行　　D. 兴趣和爱好
2. 心灵美有助于学生建立积极健康的人格,以下( )品质不属于积极健康的人格。
   A. 诚实　　　　B. 善良　　　　C. 自卑　　　　D. 乐观
3. 在培养心灵美的过程中,以下( )不是有效的方法。
   A. 注重情感教育　　　　　　B. 增加社会实践经历
   C. 一味地表扬和鼓励　　　　D. 提高文化素养

二、简答题

1. 请简述心灵美的价值。
2. 请简述学生心灵之美的表现。

任务实施

【任务 1】

请描述一个你曾经见过的心灵美的人物形象,可以是你的老师、同学、朋友、家人等。他/她做了什么事情让你觉得他/她心灵很美?请用具体的事例来讲述他/她的心灵之美。

【任务 2】

请以"如何培养心灵美"为主题,制订一个五天的学习计划。每天的学习计划包括内容、方法、时间等,并给出每天的学习目标与成果评估。例如,第一天学习"什么是心灵美",第二天学习"如何培养诚实善良的品质",等等。

任务实施评价表

小组编号:　　　　　　　　　任务序号:

项 目	评 价 依 据	优秀	良好	及格	继续努力
任务准备	是否认真阅读了材料案例,并按照心灵之美内容作了细致梳理				
知识理解	对实践任务二中的计划是否论证充分、设计是否合理				
分析讨论	对情景导入案例的分析是否体现心灵之美的相关内容、讨论的主题是否鲜明				
合作学习	小组成员讨论是否积极主动、发言是否充分、观点补充是否完整				

任务二 语言之美

情景导入

韩丽丽是一名播音主持专业的学生,从小就喜欢说话的她不仅声音清脆动听,而且逻辑清晰,语言得体,大家都以为这是天生的,可韩丽丽却说,别人不知道她为此付出了多少!她每天早晨坚持调气息,练发音,系统学习逻辑学,学习表达技巧,看书丰富内涵,读新闻更新认知……就是因为这些细致且持续的付出,使她在市级演讲大赛中能够以流畅、富有感染力的语言表达自己的观点和想法,用生动的实例和有力的论证增强自己的说服力。她的语言之美不仅赢得了老师和同学们的一致夸赞,也征服了评委,顺利获得一等奖的好成绩。

请同学们结合本部分内容,分组思考讨论,韩丽丽为了锻炼语言之美,做了哪些努力?我们如何才能使自己的语言越来越有魅力?

知识积累

语言之美是中职生美育素养的重要组成部分。语言作为人类交流的基本工具,不仅是思维的载体,也是文化传承的重要途径。语言之美不仅体现在语言表达的准确性、流畅性、得体性和美感,同时也包括语言交际中的礼仪、态度和情感。通过营造优美的语言环境、强化口语表达能力、拓展阅读视野以及培养批判性思维等途径都可以帮助中职生锻炼内外兼修的语言能力和品质,展现语言之美。

一、语言美的内涵

我国当代语言文学大师王力教授在《略论语言形式文》一文中指出:"音乐和语言都是靠声音来表现的,声音和谐了就美,不和谐就不美。整齐,抑扬,回环,都是为了达到和谐的美。"意大利美学家克罗齐也说过:"世间并没有一门特别的语言学。人们所寻求的语言的科学,就它的内容而言,其实就是美学。"他认为语言本身就是艺术,语言学与美学是相互沟通甚至是相等的东西,语言学实际上就是美学。

由此可见,语言美就是指人们在言语表达过程中所展现出的优美、机智、富有感染力的特质。这种美涵盖了语音、语调、用词、句式等多个方面,能够直接传递出人的情感、态度和价值观。

二、语言美的教育价值

(一)提高沟通表达能力

语言是人类社会在漫长的发展进化过程中产生并不断发展完善的。语言作为人类传递思想、交流感情的重要工具，其灵活运用也标志着人类的文明发展。口语是人们日常表达最广泛、经济、简便的方式。俗话说"言为心声"，人们的思想、道德、气节、性格、涵养以至价值取向、人生态度等，都可以通过语言得到一定的表现。得体的语言是人际交往的重要润滑剂。一个语言得体、表达清晰的人往往能够更好地与他人沟通交流，更容易建立起良好的人际关系。戴尔·卡耐基认为："一个人的成功，有15%取决于人的技术知识，而85%取决于人类的工程——发表自己意见的能力和激发他人热忱的能力。"孔子也说过"一言可以兴邦，一言可以丧邦。"可见语言表达的力量。在中职阶段，学生正处于青春期和人际关系形成的关键时期，通过培养中职生的语言表达能力，可以帮助他们更好地表达自己的想法和情感，同时能够更好地倾听他人的意见和建议。

语言之美还美在情感，"人非草木，孰能无情"，交往的背后都是情感的融通，不同的情感会在不同的语音、语调、语言当中进行分别。只有营造出和谐良好的情感基础，辅以得当、用心的语言表达，才能准确地表达出内心所想，才能真正起到交流情感的作用，也有助于建立良好的人际关系，促进个人成长。

（二）增强自信与自尊

"心有所想，才会言有所表"，只有心灵美的人说话才会让人感觉"良言一句三冬暖"，语词间处处让人体会到舒服与尊重。古语曾言："诚于中而形于外，慧于心而秀于言"，意思是说，心有诚，才会由内而外说话厚道诚恳，才会有尊重与得体的语言；有了纯澈美好的心灵，语言才会优雅合宜。一个人的心灵往往影响自己的言行，并在潜移默化间体现出来。比如表达对某一事物的感受、认识和观点，自然就将其思想、好恶、品行、价值等随之表现出来。高雅的谈吐往往出自胸襟豁达、志气远大的内心修养上。在美国，有一个人叫卡耐基，小时候特别淘气。在他9岁那年，父亲娶了继母，并给继母介绍说卡耐基是全社区最调皮捣蛋的男孩，说不定哪天早晨他就会拿石头扔你，或者做更坏的恶作剧，简直防不胜防。但是继母并不以为然，微笑地看着卡耐基，轻轻抚摩他的头，并对丈夫说："你错了，他一点都不坏，他是全社区最聪明的男孩，只是还没有找到发挥聪明才智的地方。"继母的话，让小卡耐基受到深深的触动，从那一刻开始，他真的开始寻找发挥自己能量的地方。后来他成为一位伟大的学者，出版了《人性的弱点》《沟通的艺术》《影响力》等诸多脍炙人口的书籍。并且成为成功学大师，创造了"28项黄金法则"，帮助更多人走出阴霾，走向幸福。语言真的很神奇，一句话竟然成就了一个人。如果当时卡耐基的继母也和他父亲一样，只是冷冷地搭个腔，或者把他当作一个不求上进的坏小孩对待，那么就不会有后来的那个学者了。

所以说，良言一句三冬暖，恶语伤人六月寒。在中职教育中，通过培养学生由内而外散发出的语言之美，有助于其更好地展现自己的素质和能力，更容易获得他人的认可和尊重，增强自信心。优美的语言能够让人产生愉悦感，从而提升人的自信心和自尊心，更好地面对生活中的各种挑战。

（三）促进文化传承

中华文化博大精深，其中语言文化是不可或缺的重要组成部分。比如对于汉字的解读就富有丰富的文化意蕴。"和而不同，千古君子"里的"和"字就代表着中华民族精神内涵的亘古绵延。"和"可以作为连词,比如我"和"你、老师"和"同学;"和"可以表示"和平",意味着真诚美好的社交关系;"和"还可以表示"相和",音律和鸣、和谐共生;"和"在念四声时,有音韵之美,富有唱和之感……"和"字拆解,"禾"意味着粮食,"口"意味着友好交谈和相处的智慧。可见优美的语言文字能够传递出丰富的文化内涵和价值观。通过培养学生的语言之美,可以让他们更好地理解和传承中华传统文化之美,更加热爱自己的祖国,更加能够从传统文化中汲取智慧和力量,增加自信心。

(四)提升职业竞争力

一个人的言谈举止可以透露出其内在修养与学识,言语得体,举止优雅,可以给人以美的体验,也有助于更好地在职场发展。有这样一个故事,刘老师54岁退居二线后决定去私立学校工作。一天,刘老师打开计算机,在网上寻找用人单位,选中一家学校后,他便发去一封长长的自荐信,细致地介绍了自己的工作经历和能力,从大学毕业到教学、教研,洋洋洒洒一大堆,可是等来的是无限的寂寞。刘老师没放弃,继续琢磨招聘的事情,打开计算机,读着昨天的信,他突然感觉挺可笑,他的自荐信写得太没有特色了。真诚朴实或许才会赢得信任。于是,他将长信调整为一串数字排比:"高中语文教师,54岁年龄,44岁精力,34岁抱负,24岁饭量,没有特级教师的光环,但有特别骄人的业绩,愿借贵校平台施展自己的教学才华,不知赏识否?"他把短信发给一所学校,神奇的是,第二天,校长就打来电话,让他前去面试。智慧的语言赢得更多的信任和尊重,在人生舞台上演出更精彩的节目。

此外,优秀的职场人士都懂得有分寸的谈吐。比如,在和别人谈话时,保持微笑,说话温和有礼,不可大声喧哗,不可随意打断别人谈话;要尊重别人的隐私,不可贬损他人;情绪激动时不沟通,尤其是不作决定;遇见分歧多反求诸己。

通过培养中职生的语言之美,可以让其更好地适应社会发展的需要,增加他们以后良好就业的胜算,并为未来的职场之路做好坚实的铺垫。

三、语言之美的培养途径

(一)加强口语表达训练

提高语言表达能力是培养语言之美的关键。中职生应该注重口语表达和书面表达的训练,通过朗读、演讲、写作等方式提高自己的表达能力。汉语读音分四声,依照声音上下起伏的特点,把不同声调的字进行有机的组合配伍、平仄交替、起伏有序,就会产生抑扬顿挫、委婉动听的音韵之美,如"花红柳绿""雨过天晴""两语三言"。还有节律美,就是语言的节奏感,一是语句整齐、讲究对仗。根据传递情感和思想的需要,适时选用一些排比、对偶、词语对称的形式,使得语言既整齐匀称,又不雷同、呆板,同样也增加了语言节律之美。例如,"……春天,冰雪消融,万物复苏;夏天,繁花似锦,美不胜收;秋天,天高云淡、碧水红叶;冬天,满树银花,遍地皆白……"二是音节匀称。汉语的音节大多数是两个音节或四个音节,单音节词较少出现。遵循这个规律,读起来上口,听起来悦耳;相反,就别扭。例如,"天上云很密"不如"天空阴云密布"匀称。同时,还应该注重语法、词汇和修辞的学习与应用,掌握语言的基本知识和技能。中职学校可以开设口语交际课程,专门针对学生的语言表达进行系统性的训练。通过教授学生语音、语调、用词等方面的技巧,让学生学会清晰、准确地表达自己的思想。

针对中职生的职业发展需求,强化职场情境下的语言表达训练也至关重要。学校可以模拟职场环境下的沟通场景,组织学生进行角色扮演和模拟面试等活动,让他们学会在职场中运用得体的语言沟通和表达自己的观点和想法。另外,学校还可以组织学生进行朗诵、演讲、辩论等实践活动,让学生在实践中锻炼自己的语言表达能力和自信心,同时还可以邀请企业人士来校举办讲座或工作坊活动,让学生了解职场中的语言表达要求,从而更好地适应未来的职业发展需求。

(二) 领悟文学的语言艺术

阅读经典文学作品是培养语言之美的重要途径。中职生应该多阅读经典的文学作品,领略不同风格和形式的文学作品所蕴含的语言之美。通过学习优秀的文学作品,可以让中职生领略到语言的魅力,提高对语言的鉴赏能力。同时,也可以让学生学习到更多的词汇和语法知识,从而更好地运用语言。

语言艺术是一门博大精深的学问,其发展历史漫长,有其自身的艺术规律,形成了独特的审美特征。语言艺术的主要体裁有诗歌、散文、小说、戏剧和影视文学。

在语言艺术大家庭中,其基本体裁之一是诗歌,它是用有节奏、韵律的语言反映现实社会和表达思想,融通感情的艺术。在艺术的早期发展阶段,诗歌与音乐、舞蹈三者常常融为一体,后来诗歌逐渐分离出来。中国古代诗与歌区分的标准在于是否合乐,现在一般统称为诗歌。诗歌的发展历史最久、流行最广。例如唐代诗人张继的《枫桥夜泊》:"月落乌啼霜满天,江枫渔火对愁眠。姑苏城外寒山寺,夜半钟声到客船。"诗人借景抒情,通过有韵律的文字将诗人浓郁的羁旅之情与静夜的钟声深深融合,读来让人不禁触景生情,感叹不已!格律诗被叫作旧诗,按照一定的字句要求和音韵规律进行创作。无论中外,格律诗都是古代很重要的传情达意的手段。例如中国古诗中的五绝、七绝、五律、七律等,都是格律诗,每首诗的对仗、平仄、押韵等都有严谨的要求,每句诗的字数也有严格的规定。近一百年来,自由诗开始在我国流行,郭沫若、胡适、刘半农、徐志摩等都是新诗创作的代表。

散文格式自由灵活、不受拘束,能够迅速、自如地表现作者的所思所感,还可以较贴切地反映当下生活,选材更是宽泛多样,结构常以形散而神不散为要,重点在主题思想上鲜明深刻。其种类可分为抒情散文、叙事散文和议论散文三大类。

小说这种文学体裁更擅长叙述故事、塑造人物形象,它可以在现实生活中以真实的人和物为原型,适度合理加工虚构来再现生活,所以,人物、情节和环境就成为小说基本三要素。人物是小说中是不可缺少的基本要素,刻画塑造鲜明生动的人物形象是小说成败的关键。在此基础上,小说运用语言作为媒介,通过言行、对话、心理、冲突,深层描写人物形象。情节是小说另一个重要因素。一波三折的情节设计可以引起读者强烈的探索欲,环境同样是小说不可或缺的构成要素,任何一部小说,其社会环境和自然环境的描述都对于故事情节的展开和人物的塑造起到重要的背景和限定作用,所以,小说对环境描述要求更加严格详细、广阔丰富。

戏剧文学和影视文学对于当代学生们来说并不陌生，主要指戏剧和影视作品的剧本。这些都在语言艺术的范畴，也是一种文学体裁，读者也可以阅读感受。影视剧本的特征体现在三个方面：一是影视剧本的语言描写要具备很好的视觉画面感，让人能有身临其境的感觉；二是体现在语言表达方式上，要利用蒙太奇的组接方式进行架构，为舞台展现及影视拍摄提供条件；三是强调人物对话不能多而杂，要有针对性，能体现人物性格、时代背景、故事情节、要让观众有画面感，语言要性格鲜明，能让观众清晰感受到不同语言背后的人物定位。文化素养是语言之美的重要基础，阅读是拓展语言积累的重要途径。学校可以鼓励学生多读书、读好书，通过开展读书活动、设立图书馆和阅读角等方式，让学生沉浸在书海中，感受语言的魅力。此外，还可以通过开展阅读分享会、读书心得交流等活动，让学生在互动中学习他人的长处，拓展自己的阅读视野和语言积累。同时还可以通过组织学生进行文学创作、诗歌朗诵等活动，使其在实践中感受语言的魅力。

（三）训练严谨流畅的思维

思维与语言是人类在漫长的进化和发展过程中形成的能力，没有思维，很难有语言的产生和发展；没有语言，思维就没有了载体和抓手；思维通过语言进行活动，语言所表述的内容就是思维。所以思维和语言是一体两面，对于中职生来说，要想语言运用得好，就必须锻炼自己的思维严谨性和逻辑性。

锻炼思维、训练口才的方法如下。

（1）多提问。逻辑思维产生观察和发现，对陌生的人和事多留一份好奇心，经常在心里问问自己这个事情为什么会发展成这样，有几个原因促使形成最终的结果呢？必要时可以将自己的思考记在手机或记录本上。这样有助于对问题理解得更深刻、更清晰、更全面。

（2）多想象。因为逻辑思维也需要头脑的灵活变通提供支撑，猜想可以使逻辑推理更饱满，更靠近规律。有的时候，直觉看似是猜想，实际上是在不断思考的前提下大脑自动化推理结果。此外，多角度考虑事物的全貌，深入了解事物内外以及其中的联系，都有助于思维的锻炼和提升。

（3）多检查。实践可以验证猜想。猜测只停留在思考层面，是不能转化为成果的，要通过在实践中运用验证自己的思考，并且积极阅读相关书籍或寻求专家、长辈、老师的帮助，调整思维，形成适合自己的口才锻炼模式。

（4）多归纳。人的能力提升离不开对以往经验的不断梳理总结，通过观察他人和反思自己，认真找出自我和他人的优势与劣势，寻找共性，理清差异，将别人优秀的思维和语言纳入自己的知识体系中，并且有机组合形成自己的特点，在日常生活中养成借鉴总结的习惯，这样可以不断地梳理自己，也能积极提升自我的聚合思维。

此外，还可以进行口语复述练习，即自己对照文本进行口语语言训练。具体做法为：看一篇文章，读完以后，合上书尝试着用自己的话将文章的主要内容复述出来；和别人聊完天，把别人谈话里的主旨思想简要说一遍；头脑中对一件事情想清楚后，用清晰准确的语言表达出来，并让听众尽量不产生歧义。如果自己写了一篇演讲材料，先对着镜子练习几遍……这种练习方法的好处是：快速、简单，效果还很好。只要每天坚持练习，口才能力的提升就一定会看到效果。以雄辩著称的美国总统林肯，青年时代常徒步30英里（约48公里），到一个法院去听律师的辩护词，看他们如何用手势，如何慷慨激昂地作辩护。

有时候在路上,他也常停下脚步,面对路边的大树、低矮的树墩、成片的农作物,进行说话练习,有时候会复述法庭上他觉得比较好的律师辩护词,有时候练习自己想了半天的演讲稿,日积月累,林肯练成了行云流水、严谨强悍的雄辩之才。

总之,思维是提升语言智慧的重要手段。学校应该注重培养学生的批判性思维,通过开展辩论赛、研讨会等活动,让学生学会独立思考和判断。同时,还可以开设批判性思维课程,教授学生批判性思维的基本方法和技巧,让他们在语言表达中更加敏锐、有深度和逻辑性。

 检测评价

一、单项选择题

1. 语言之美主要由(　　)方面组成。
 A. 语音、语调、用词、句式等
 B. 语言表达的准确性、流畅性、得体性和美感
 C. 语言交际中的礼仪、态度和情感
 D. 以上都是
2. 培养中职生的语言之美主要有(　　)教育价值。
 A. 提高沟通与表达能力　　　　B. 增强自信心与自尊心
 C. 促进文化的传承与理解　　　D. 提升职业竞争力
 E. 以上都是
3. 中职生美育素养中语言之美的培养途径有(　　)。
 A. 加强口语表达训练　　　　　B. 学习优秀文学作品
 C. 培养批判性思维　　　　　　D. 以上都是

二、简答题

1. 简述语言美的内涵及其教育价值。
2. 简述在中职教育中如何通过加强口语表达训练来培养语言之美。

 任务实施

【任务1】

以小组为单位,组织一次模拟招聘会,小组成员都作为应聘者进行面试。请结合自身的特点,突出自己的优势和特长。准备一段自我介绍,包括自己以往的学习历程、实践经验、技能特长等。注意语言表达清晰、流畅、有感染力,展现出自己的专业素养和职业规划。模拟面试结束后,对自己的语言表达能力和自信心等方面的表现进行反思和总结。

【任务2】

以小组为单位,进行一次演讲活动。要求:选择一个自己感兴趣的话题,准备一篇演讲稿或发言稿。在准备过程中,注重语言的准确性和流畅性,以及表达的情感和态度。在

演讲或发言时，注意语音、语调和用词的选择，使听众更容易理解和接受自己的观点。在演讲或发言结束后，收集听众的反馈和建议，对自己的表现进行反思和总结，不断提升自己的语言表达能力和演讲技巧。

任务实施评价表

小组编号：　　　　　　　　　　　　　　　　　任务序号：

项　目	评 价 依 据	优秀	良好	及格	继续努力
任务准备	是否认真阅读了材料案例，并按照语言之美的内容作了细致梳理				
知识理解	对案例中的问题解决依据是否充分、论述是否正确				
分析讨论	对案例问题的分析是否体现出语言之美的相关内容、讨论的主题是否鲜明				
合作学习	小组成员讨论是否积极主动、发言是否充分、观点补充是否完整				

任务三　文化之美

情景导入

小智是一位非常热爱中国传统文化的中职生，平时经常到学校图书馆里进行阅读思考，像《论语》《孟子》《大学》《中庸》等典籍他都爱不释手。通过学习和探索，他越来越感受到博大精深的中国文化带给自己的改变。在日常生活中他总是出口成章，真是腹有诗书气自华，在遇到困难时，他总能从书籍中汲取力量，展现能力。同学们都很佩服他，同学们有什么问题也愿意听听他的意见，他也总能引经据典提出许多有见地的观点和建议。他还被班级评为最有文化内涵的学生。

文化魅力

请同学们结合本部分内容，分组思考讨论，小智从中国传统文化典籍的学习中获得了什么？我们如何才能成为一个具有丰厚文化内涵的人？

知识积累

在当今社会，文化的重要性日益凸显，中职生在文化素养方面所展现出的内在精神品质，包括对文化的认知、理解、欣赏和传承能力，同时也包括对多元文化的尊重和包容态度，都有助于他们为未来走向社会、实现个人价值创造良好条件。

一、文化美的内涵及表现形式

文化美是人类在漫长的历史长河中，通过不断积累、传承和发展所创造出的精神财富和智慧结晶。文化美是指在不同文化背景下，通过学习和欣赏各种文化元素所体现出来的美学价值。它不仅包括文化元素本身的美，也包括由文化元素所传达的美学理念和审美体验。

文化美的内涵非常丰富，它包括文字、语言、文学、艺术、思想、传统、习俗等多个方面。在这些方面中，有些是具有普遍性的，比如文学和艺术；有些则是特定文化所独有的，比如中国的书法和绘画。

文化美的表现形式也是多种多样的。例如，在文学作品方面，文化美可以通过诗歌、小说、戏剧等形式展现出来；在艺术方面，文化美可以通过绘画、雕塑、音乐等形式展现出来。此外，文化美还可以通过文化习俗、传统礼仪等形式展现出来。

二、文化美的教育价值

（一）增强学生文化自信与认同

文化对一个国家和民族来说无比重要，文化传承的是国家的根脉。了解和传承文化之美能够增强中职生的文化归属和自豪感。传统文化中凝结着丰富的美育内涵，最有代表的是儒家和道家的观念，例如"内外兼修、家国天下、和而不同、天人合一、道法自然"等思想。孔子通过"六艺"，即礼、乐、射、御、书、数等方面的知识培养具有高尚人格的君子，教人"兴于诗，立于礼，成于乐"（《论语·泰伯》）。儒家强调"和而不同"，倡导"中和之美"。道家主要以老子和庄子为代表，在自然美方面有独到见解，主张把人与自然看成一个整体，讲求"天人合一、道法自然、超凡脱俗、非功利"等美育思想。通过对本民族文化的认知和传承，中职生能够更加深入地了解自己民族的文化底蕴和特色，从而更加自信地面对世界和未来的挑战。

（二）提高学生的文化素养与审美水平

文化美涵盖了历史、哲学、文学等多个方面，通过培养文化美，可以帮助学生提高文化素养和审美水平，更好地欣赏和理解不同类型的文化艺术作品。同时，也可以让他们更好地理解人类文明的发展历程和多元文化的价值。比如，汉字本身就具备艺术特质，汉字的构造之美、音韵之婉转以及意义之深厚给人以独特的美学感受。其演进过程也与文化史的发展不可分离，尤其汉字背后深刻厚重的内涵彰显了中华民族伟大的智慧：汉字的字形极具动感，结构洒脱，以"品"字为例，三角形结构重心平稳，给人带来坚实厚重之感，不由得会萌发一种画面的想象及感悟，很有诗意，极具特点。任何一种语言的产生都离不开人与世界的深层互动。汉字由"象"到"形"的演变也见证着人类对自我和世界认识的不断深入。象形字最早就是图画，是一种通过图画记录生产劳作、事件、感触的一种手段。"后世弥文，渐更笔画，以便于书。"汉字由"图画"到"文字"的变革无不体现出华夏大地漫长而复杂的文化之美的发展历程。

（三）培养学生的社会责任感和民族精神

文化美不仅是一种精神财富，更是一种社会责任。通过让学生感受文化之美，可以帮助其更好地认识自己的文化背景和社会责任，培养他们的民族精神和爱国情怀。同时也可以让他们更好地了解和关注社会现实问题，积极参与社会公益事业和文化传承活动。

中国古代哲学强调"天人合一"，也即人与万物融为一体，和谐共生。追求"内在心理建设与外在努力进取的统一"，既要不断修为自身，又要积极做出一番外在成就，利国利民。这种思想濡染浸润成为每一个中国人内心里的"穷则独善其身，达则兼济天下"的责任意识。中国传统文化的根本就是"修身、齐家、治国、平天下。"孔子一生虽颠沛流离，但仍然坚守信念，传播至理；伟大的爱国诗人屈原一生努力实现自己的宏图大志，深深地热爱着自己的国家，面对挑战，坚贞不屈；范仲淹"处江湖之远，则忧其君，居庙堂之高，则忧其民""先天下之忧而忧，后天下之乐而乐"；顾炎武喊出"保天下者，匹夫之贱，与之有责焉"，古今无数文人志士，秉承这一民族传统，不断用文墨加以渲染，形成一种特有的民族文化形态。

中职生要想成为未来国家合格的建设者和接班人，就必须树立起强烈的责任意识，并形成强大的精神动力，将自己的个人前途与社会、国家的发展需要对接，通过优秀传统文化濡染，让学生在潜移默化中感受"家事、国事、天下事，事事关心"的主人翁责任感，自觉用先贤的思想情感去激发自我内在素养逐步提高，使其能正确地处理人与自然、社会的关系，真正能做到对人"爱"，对事"诚"，最终具备有责任、有担当的民族精神。

三、文化之美的培养途径

（一）体悟汉字魅力，传承历史文化

世界四大古文明中唯一没有中断的就是中华文明。究其原因，几千年来汉字的延绵不绝，以及汉字多重属性所发挥出来的作用，在一定程度上决定了中华文明的源远流长和亘古不断。

汉字映射着中华文明的进程，在历史迭代演进的过程中，它也表现出了强大的适应能力和美学价值，从某种程度上说。汉字是中国社会发展变化的生动缩影，汉字也是人民劳动、娱乐、交流、思想感悟的重要记录载体，呈现出清晰而丰富的历史脉络，以至于有一些汉学家认为："解释一个汉字常常就是作一部中国文化史。"由此可见，汉字从某种方式上来说体现出中华儿女的思维方式与对世界、自我的认识。从《诗经》《楚辞》到《史记》《汉书》以及《西游记》《水浒传》等数不尽的文学、历史、哲学方面的世界名著，都离不开汉字的使用，这是一份无比丰厚的文化遗产。学校可以开设中华传统文化课程，如古诗词鉴赏、汉字溯源讲座、书法、国画等，让学生在学习中感受传统文化的魅力。此外，还可以通过举办传统文化周、传统艺术节等活动，让学生在亲身参与中体验到传统文化的深厚底蕴和独特韵味。

（二）了解多元文化，开阔文化视野

人类社会本身就是一个大家庭，一方面各民族、各地区随着科技的进步和经济的交往不断融合；另一方面人们也在努力尊重彼此的差异，欣赏其特有的文化和传承，走向多元化。多元文化是当今世界的重要组成部分，不同民族及其文化间日益频繁的交流与融合是多元文化的重要特征之一。每一个民族都有其独特的价值理念和道德认识，这是民族凝聚、

延绵发展的精神要素。学校应该积极开展多元文化教育，拓宽学生的国际知识，提高学生对不同文化的接受和理解，让学生在热爱本民族、本国家优秀文化传统的基础上，能够以更宽广的胸怀来学习比较不同文化之间的异同，借鉴世界各民族文化之精华，推动自我和社会的不断进步和发展。

具体而言，学校可以开设世界各国文化介绍、国际交流活动等课程或活动，让学生领略到不同文化的魅力。此外，还可以邀请来自不同文化背景的教师或学生进行交流，让学生直接感受到不同文化的碰撞与融合。例如，了解欧洲圣诞节就像中国的春节；狂欢节这一天人们会穿上好看的衣服，戴上精心准备的各式各样的面具，在大街上载歌载舞，还有很多彩车也会加入欢乐的海洋，车上的人们兴高采烈地抛撒糖果、零食还有儿童玩具等；情人节源自英国，这一天又被称为圣瓦伦泰因节。传说在公元 270 年，有一个叫瓦伦泰因的基督徒，因为带头反抗罗马统治者的迫害，被关押在监狱，这段时间他和监狱长的女儿产生了感情。处死他的日期是 2 月 14 日，临刑前，他给监狱长的女儿写了一封情书，表达了自己的爱恋之情。此后，人们为了纪念瓦伦泰因，就把每年的 2 月 14 日定为情人节。

（三）组织艺术实践，体验文化之美

学校应将艺术教育列入整体培养计划之中，作为基础的艺术鉴赏课程也应纳入必修课程，还要充分发挥中职生的学习主动性和想象力，将美学、艺术和人文知识、哲学、心理学等多门学科融入艺术实践与创作。艺术实践是培养中职生文化之美的重要途径。学校可以开设各种艺术实践课程，如舞蹈、音乐、戏剧等，让学生在实践中感受到艺术的魅力。此外，还可以鼓励学生进行艺术创作，如绘画、摄影、音乐创作等，让学生在创作过程中体验到文化之美的深度。

中国传统文化蕴含着丰厚的智慧和宏大的价值理念，是民族的根脉，孕育着最深厚的精神力量。习近平总书记特别强调："中华文化积淀着中华民族最深沉的精神追求，是中华民族生生不息、发展壮大的丰厚滋养。"学校也可适时组织学生走出校园，进行艺术游学与实践，比如，了解国粹京剧艺术：三张戏台千载事，七颜脸谱各般人。京剧是国粹，是中国几千年古老文明的代表，更是民族优秀文化传统的精华。其蕴含着"唱、念、做、打"的表演方式，"生、旦、净、丑"的行当分类与"皮、黄、锣、鼓"的伴奏结构，流派众多，唱腔种类丰富，或高昂雄壮，或婉转柔细，各色唱腔尽显多样情感，诉说百样故事。

此外，绘画采风也是进行艺术实践不错的选择，学校可以选择人文景观资源丰富，文化风貌保存较好的地方进行体验、绘画，并探索建筑景观的构造规律和艺术之美，使学生在优美的湖泊、茂盛的湿地、幽深的森林、肥美的草原、静谧的河谷、潺潺的溪流、古城的青瓦等意境里提高艺术修养，领略人文风貌，扎实专业技能。

学校也可以创造条件带着学生深入乡村民宿，了解当地文化、建筑风格、服饰喜好、饮食特色，对其观察学习到的文化元素进行汇总，体悟民族文化的深厚底蕴。

（四）开拓社会实践，践行文化之美

社会实践与志愿服务是培养中职生文化之美的重要环节。学校可以组织学生参加各种社会实践活动，如文化遗址参观、博物馆游览等，让学生在实践中感受到文化的力量。此

外，还可以鼓励学生参与志愿服务活动，如帮助贫困地区的孩子、参与环保行动等，让学生在服务他人中践行文化之美。

比如，学校可以组织学生夏令营。山东省是文化大省，有万世师表的孔子，有"五岳之首""天下第一山"之称的泰山。到山东可以感悟儒家文化的起源，追寻孔孟颜曾的思想，考察当地风土民情；也可以向祖国西北敦煌、嘉峪关、张掖、西宁探寻诗人笔下的大漠孤烟，长河落日，丝路驼铃，体悟丝路沿线文明古迹的独特风貌，加深对中国传统文化的认识和感悟，提高文化自信心；也可以带领学生下江南参观丝绸制作、历史文物和亭台楼阁，深入了解鱼米之乡的历史与现状，领会苏杭建筑的精致，也可以北上辽宁，调研辽南皮影等传统文化技艺，这些都是民族智慧的结晶，是凝聚情感的重要载体。

（五）重视校园文化，营造良好氛围

校园文化是以校园为主要空间，以师生为主体，以课外活动为主要内容，以校园精神为主要特征并且向外延伸的一种群体性的文化。它对学生的知情意行有潜移默化的影响，良好的校园文化氛围是培养中职生美育素养的重要环境因素。

学校要善于活用教学资源，让学生畅游知识的海洋。比如开展美术展览、音乐演唱会、书法欣赏、足球比赛等形式多样的活动；开放电子和纸质图书资源，丰富学生的阅读渠道；并定期通过讲座、观摩等形式，提高学生的学习主动性，营造一种儒雅和谐的校园氛围。同时，利用好升旗仪式时国旗下的演讲等时间，对学生进行爱国主义教育、习惯养成教育、学习品质教育、劳动教育以及文化传统教育等。成立学生会，促使文明向上、互助友爱、刻苦认真、进取乐观的风气成为常态。

师生间的心理融通有助于更好地促进相互理解，提升学生学习成绩。因此，学校要努力营造一个尊重真诚、实事求是、闻过则喜、过勿惮改的良好环境，让每一个学生在成长中都得到适当的支持和肯定，并根据自己的情况设定合适的目标，体验到努力后的成就感。教师要严格按照职业道德规范约束自己，学会找出学生的闪光点，理解学生难处，积极帮助学习暂时遇到困难的学生尽快补齐短板，使他们感受到教师的关注和期望，增强学习信心，鼓起上进勇气，减轻心理负担。

再者，学校还可以通过建设艺术展览馆、音乐厅等文化设施，为学生提供良好的学习和欣赏艺术的环境。同时，还可以通过举办文化艺术节等方式，鼓励学生积极参与、勇敢展示，营造和谐上进的校园文化氛围。学校在组织校园文化活动时，需要注意两点，一是优秀的校园文化活动目的在于引起学生对人文知识的关注和兴趣，要多组织经典的传统艺术来营造良好的艺术氛围，把握好俗与雅的比例，用高尚的文化引领学生向好、向美。二是强调健康内容与生动形式的统一。开展艺术教育活动时，一味的哗众取宠与一味强调内容、思想都不可取。

检测评价

一、单项选择题

1. 文化美是指在不同的文化背景下，人们通过学习和欣赏各种文化元素所体现出来的（　　）。

A. 美学价值　　　　B. 道德观念　　　　C. 传统礼仪　　　　D. 社会责任
　2. 中职生通过学习中华传统文化可以感受到（　　　）。
　　A. 传统文化的深厚底蕴和独特韵味　　B. 传统文化的历史背景和文学价值
　　C. 传统文化的艺术形式和文化内涵　　D. 传统文化的思想精神和哲学意义
　3. 中职生通过参与志愿服务活动可以践行（　　　）。
　　A. 文化之美　　　　B. 社会实践　　　　C. 艺术之美　　　　D. 个人成长

二、简答题

　1. 多元文化对中职生的文化之美培养有何重要性？
　2. 学校可以通过哪些途径培养中职生的文化之美？

任务实施

【任务1】

　　小华非常喜欢中国传统文化，特别是书法和国画。每天放学后，他都会到学校的书法社参加活动，努力学习书法和国画的技巧。小华还在学校举办的传统文化周活动中展示了自己的书法和国画作品。在活动中，他结识了一位来自韩国的小伙伴，他对方块字和国画非常感兴趣。如果你是小华，你会如何向对方介绍中国传统文化？

【任务2】

　　请同学们从家中或图书馆寻找一本传统文化或异域文化的书籍，阅读其中自己喜欢的一段内容，并与小组成员分享自己的阅读心得和感悟。

任务实施评价表

小组编号：　　　　　　　　　　任务序号：

项目	评价依据	优秀	良好	及格	继续努力
任务准备	是否认真阅读了材料案例，并按照文化之美内容作了细致梳理				
知识理解	对案例中的问题解决依据是否充分、论述是否正确				
分析讨论	对案例问题的分析是否体现出文化之美的相关内容、讨论的主题是否鲜明				
合作学习	小组成员讨论是否积极主动、发言是否充分、观点补充是否完整				

任务四　行为之美

情景导入

　　小勇因为爸妈在外地上班，自律意识较差，在校园里常常不遵守校规校纪，不尊重师长和同学，还经常迟到早退，上课睡觉或者玩手机，不认真听讲，甚至在课堂上与老师发生争执。在下课时间，他也不注意自己的言行举止，经常口出脏话，乱扔垃圾，破坏公共设施。以至于其他同学都很反感他，谁也不愿意和他一个学习和生活小组。小勇在学校里越来越孤独，越来越无聊。

请同学们结合本部分内容，分组思考讨论，小勇为什么越来越孤独？如何帮助小勇改善现在的状态？

律己方能达己

知识积累

行为之美作为美育素养的具体体现，是指人们在日常生活中表现出的文明、优雅、得体的行为举止和良好的道德风范。对于中职生来说，培养行为之美不仅有助于提高个人素质，还有助于形成积极向上的人生观和价值观。

一、行为美的内涵

行为美是人类在长期的社会实践中所形成的文明素养和道德规范。具体是指人们在日常生活中所展现出的文明、优雅、和谐的特质。这种美涵盖了言谈举止、待人接物、礼仪规范等方面，能够直接传递出人的道德品质和文明素养。

中国历史上有许多体现行为美的故事。其中，最为人们所熟知的是《孔融让梨》：孔融在年幼时，面对一盘梨子，主动选择了一个最小的梨子，把最大的梨子让给了兄长。这个故事体现了孔融懂得尊敬兄长、谦让、自律等行为美德。此外，还有《程门立雪》的故事：游酢和杨时为了请教老师程颐问题，不顾天气寒冷，站在程颐的家门口等待。这体现了学生们尊敬师长、勤奋好学的优良品质。这些行为美德不仅是学生们应该具备的素质，也是我们在日常生活中应该追求的目标。

二、行为美的教育价值

（一）学生文明礼仪的体现

行为美是文明礼仪素养的体现。通过培养行为美，可以帮助学生养成良好的行为习惯和优雅的举止风度，提高他们的文明礼仪素养和人际交往能力。以下一些礼仪规范和社交技巧是当代中职生行为之美的日常体现。

课堂礼仪。上课时，应提前到达教室，保持安静，认真听讲，不随意打断老师讲话，更不能在课堂上大声喧哗或睡觉。

服饰礼仪。中职生的日常着装要得体大方，不追求衣着新奇，在校期间要按照学校要求着整身校服。

仪态礼仪。与人交往时，要保持端正的坐姿、站姿和走姿，不东倒西歪，不耸肩驼背。同时，要保持微笑，不随意打断别人的讲话。

语言礼仪。与人交谈时，注意谈吐自然，用语礼貌规范，不说粗话、脏话，尊重他人。同时，要避免使用过多的口头禅或俚语。

社交礼仪。在与他人交往时，要尊重他人的权利和感受，不强行与他人交往，也不拒绝他人的合理要求。在与人发生冲突时，要保持冷静，尽量避免争吵和动手。

餐饮礼仪。在公共场合就餐时，要遵守公共秩序，排队取餐，不随意插队或抢占座位。同时，要保持安静，不喧哗或大声说话。

公共场所礼仪。在公共场所时，要注意保持环境卫生，不乱扔垃圾，不随意涂鸦或刻画。同时，要尊重他人的隐私和权利，不随意打扰或侵犯他人。

善于倾听。在与他人交往时，要认真倾听他人的讲话和意见，不要随意打断或插话。同时，要注意给予他人适当的反馈和鼓励。

尊重他人。在与他人交往时，要尊重他人的权利和感受，不强行与他人交往或干涉他人的私生活。同时，要尽量避免使用带有侮辱性或歧视性的语言或行为。

热情待人。在与他人交往时，要热情友好地对待他人，主动帮助他人解决问题或提供帮助。同时，要尽量避免冷漠或拒绝他人的合理要求。

善于沟通。在与他人交往时，要善于沟通交流，理解他人的想法和需求。同时，要尽量避免使用过于直接或冒犯性的语言或行为。

注重细节。在与他人交往时，要注意细节问题，如礼貌用语、仪态举止、态度表情等。同时，要注意给予他人适当的赞美和鼓励。

学会拒绝。在与他人交往时，如果遇到不合理的要求或行为时，要学会拒绝并说明原因。同时，要尽量避免使用过于直接或冒犯性的语言或行为。

注重自我保护。在与他人交往时，要注意自我保护意识和方法。如果遇到危险或不安全的情况，要及时报警或寻求帮助。同时，要尽量避免单独行动或前往危险场所。

（二）道德品质的外化

行为美是道德品质的外在表现。通过培养行为美，可以帮助学生树立正确的价值观和道德观念，培养他们的道德品质和社会责任感。

文明的养成需要学生在外在仪表上大方得体、用语上礼貌尊重、待人处事上真诚善良，并将这些特质稳定地表现在日常生活中呈现出来并形成习惯。这几个方面都是个体外在美的表现。中职生要注意自己的外部形象，做到仪表整洁、优雅，举止端庄、有风度。

秩序是人类社会得以发展壮大的必要条件，培养学生遵守纪律的习惯有助于形成良好的集体意识和大局观念，这也是增长本领、锤炼能力的必备品质，尤其是自律能力的形成，更有助于学生克服困难、抵制诱惑、坚定意志、接近目标。此外，社会的运转，例如生活、学习、工作、自由的保障都必须有一个有序的环境。当然，规律作息也有助于学生的健康成长，身体与大脑的使用要遵循身心发展规律，合理安排时间，正确处理劳和逸的关系才能更好地实现理想，体现优雅从容。

培养中职生的劳动意识，劳动能力，有助于其吃苦精神、解决问题能力的提升，并在劳动中长见识、学本领、懂珍惜、思源头。正因为有了劳动，人才开发了智慧，并在和其他物种的竞争中脱颖而出。由此可见，中职生的劳动实践如扫地、拖地、倒垃圾、擦窗户、洗碗、烧饭、买菜、烧菜、洗衣服、铺床、叠被子等活动是非常必要的，强健体魄的同时也是对其品质的良好锻炼。

（三）适应社会的需要

历史当中，在自己领域做得比较出色的人往往都有一些长期坚持的良好习惯。鲁迅先生做事守时，从不迟到，他给自己定下"时时早，事事早"的要求，并付诸实践；还有人向一位诺贝尔奖得主请教："您的那些重要知识，是在哪一阶段获得的？"令人意外的是，老者却说："幼儿园。"提问者吃惊不已，掩饰不住好奇，继续追问："您在幼儿园学到了哪些最重要的东西呢？"老者说："我学会了把自己的东西分一半给小伙伴；不是自己的东西不能拿；用过的东西要摆放整齐；吃饭前要洗手；午饭后要休息；做错了事要表示自己的歉意；仔细观察周围的大自然……"老者的意思就是良好的行为习惯可以培养自律，进而严谨认真，最终成就自我。

培根说过："习惯是一种巨大的力量，它可以主宰人生。"对于中职生而言，行为之美是适应社会发展需要的必备素质之一；良好的行为习惯是人一生的根基和资本。叶圣陶先生也曾说过："凡是好的态度和好的方法，都要使它化为习惯。只有熟练地成了习惯，好的态度才能随时随地表现，好的方法才能随时随地运用。好像出于本能，一辈子受用不尽。"周恩来总理就读的南开中学门厅大镜上有这么几句箴言："面必净、发必理、衣必整、钮必结、头容正、肩容平、胸容宽、背容直"，"气象：勿傲、勿暴、勿怠；颜色：宜和、宜静、宜庄。"周总理以此作为自我提升的标准，严于律己，勤于实践，为其以后的伟大成就打下了坚实的基础。

由此可见，在个人成长中，行为之美有助于提高个人的竞争力和综合素质，更好地融入社会，承担起公民的责任和义务，促进社会的和谐稳定和发展进步。

三、行为之美的培养途径

（一）加强文明礼仪教育

礼仪是行为之美的外在表现形式之一。学校应该注重礼仪教育，通过开展礼仪课程、讲座、活动等形式，让学生了解礼仪的重要性以及如何遵守礼仪规范，引导学生在日常生活中注重细节，做到言行举止得体、优雅、文明。例如，可以开设社交礼仪、职场礼仪等课程，让学生掌握基本的礼仪知识和技巧；可以举办礼仪比赛、礼仪知识竞赛等活动，让学生深入了解礼仪的内涵和意义；可以在校园内设置礼仪标语、宣传栏等，营造良好的礼仪氛围。

就中职生自身而言，首先要做到整洁，每天要按时洗漱，经常洗澡，早晚认真刷牙，饭后及时漱口，注意指甲卫生，衣服干净得体；坐、立、行姿势美观自然，利于身体健康；发型朴素，不染发；要规范使用文明用语；上课、活动不迟到、不早退；尊重他人，不吸烟，不喝酒，不赌博，不迷信，自觉抵制不良信息诱导；拾金不昧，爱惜名誉，不失人格；严格要求自己，遵守校规校纪。

（二）培养道德风范

中共中央《关于社会主义精神文明建设指导方针的决议》中指出："社会主义精神文明建设的根本任务，是适应社会主义现代化的需要，培育有理想、有道德、有文化、有纪律的社会主义公民，提高整个中华民族的思想道德素质和科学文化素质。"一个人养成良好的行为习惯一方面有助于形成自律，从而更好地融入群体生活；另一方面有助于内在品质的提升，为社会做出更大的贡献。一个人良好行为习惯和其内在的性格、价值相互交融，彼此影响。教育家洛克说过："把子弟的幸福奠定在德行与良好的教养上面，那也是唯一可靠和保险的办法。"由此可见，道德风范是行为之美的核心。

学校应注重培养学生的道德修养和良好品质，通过组织学生进行德育学习并在课外活动中实操锻炼，影响学生形成正确的价值信仰，增强社会责任感和公民意识。日常生活中的行为规范是培养学生行为美的重要途径。中职学校应该注重学生在日常生活中的行为规范教育，如遵守校规校纪、尊重师长、关心同学等。同时还可以通过评选文明班级、文明学生等活动鼓励学生树立良好的行为榜样。其中，诚信是行为之美的基石。学校应该注重培养学生的诚信品质，让他们做到言行一致、诚实守信。例如，可以开设诚信教育课程，让学生了解诚信的重要性以及如何做到诚信待人；可以组织学生参与诚信故事分享会、诚信主题演讲等活动，让学生在榜样中汲取力量；可以鼓励学生参与诚信实践活动，让学生在实践中体验到诚信的力量和价值。

（三）增强自律意识与责任感

自律意识是培养行为之美的重要环节。学校应通过开展心理健康教育等活动，帮助学生提高自我认知和自我管理能力，增强学生行为的主动性。同时，学生也应在日常生活中锻炼自己，以良好的行为习惯展现自己的素质和修养，具体而言有以下几个方面。

1. 区分习惯

行为习惯也分好坏，讲究卫生是好习惯，做事认真是好习惯，诚信待人是好习惯。有头无尾是坏习惯，占小便宜是坏习惯，懒惰是坏习惯，随意撒谎是坏习惯，好习惯越多，对自我成长越有利。

2. 关注细微，自我监督

谈吐优雅、行走、进餐、不随地吐痰等日常细节，都可以展现出一个人的涵养和素质，如果不加以重视，很容易在细节处出问题。

3. 持之以恒

自律不是一天就能办到的，它是后天积累、慢慢形成的。良好的自律，需要持之以恒的精神。

4. 尽量向优秀的人靠拢

榜样可以起到示范引领作用，以自律且成功的人为镜子，梳理自己，矫正自己的不良言行。

5. 不断进取，超越自我

有人曾说过，三天时间就可以更新观念，三个月时间就可以养成全新的习惯，三年时间就可以展现出气质的变化，从而赢得更多发展机会。任何一个良好习惯及品质的养成都需要日积月累地持续奋斗。

当然，责任感是行为之美的内在体现。学校应该注重培养学生负责任的态度，让他们清晰自己的责任，做到对自己、对他人、对社会负责。例如，可以组织学生参与志愿服务活动,让学生在服务他人中体验到自己的责任和使命;可以安排学生参与班级管理、学生会等工作,让学生学会承担责任和管理自己;可以鼓励学生在社会实践活动中锻炼自己,更好地对接社会期望和要求。

(四)适应职业要求,体现行为之美

某企业招聘人才,来了三位应聘者。第一位大学生不修边幅,戴墨镜,衣服不整洁且并未系扣,很随意地敞开着,鞋也是一看就很久没有打理;第二位应聘者外在着装光鲜亮丽,西装、领带、皮鞋搭配得很专业,但临走时不仅没有道别,连动作也很粗鲁、傲慢;第三位衣着干净朴实,谈吐自然大方,离别时礼貌谦恭。在三位学历、能力等条件差不多的前提下,该企业选择了最后一位应聘者。这就是细节见差距,第三位应聘者显示出了良好的行为品质,一个人能力再高、条件再好,却没有优雅得体的举止,必然也不受人欢迎。良好的行为习惯使人受益终身,中职教育的职业性特点决定了学校应该注重培养学生的职业技能与美感。学校可以开设各种职业技能课程和实训基地,让学生掌握基本的职业技能和操作规范;可以组织学生参与职业技能比赛和创新创业大赛等活动,让学生在比赛中锻炼自己的职业技能和创新能力;可以邀请企业来校进行招聘和培训,让学生了解企业对人才的需求和要求。从一般的职业行为素养培养出发,中职生应做到以下几方面。

一是明确任务,如果想出色地完成任务,首先要把任务弄清楚,有了清晰的目标才能制订相应的工作计划,盲目地前行,容易事倍功半;二是学会及时汇报,及时汇报有助于领导了解事情的进展,及时调整任务进展思路,提升效率;三是善于总结反馈,总结反馈的重要性在于积累经验,形成规矩,使现有工作变得顺畅,为以后的创新发展打好基础;四是学会轻重缓急,同时有几件事情需要处理,要学会辨别轻重缓急,在职场中能够体现出色的职业素养;五是融入团队建设,集体的力量是强大的,团队共同努力有机会将事情做得更出色;六是学会将任务分解,将困难的任务分解成小的、可完成的任务,在行动上将任务逐渐推进,在心理上会增加信心;七是杜绝拖延,任务拖到不能再拖再去做,结果一定不会太好。做事情要尽量往前赶,做好了之后再去检查和反思,保证事情的质量和效率,职场发展才会比较顺畅。

 检测评价

一、单项选择题

1. ( )是行为美的内涵之一。
   A. 才艺表演　　　　　　　　　B. 道德品质的外化
   C. 音乐欣赏　　　　　　　　　D. 社会实践

2. ( )是行为美的教育价值之一。
   A. 提高学习成绩　　　　　　　B. 促进人际关系
   C. 增强自律意识与责任感　　　D. 培养职业技能之美

3. ( )是行为之美的培养途径之一。
   A. 才艺表演　　　　　　　　　B. 社会实践

C. 增强自律意识与责任感　　　　　　D. 开设礼仪课程

二、简答题

1. 请简述行为美的教育价值。
2. 请简述如何以职业为导向，培养职业技能之美。

任务实施

【任务1】

小红是学生会生活管理部的负责人。最近，她经常看到一些同学在校园里乱扔垃圾，为了改善这种不文明行为，她计划组织一次行为美的宣传教育活动，如果你是小红，请根据行为美的教育价值，设计一个宣传内容文案。

【任务2】

一天小明乘公交车去图书馆借书，在车上发现一位老人站着，而座位上有一位年轻人正在低头玩手机。请根据行为之美的相关学习内容，帮小明设计一个方案来处理这种情况。

任务实施评价表

小组编号：　　　　　　　　　　任务序号：

项　目	评 价 依 据	优秀	良好	及格	继续努力
任务准备	是否认真阅读了材料案例，并按照行为之美内容作了细致梳理				
知识理解	对案例中的问题解决依据是否充分、论述是否正确				
分析讨论	对案例问题的分析是否体现出行为之美的相关内容、讨论的主题是否鲜明				
合作学习	小组成员讨论是否积极主动、发言是否充分、观点补充是否完整				

任务五　环　境　之　美

情景导入

小李的学校位于城市的工业区附近，周边环境较差。道路狭窄、交通拥堵、噪声污染严重；工业区的排放也给空气质量带来负面影响，由于周边环境复杂，学生的安全也难以保障。有些学生因为担心安全问题而不敢上学，或者在上学途中绕道而行，浪费了时间和精力，再加上教师的管理方式比较严格，在这样的环境下，小李的学习受到了很大的影响。噪声和空气污染使得他无法集中精力学习，甚至出现头痛、胸闷等身体不适症状。

请同学们结合本部分内容，分组思考讨论，小李的学习和身体出现问题的原因是什么？如何帮助小李改善现在的状态？

知识积累

环境既是自然的赋予，也是人类智慧的结晶。日常生活中，环境无时无刻不在影响着人的心情、行为和思想。尤其对于中职生来说，身心发展最为快速剧烈，环境的塑造对美育素养的形成具有重要影响。建设优美的校园环境、和谐的社会环境、浓厚的文化氛围以及实践审美的生活化，将有助于培养中职生的审美意识、提升他们的审美品位、丰富他们的审美体验以及培养他们的审美创造力。

一、环境美的内涵

环境之美是指自然环境和人造环境在形式、结构、色彩、比例、尺度等方面的美感和和谐性。它既包括山川河流、森林草原等自然景观的美，也包括城市建筑、园林景观等人文景观的美。这种美不是单一的、静态的，而是动态的、多元的，需要人们用心去感受和发现。

在中职教育中，环境之美是指中职生的校园环境中，通过对自然环境、校园文化、教育设施等多个方面的设计营造出美好的学习和生活氛围，展现出一种积极向上的精神风貌和品质，使学生获得舒适、和谐、美好的感受，利于其关注生活中的美好事物，从而培养积极的生活态度。

二、环境美的教育价值

（一）促进身心健康

环境美能够为中职生提供良好宜人的成长氛围，有助于其学习进步、身心和谐。首先，一个美丽、舒适、安全的环境可以让学生感到愉悦和放松，降低焦虑和压力，相反，一个嘈杂、混乱、危险的环境则可能让学生感到不安和紧张，增加焦虑和压力。其次，学生在学校中与老师和同学的交往是他们成长发展的重要组成部分。如果学校环境能够提供一个积极、安全、和谐的社交氛围，让学生感受到尊重、信任和支持，那么学生将更容易形成良好的人际关系，积累积极的情感体验。此外，优良的教学环境和高质量的教学资源可以激发学生的学习兴趣和动力，提高他们的学习效果。因为他们在学习上感到有成就感和满足感。学校关注个体差异和需求，为学生提供个性化的学习支持和指导，也可以最大限度满足他们的身心健康需求。

（二）培养审美与创造力

环境美可以培养中职生的审美能力和创造力。通过感受和欣赏自然环境和校园文化的美，可以提高学生的审美素养和艺术鉴赏能力。同时，优美的环境也可以激发中职生的创造力和想象力，从而促进思维的活跃和新颖，让他们更加热爱生活和学习。

太阳星月、岩石沙漠、森林河流、海洋湖泊，大自然之美，无不激起人类对美的体验与认识，引发人类深层的情感反映。自然环境，是自然之中的神奇力量原始的创造，置身其中，人们就会很容易地融入这个充满生机而又和谐的世界。18世纪法国著名哲学家卢梭曾呼吁"回到大自然去！"自然之美里的博大神秘与深不可测，使人对其有一种天然的敬畏感，并感悟到人、动物和植物是一个生命整体，应该给予地球上任何生命以充分的善与关爱，对自然产生一种既归依又敬畏的情怀。人类本来就出自自然，是自然的神奇造物，在人的成长中，自然的安宁静寂包含着一种沁人心脾的神秘美感，让人从中体会到宁静之美的力量。中国古代先哲老子就曾用"寂兮廖兮"来描绘万物之根的道。在中国的诗词与绘画中，宁静与淡远是艺术的至高境界。

就校园环境之美而言，良好的外在环境可以熏陶学生对于美的感受和认知，在美的氛围里体验到更多惬意与舒适，从而促使自我修养提升，使自己与美的环境融合。马克思曾言："人创造环境，同样环境也创造人。"优美且富含文化内涵的校园环境有助于学生加深对于学校的依恋和热爱，促进其优雅行为的锻炼与提升，增强其对于知识的渴求和向往。校园环境是一本立体的教科书，是润物无声的"无言教育"。

（三）增强环保意识

清澈的湖水、幽深的森林、广阔的草原……环境之美与我们的生活息息相关，地球是我们共同的家，美好的环境是人类生存发展的前提。如果人们任意砍伐树木，过度消耗水资源，随意排放垃圾，不重视生态平衡，则会导致气温越来越高、健康的饮用水越来越少、森林面积急剧减少、粮食等农作物适宜环境不多、人造垃圾越来越多、环境污染越来越麻烦等众多问题，谁都不希望诗人笔下的"西塞山前白鹭飞，桃花流水鳜鱼肥；千里莺啼绿映红，水村山郭酒旗风；竹外桃花三两枝，春江水暖鸭先知"美丽自然景象成为后代的一种想象或奢望。

所以，加强中职生环境之美的教育可以增强其社会责任感和环保意识，激发其减少使用食品袋，不随意丢碎纸屑、饮料瓶，及时关闭水龙头等文明行为。通过了解和关注环境问题，中职生还能够更加深刻地认识到人与自然的关系，从而更加自觉地保护环境、爱护地球，积极参与环保行动和社会公益事业，积极宣传环保理念，倡导绿色生活方式。

三、环境美的实现路径

（一）开展郊游等研学活动

离科技越近，离自然越远。现代人将太多时间用在和电子产品互动上了，很少有时间和大自然接触，甚至都有一些淡忘了大自然赐予人的力量与带给人心灵净化的美。那可爱的攀爬的小虫子，那秋随风起舞的树叶，那九曲八弯的小溪……都值得去玩味感悟。中职学校可以组织学生开展户外教学活动，让学生亲身感受自然环境和人文环境的美丽。可以组织学生参观名山大川、古迹遗址、园林景观等，让学生领略自然之美和人文之美。例如带领学生游学于江南，在和风细雨中，品读"汀州采白苹，日落江南春"的悠然；也可以研学于山东，登顶泰山，体会"千峰争攒聚，万壑绝凌厉"的壮阔；也可以到学校附近的郊外采风，看小桥流水、箫笛齐奏、树木葱葱、奇花闪烁，并体会大自然的哲学——滴水穿石、青松傲雪……同时，还可以通过野营、徒步旅行等方式，让学生与大自然亲密接触。

（二）增强校园环境建设

一个优美的校园环境，可以引导学生去欣赏美、发现美，进而培养他们的审美意识。学校可以加强校园绿化、美化工作，合理规划校园布局，营造优美的校园环境，使学生在绿意盎然的自然环境中感受到生命的美好，激发他们的审美情感。同时，还可以通过设置雕塑、壁画等文化艺术设施，增强校园的文化氛围和艺术气息。

具体而言，一方面可以让校园成为道德教育的课堂。比如在校园及楼道布置"文化墙"展现历史，体现勤劳，弘扬爱国，启迪智慧；利用电子屏幕表扬先进，鼓励勤奋，让中职生耳濡目染，于潜移默化中受到影响。另一方面校园环境设计本身就是审美感知对象。比如建筑、绿化、雕塑、画廊、山石等演绎人与自然的和谐统一，曲径、绿草、先哲或科学家雕塑，文雅清新的教学楼命名都可以变成"立体的画、无声的诗"，中职生在其中生活和学习更能体验情景交融，更能享受审美情趣，更能追求行为完美。

（三）开设环境优化课程

在课程设置中增加与环境之美相关的课程是培养学生美育素养的重要途径之一。学校要营造校园文化气息，为中职生提供追求美的舞台。学校可以利用课余时间组织开设环保课程、景观设计课程等，让学生了解环境保护和景观设计的基本知识和技能。也可以结合专业进行美的引导，比如开展时装设计、形象设计、平面设计比赛，演讲与辩论讲座或培训、轮滑与滑板协会等活动；鼓励学生学习国画、练习素描、创作动漫卡通形象、研习书法；艺术课程方面，可以适当开设二胡、古筝、琵琶、扬琴、竹笛、电钢琴、舞蹈、合唱等兴趣班，让学生学会用艺术的方式表现和传达自然和人文环境的美丽；为学生创设手工编织、街舞等个人才艺展示的平台，使学生置身于美的环境，享受美的熏陶。

（四）组织环保实践

保护环境，人人有责。组织中职生社会实践也是培养环境之美的有效途径。学校可以成立植物保护协会，鼓励中职生有计划地在校内进行修剪树枝、养护花朵、除草清洁工作；结合中职专业开辟科技活动园地，鼓励学生做实验、写论文、搞创新；也可以建立学校环境保护宣传站，设立学校环境观察记录本，使其成为学校环境之美的舆论阵地；学校还可以组织学生参加文化保护活动、手工艺制作、家居设计等社会实践活动，让学生在实践中了解体会爱护环境的重要性。

作为新时代的中职生，生活就是环保实践的阵地，需要用心创造环境之美。

（1）减少对一次性筷子的依赖，大量使用一次性筷子容易造成森林面积的急剧减少，从而增加生态失衡的危险。因此，外出就餐尽量使用可重复的消毒餐具。

（2）使用节能型灯具，小型荧光灯照明成本更低，亮度更高，寿命更长，耗能更少，对环境的影响也最小。

（3）多用肥皂，少用化学成分含量较高的清洗剂。肥皂成分利于微生物分解，对环境的影响相比于含磷洗衣粉要小，洗衣粉中的磷酸盐会导致水体污染，不利于环境保持。

（4）养成节约用纸习惯，纸张要回收循环使用。木材的过度使用会导致森林覆盖面积的大量减少，这对于人类的生存来说影响很大，森林是"地球之肺"，不浪费纸资源就是保护人类的生存空间。中职生要用实际行动支持废纸的循环利用。

（5）少吃口香糖。口香糖好吃但难以清理，不仅污染环境还增加了环卫工人的负担。中职生要养成良好的卫生习惯，吃完口香糖不要随地乱吐，要及时包好扔到垃圾桶里。

（6）对待废旧电池要分类处理。电池的主要成分有铬、铅、锌、汞，如果随意丢弃，这些物质会污染水源和土壤，人类周边的动物、植物或饮用不清洁的水，都有可能诱发疾病。所以电池要做好分类处理，专物专管，防止污染环境。

检测评价

一、单项选择题

1. 环境美的内涵不包括（　　　）。
   A. 自然景观的美
   B. 人文景观的美
   C. 形式、结构、色彩、比例、尺度的和谐性
   D. 人类对美好事物的感知和欣赏
2. 环境美教育对于中职生的价值不包括（　　　）。
   A. 促进身心健康　　　　　　　　　B. 培养审美能力和创造力
   C. 增强环保意识　　　　　　　　　D. 增强自我认知和自我接纳
3. （　　　）不是实现环境美的路径。
   A. 开展郊游等研学活动　　　　　　B. 增强校园环境建设
   C. 加强社会实践　　　　　　　　　D. 开设与环境之美无关的课程

二、简答题

1. 简述环境美的内涵。
2. 简述环境美的教育价值。

任务实施

【任务1】

假设你是振华艺术学校的一名学生，为了提高校园环境的质量，学校决定进行一次校园美化工程。作为学生代表，你需要制订一份校园美化方案，并向全校师生展示你的方案。

【任务2】

学校马上要组织一次摄影比赛，要求参赛者拍摄与自然环境或人文环境相关的照片，禁止使用滤镜和后期处理。主题是环境之美，作为一名摄影爱好者，请拍出你心中最美的图片来参加比赛。

请同学们结合课本知识分组讨论，并且结合自己的理解完成两项实践任务。

任务实施评价表

小组编号：　　　　　　　　　任务序号：

项　目	评 价 依 据	优秀	良好	及格	继续努力
任务准备	是否认真阅读了材料案例，并按照环境之美相关内容作了细致梳理				
知识理解	对案例中的问题解决依据是否充分、论述是否正确				
分析讨论	对案例问题的分析是否体现出环境之美的相关内容、讨论的主题是否鲜明				
合作学习	小组成员讨论是否积极主动、发言是否充分、观点补充是否完整				

要点梳理

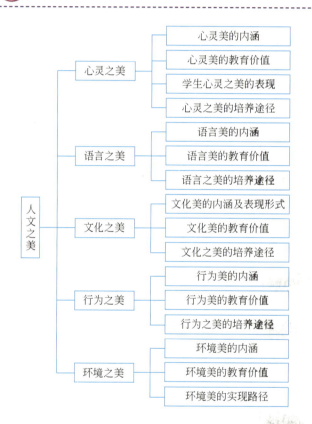

小结检测

【案例分析题】

一位年轻人在社交媒体上分享了一篇关于环保的帖子，呼吁大家关注地球环境问题，减少垃圾产生和能源消耗。这位年轻人的行为体现了人文之美中的哪方面？请结合本系列课程所学内容进行分析。

坚持以美育人、以文化人

以美育人非一日之功，需要脚踏实地、久久为功，从开齐开足上好美育课入手，构建以学生发展为中心的教学模式。

美育是审美教育，更是情操教育和心灵教育，对于立德树人具有不可替代的作用。习近平总书记强调，要全面加强和改进学校美育，坚持以美育人、以文化人，提高学生审美和人文素养。落实这一重要要求，就要下大力气改进美育工作，将其作为推动学校美育高质量发展的基础环节。

中华优秀传统文化中，饱含着丰富的美育思想。"兴于诗，立于礼，成于乐"的论断，从中华传统美育的角度阐明了诗歌、礼仪、乐舞之间的关系。朱光潜先生也提出："要求人心净化，先要求人生美化。"如果青少年缺少美育，就不可能全面发展。中办、国办2020年10月印发的《关于全面加强和改进新时代学校美育工作的意见》提出，以提高学生审美和人文素养为目标，把美育纳入各级各类学校人才培养全过程，贯穿学校教育各学段。在教育实践中，以美育人非一日之功，需要脚踏实地、久久为功，从开齐开足上好美育课入手，构建以学生发展为中心的教学模式，积极推进美育评价改革，形成充满活力、多方协作、开放高效的学校美育新格局。

移动互联网的发展、智能手机的普及，给美育工作带来新的契机。新科技的出现，重新激发了经典作品的活力，让生活空间与美育空间联系更加紧密。对今天的青少年来说，打开计算机或手机，就能身临其境般参观博物馆、艺术馆，欣赏艺术杰作。信息技术的不断升级，让藏于深宫大院的艺术珍品走入方寸之间的电子屏上，让静止的美术、书法、雕塑流动起来，突破了传统美育的空间隔阂、技术限制。与此同时，新的科技文明也在不断拓展美育的边界，互联网和虚拟化带来的冲击，正在改写很多艺术专业的分类和定义。这些都呼唤新时代的美育工作者时刻保持创新意识、开放意识，不断培养学生的审美能力和艺术创造力。

面向未来，应进一步健全面向人人的学校美育育人机制，让所有在校学生都享有接受美育的机会，并以创新意识不断丰富和改进美育工作。对学校美育课而言，既开设好音乐、美术、书法、舞蹈等各类美育艺术课程，又注重充分挖掘不同课程所蕴含的美育价值，才能更广泛、更深层实现美育的教化作用。比如，一些学校深入探索美育教学规律，打通学科壁垒，通过手工技艺等课程设计，将劳动教育和美育融为一体；有些学校将美育和传统文化、非物质文化遗产相结合，让中小学生体验我国非遗技艺的巧夺天工，熏染优秀传统文化和工匠精神；还有些学校着力发展艺术与教育专业，在教育学与艺术学的基础上，进一步增加设计学、心理学、工学等学科的综合学习，培养未来美育所需的新型人才、探讨美育的未来发展方向，等等。各级各类学校创新推动美育工作，正在形成"一校一品""一校多品"的学校美育发展新局面。

美育工作者要以"十年树木、百年树人"的耐心，为学生引路，把美的种子播撒在学生心中，才能不断提高学生审美和人文素养，从而强化美育育人实效，用美育助力学生追求未来美好生活。

（资料来源：《人民日报》（2021年12月13日05版），作者为北京师范大学未来设计学院院长高鹏.）

项目三
音 乐 之 美

 学习导语

音乐同人类的生活息息相关。音乐是反映人类现实生活和情感的一种艺术。它是一种声音的艺术，用各种音响记录生活；它是一种时间的艺术，用音乐传递经典；它更是一种情感的艺术，用音乐交流情感！

音乐在悠久的历史长河中留下一个个经典佳作。本章节将对中西方重要体裁的音乐作品进行赏析。让我们通过音乐穿越历史长河，跟着音乐去旅行。通过学习拓宽音乐视野、提升音乐审美。更希望能有几首作品能和你产生共鸣，进而带来更深层次的心灵上的享受！

 学习目标

- 了解音乐作品的主题、体裁及特征。
- 掌握音乐赏析的基本方法，提高音乐审美能力。
- 以提高音乐审美为核心，开阔视野、陶冶情操，促进学生身心健康发展。

任务一　音 乐 简 介

 情景导入

元旦联欢会在即，同学们排练了丰富多样的节目，有歌曲、舞蹈、小品、魔术，等等。在众多的节目中音乐类节目占大多数，可见同学们对音乐的喜爱。那么什么是音乐？音乐是如何发展而来的？

 知识积累

一、音乐的定义

音乐是一种声音的艺术，是一种时间的艺术，是一种听觉的艺术，是一种内心情感的艺术。音乐分为器乐演奏和人声演唱，凭借声波震动而存在，在时间中延留，通过人类听觉而感受并引起情绪变化的艺术门类。

二、音乐的起源

音乐是一种古老而神秘的存在，早在人类没有产生语言的远古时期它就已经存在于人类的生活当中，是人类情感表达的特殊方式。那么音乐是如何发展而来的呢？音乐是如何起源的呢？关于音乐的起源众说纷纭，至今被人们普遍认可的为以下五种起源说。

（一）劳动起源说

劳动起源说认为音乐从劳动中来，如人们在集体劳动时喊的号子、劳动中的呼喊应和声、狩猎时候的敲击声等。

（二）模仿自然说

模仿自然说认为人们把自然界中的各种音响作为模仿对象，如流水声、鸟叫声等。据《吕氏春秋》记载"黄帝令伶伦作为律，听凤凰之鸣，以至十二律"，证明音乐的起源和模仿自然音响有关。

（三）情感起源说

情感起源说认为音乐的起源和人类的情感表达和娱乐的需要有关。《刘子·辩乐》云："乐者，天地之声，中和之纪，人情所不能免也。人心喜则笑，笑则乐，乐则口欲歌之，手欲鼓之，足欲舞之。歌之舞之，容发于声音，形发于动静，而入于至道。"即人们用音乐的方式表达情感、丰富娱乐生活。

（四）巫术起源说

原始人为了战胜自然和客观环境，他们认为一些奇特的声音可以与上天沟通。所以利用音乐产生精神力量，后来逐渐演变为巫术。巫术仪式中使用的咒语、舞蹈和敲击声就成为最早期的音乐的雏形，后来发展为崇拜原始图腾的音乐和祭祀祖先的音乐。

（五）语言抑扬说

语言抑扬说认为音乐与人们说话时抑扬顿挫的语音语调有关。音乐的有"音"字和语言的"言"字同源，金文、甲骨文中"音"和"言"经常通用，后来才逐渐分化成不同的含义，由此可见音乐的起源和语言相关。

三、聆听音乐的价值

我国音乐家冼星海曾说："音乐，是人生最大的快乐；音乐，是生活中的一股清泉；音乐，是陶冶性情的熔炉。"音乐用其独特的方式和特有的魅力让人着迷。音乐不只是词曲作者的直抒胸臆，它也是一种媒介，给每一位聆听者带来不同的音乐体验。

聆听音乐的价值主要有以下三个方面。

（一）聆听音乐促进身心健康

音乐对人的身体和心理具有调节作用，通过对大脑的刺激产生积极情绪，从而调整身心状态，促进身心健康。

（二）聆听音乐提高想象力

想象力是人类思维的宝贵能力。音乐是思想情感的产物，情感传递的方式是通过创作者的一度创作产生，通过演奏者或演唱者的二度创作演绎升华，通过聆听者想象力最终完成的。通过聆听音乐改变定向思维模式，使大脑更加灵活，想象力、创造性思维更加活跃。

（三）聆听音乐培养良好的道德品质

经典的音乐作品向听者描绘山川的壮美、传递家国情怀、弘扬人间大爱，对道德品质具有良好的导向作用，有助于培养良好的道德品质，促进健全人格的养成。

检测评价

一、填空题

1. 音乐是一种_____的艺术，是一种_____的艺术，是一种_____艺术，是_____的艺术。

2. 关于音乐起源的说法主要有：_____、_____、_____、_____、_____。

二、简答题

你听过的哪首音乐作品让你颇受感动？为什么？请进行简要介绍。

任务实施

音乐已成为人们生活的重要组成部分。小明在心情低落时喜欢听音乐来调适心情，小丽在休息时喜欢听轻音乐帮助入眠。你什么时候喜欢听音乐呢？你听音乐时会带给你什么感受呢？

任务实施评价表

小组编号： 　　　　　　　　　　任务序号：

项 目	评 价 依 据	优秀	良好	及格	继续努力
任务准备	认真阅读音乐定义、起源和价值，并按照教学内容作了细致梳理				
知识理解	了解音乐的定义、起源与聆听音乐的重要价值，能够梳理知识脉络				
分析讨论	对情景导入的问题，学生观点是否鲜明、准确				
合作学习	小组成员讨论是否积极主动、发言是否充分、观点补充是否完整				

任务二　中国民族民间音乐

情景导入

为弘扬民族文化、传承历史经典，各班举行了以此为主题的班会。班会课上，同学们有的介绍传统节日；有的介绍传统服饰；有的介绍名师佳作。但是，小明最喜欢小慧同学给大家带来的古乐器介绍。小明不禁感叹古人的智慧与才能，课后也激发了小明探索民族音乐的兴趣。中国音乐的魅力到底何在？

音乐之美重难点讲解

知识积累

我国音乐文化历史久远，经过历代音乐从业者承前启后的艺术创作，在漫长的历史发展中，形成了独具民族特色，璀璨耀眼的中国音乐史。本章节将赏析我国音乐史上具有代表性的器乐作品和声乐作品。通过一个个鲜活的音乐作品了解创作背景，体会传达的情感，通过学习和赏析提升学生音乐审美，愉悦心灵，陶冶情操。

一、民族器乐

（一）民族乐器分类

据《周礼·春官》记载，"皆播之八音——金、石、土、革、丝、木、匏、竹。"我国古人按照乐器制作材料的不同将乐器分为八类，即八音，如表3-1所示。

表3-1　民族乐器八音分类表

八音分类	制作材料	代表乐器
金类	用金属材料制成的乐器，大多由铜制成	钟、铎
石类	用石头制成的乐器，大多选用大理石或玉石为材料	磬、编磬
土类	用泥土制成的陶土乐器	埙、缶
革类	用野兽皮革为共鸣体制成的乐器	鼓
丝类	用蚕丝制成琴弦，再做成乐器	琴、瑟、筝
木类	用木头制作的乐器	柷
匏类	以葫芦为共鸣体、上插簧管的乐器	笙、竽
竹类	用竹子制作的乐器	箫、笛、管

近代按照乐器演奏方法的不同分为拉弦乐器、吹奏乐器、弹拨乐器和打击乐器。我国民族乐器种类繁多，在此不能一一列举，以下将对具有代表性的乐器和器乐作品进行简要介绍。

（二）民族乐器及器乐作品简介

1. 贾湖骨笛

1987年我国河南省舞阳县贾湖遗址出土了迄今为止年代最早的吹奏乐器——贾湖骨笛（图3-1），它是全球范围内可知的最早的可吹奏乐器。贾湖骨笛已有八千多年的历史，是新石器时期的乐器。它的出土将我国的音乐史向前推进了三千年，同时也证明我国是世界上音乐历史最悠久的国家。

图 3-1　贾湖骨笛（河南博物院官网）

古人喜爱仙鹤，更赋予仙鹤多种美好的寓意。古文当中就有"鹤骨为笛，其声清越"的描写。贾湖骨笛是由鹤翅膀上中空的骨头制成的七孔骨笛，它可以吹出标准的七声音阶，即 Do, Re, Mi, Fa, Sol, La, Si。在它出土之前，大多数人认为先秦之前我国只有五声音阶（宫商角徵羽），即 Do, Re, Mi, Sol, La。贾湖骨笛代表了当时器乐制作的最高水平。

2. 曾侯乙编钟

1978年在我国湖北随县出土了距今两千四百多年的曾侯乙编钟（图3-2），它是战国早期曾国国君使用的大型礼乐乐器。之所以称为大型礼乐乐器，一是因为它由六十五件青铜编钟组成；二是因为它在可以完整演奏五个八度的音阶的同时还具备完整的十二半音体系。高超的铸造技术和良好的音乐性能，改写了战国前我国只有五声音阶的历史。1978年人们首次奏响这件两千四百多岁的古乐器，通过击槌的敲击穿越千年。曾侯乙编钟被列为我国首批禁止出国（境）展览文物。

图 3-2　曾侯乙编钟（湖北省博物院官网）

编钟架构宏伟，由大小两块木板垂直交错搭建而成，其长度达 7.48 米，高度为 2.65 米；朝南一侧木板长度为 3.35 米，高度则是 2.73 米。架中镶有七根装饰丰富的绘木梁，梁端点缀以盘绕龙形图案的铜质装饰以增强牢固度。支撑编钟的是六尊铜质铸造的佩刀武士和八根圆柱形结构，编钟由此分成上、中、下三层。

曾侯乙的铜钟套装由 65 件钟铸造而成，排列成三个级别、八批次：顶部有三批钮形铜钟，共计 19 件；中部同样分为三批，共有 33 件的南式铜钟，按铜钮的长短不同划分为短钮、无钮和长钮三种类型；底部是两批共 12 件体积较大的长钮型甬铜钟，以及一件特别的镈铜钟；其中，中部和底部的钟也被称为甬铜钟。这些编钟之中，体积最庞大的一件钟的总高度达到了 152.3 厘米，重量高达 203.6 公斤；而体积最小的一件钟高 20.2 厘米，重 2.4 公斤，具有在音乐演奏中确定音调的功能；整套铜钟的总重量约为 5 吨，是迄今为止在中国发现的最重的古代青铜编钟。

多数钟体上都刻录有篆刻文字，顶部的 19 枚铜钟刻记的文字不多，仅仅注明了它们的音律名称，而在中部和底部共 45 枚的钟上除了音律名称外，还镌刻了更加详尽的乐理铭文，这些铭文细致记录了钟的调性名称、音阶层次以及各种变调音符等信息。这样的刻文设计有助于演奏者准确击打这些乐器。

钟磬的表面镂刻着众生和几何图形，其中涵盖了立体雕刻和浅浮雕等众多工艺，其色彩所涉及的红、黑、黄和青铜色相互映衬，赋予其一种尤为严肃且威严的美感。

3. 埙

埙（图 3-3）是我国独有的闭口吹奏乐器，也是我国最古老的吹奏乐器之一，在世界原始艺术史上占有重要地位。

埙的产生与古代社会生产劳动有关，最初埙并不是一种乐器，而是狩猎时吸引鸟兽的工具。最初埙只有一个吹口，并没有音孔，如陕西西安半坡村仰韶文化遗址出土的距今约六千年的橄榄形陶埙；浙江余姚河姆渡遗址出土距今约七千年的椭圆形陶埙。后来随着社会的发展和制作手艺的成熟，随后出现了六孔、八孔、九孔、十孔埙。音孔的增加，可吹奏的音高越来越丰富，使之成为一种乐器为人们使用。

图 3-3 埙（浙江省博物院官网）

4. 古琴

（1）古琴介绍

古人将琴列为"琴、棋、书、画"四艺之首，"琴"就是指的古琴（图 3-4）。提到古琴，至今还流传着高山流水遇知音的千古佳话。

古琴，又称瑶琴、玉琴、七弦琴，距今已有三千年以上的历史，是我国古老的弹拨乐器之一。关于"琴"的记载最早见于我国第一部诗歌总集《诗经》，其中记载了众多关于古琴的诗句，如"窈窕淑女，琴瑟友之"（《关雎》）；"我有嘉宾，鼓瑟鼓琴"（《鹿鸣》）等。古琴音色和雅、清淡，为古人所钟爱。

古琴一共有七根弦，但最初并不是这样。古琴的每一处设计都具有代表性意义。古琴琴身长三尺六五寸，象征三百六十五天；琴头六寸，象征六和（即天、地、人、法、时、物）；琴尾四寸，代表春夏秋冬四个季节；龙池和凤沼，代表大江、大海；古琴琴面为弧形、背面为方形，代表天"圆"地"方"；古琴上共有十三个琴徽，代表十二个月和四年一次的闰月。制琴的技艺体现了中华民族几千年的传统文化理念，古琴的乐声也随之流传千年。

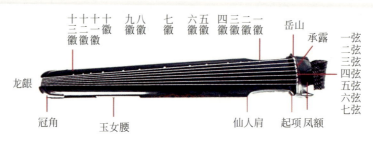

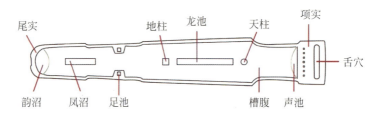

图 3-4　古琴结构示意图（浙江省博物院）

2003 年 11 月 7 日，古琴艺术被联合国教科文组织列为世界第二批"人类口头和非物质遗产代表作"。

（2）古琴曲《流水》

古琴的代表作为《流水》是我国十大古曲之一。琴曲《流水》最早传谱见于明代朱权于 1425 年编印的《神奇秘谱》。《高山流水》原为一曲，唐代后被分为《高山》和《流水》两首独立的古琴曲。19 世纪的四川道士张孔山在乐曲中滚拂手法，用来描写湍急的水势，人们称之为《七十二滚拂流水》。

古琴曲《流水》因其极具表现力的音乐成为我国民族音乐历史中的传世佳作。乐曲充分运用滚、拂、打、进、退等指法和上滑音、下滑音等方式，描绘出山涧的泉水和潺潺的小溪，也刻画出奔腾万里的江河与大海。它通过情景交融的艺术手法，表现出一种天高海阔、百折不回的精神境界，也充分表达了人们对自然的热爱和赞美之情。

1977 年 8 月 22 日，《流水》随着美国"旅行者号"太空飞船一起飞向太空，让它继续在苍茫宇宙中寻觅"知音"。

古琴曲的代表作品还有《广陵散》《阳关三叠》《平沙落雁》等。

（3）减字谱

减字谱（图 3-5）又称指法谱，由唐代末年琴家曹柔创立，是一种专门记录古琴演奏指法的文字谱。减字谱是由文字谱发展而来，是文字谱的简化版，只标记弹奏徽位、指法而不记音名，它是将古琴文字谱的指法、术语选取其中具有特点的部分组合而成。

图 3-5　减字谱

5. 琵琶

（1）琵琶介绍

说到琵琶（图 3-6），大家一定会想到白居易《琵琶行》中对琵琶音色的各种描写，如"大弦嘈嘈如急雨，小弦切切如私语。嘈嘈切切错杂弹，大珠小珠落玉盘。"

琵琶原名枇杷，是我国的四弦弹拨乐器。琵琶琴身木制，音箱呈半梨形，装有四根琴弦。琴颈与面板上设有确定音位的"相"和"品"。琵琶的琴弦最初使用丝线，现在多用尼龙、钢丝和钢绳制成。琵琶早期的演奏姿势为横抱或斜抱，后来改为竖抱。传统琵琶演奏手法多达五六十种，现代由于演奏需要，在传统技法上有了新的发展。

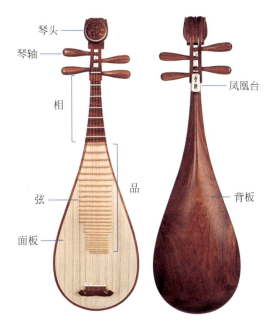

图 3-6　琵琶结构示意图

（2）琵琶曲《十面埋伏》

人们利用琵琶清澈、明亮，富有颗粒性的音色和多达几十种的演奏手法创作出了许多琵琶曲。琵琶曲根据音乐内容和表现情绪的不同又分为文曲和舞曲。《十面埋伏》就是武曲的代表作之一。

《十面埋伏》又名《淮阴平楚》，是以楚汉相争这一著名历史事件为题材创作而成，乐谱最早见于《华秋苹琵琶谱》。

《十面埋伏》是一首著名的大型琵琶套曲，全曲由十三个小段落构成，每段冠有概括性标题，根据标题和表现内容分为战前准备、战争场面、战争结局三大部分。乐曲气势恢宏，音乐风格雄伟奇特，如表3-2所示。

表3-2 《十面埋伏》全曲构成表

第一部分：战前准备	第二部分：战争场面	第三部分：战争结局
第一段：列营　擂鼓三通		第九段：项羽战败
第二段：吹打　笙管齐鸣	第六段：埋伏　紧张气氛	第十段：乌江自刎
第三段：点将　高昂士气	第七段：鸡鸣山小战	第十一段：众军奏凯
第四段：排阵　队形变化	第八段：九里山大战	第十二段：诸将争功
第五段：走队　步伐矫健		第十三段：得胜回营

琵琶代表作品还有《霸王卸甲》《海青拿天鹅》《塞上曲》等。

6. 二胡

（1）二胡介绍

二胡（图3-7）由"奚琴"进化而来，又称"南胡""喻子"，是中国传统音乐中主要的拉弦乐器之一。

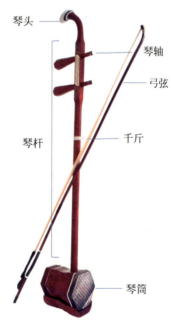

图3-7 二胡结构示意图
（钱平安.京剧基础知识.中西书局）

二胡由琴头、琴杆、琴弓、千斤等部分构成。二胡琴杆木质，长约80厘米，琴杆上有两根琴弦，琴杆下装有琴筒，琴筒上有琴窗和琴皮，还有一把马尾做的琴弓。演奏二胡时采取坐姿，左手持琴，右手持弓，近代新民乐的演奏姿势增加了站姿。

二胡音色和人声最为接近，所以它也是一种富有歌唱性的乐器，有人还因此称它为"中国式小提琴"。二胡在演奏时还可以使用一些特殊手法模仿出鸟鸣、锣鼓声、马嘶鸣、马蹄声等。

（2）二胡曲《二泉映月》

《二泉映月》由阿炳所创，也由他亲自演奏。单从曲名上看似乎是一首描绘景色的乐曲，但乐曲曲调悲凉和曲名似乎不符，但这正是阿炳历经辛酸的生活写照和情绪宣泄。世界著名指挥家小泽征尔在听了姜建华的演奏后备受感动，他说："断肠之感这句话太合适了。"阿炳把自己的所见、所思、所想写成一个个扣人心弦的音符，使每一位听者随着它黯然落泪。

二胡曲的代表作品还有《病中吟》《光明行》《江河水》等。

7. 唢呐

（1）唢呐介绍

唢呐（图3-8）又称喇叭，是我国民族吹管类乐器。唢呐管身多用花梨木、檀木制成，呈圆锥状，顶端装有芦苇制成的双簧片，它通过芯子与管身连接，下端装有铜质的喇叭口。

唢呐管身上虽有八孔，但第七孔音与筒音超吹音相同，第八孔音与第一孔音超吹音相同。

唢呐音色高亢嘹亮，不仅可以烘托氛围，还可以模拟各种飞禽走兽，是一件非常具有音乐表现力的乐器。2006年5月20日，唢呐艺术经国务院批准被列入第一批国家级非物质文化遗产名录。

（2）唢呐曲《百鸟朝凤》

《百鸟朝凤》是我国民间唢呐音乐的代表作之一，主要流行于我国北方地区。音乐通过丰富的想象力和娴熟的演奏技法模拟出多种鸟鸣声，在聆听时我们仿佛可以听到百灵、布谷、燕子等多种鸟类的叫声。欢快的情绪，热烈的氛围表现出一片蓬勃生机。

8. 箫

箫（图3-9）又叫洞箫，是我国古老的单管吹孔气鸣乐器。箫一般由竹子制成，也有玉箫、铜箫等。

图3-8 唢呐结构示意图
（钱平安.京剧基础知识.中西书局）

图3-9 箫（大都会博物馆官网）

箫的箫管较长，管身比较细长，顶端保留着自然的竹节形状，而底端以及管道内部则将竹节清除，形成空腔。管体的顶端边缘设计了吹气口，用于进行吹奏并产生音调。在箫的中央前面，设有五个用于发音的孔洞，而背面则设有一个单独的孔洞。箫的底端背部有两个圆形开口作为调节音质的出音孔，而这些出音孔下方还有两个圆孔名为助音孔，它们不仅能够增强乐音的响亮度和丰富度，还可以用来连接装饰品，增添乐器的美观。

箫历史悠久，它的独特气质往往被义士、侠客所钟爱。圆润轻柔的音色，非常适合独奏和重奏。

箫的代表作品有《平湖秋月》《梅花三弄》《潇湘八景》等。

二、民族民间歌曲

我国民族声乐作品最重要的组成部分就是民歌。我国疆域辽阔、民族众多，富饶的大地孕育出优秀的民歌文化，它伴随着时代的发展不断迭代更新。民歌已然成为人们生活中不可或缺的一部分。

（一）民歌的定义

民间歌曲简称"民歌"，是人们在生产劳动中有感而发创作的具有民族特色和地域风情的歌曲。民歌大多采用口头传唱的形式在民间流传。

原始时期的民歌和人们的生存斗争相关，如表现人们渴望征服自然的愿望，或表达狩猎获得丰收的喜悦，或祈祷万物神灵的佑护。随着社会的发展，民歌的内容更加丰富，形式更加多元，越来越受到当代青年人的喜爱。

（二）民歌的特征

（1）民歌和人们的社会生活密切相关。劳动人民拥有丰富的社会实践经验，人们在长期的劳动、斗争和实践中逐渐形成了自己的思想、情感和意志，通过民歌的形式表达思想、情感和意志，是社会生活的真实写照。

（2）民歌大多为人们口头创编的即兴创作，采用口传心授的方式代代相传。在传唱的过程中人们会加上当地的地域特色，所以会产生同一首歌曲不同版本的作品。

（3）民歌因各民族、地区的语言、生活、风俗、地域特色的不同，形成了具有鲜明民族特色和浓郁的地方色彩的音乐形式。

（三）民歌概述

按照体裁类型的不同可以将民歌分为号子、山歌和小调。

1. 号子

号子又称劳动号子、哨子，是一种人们在劳动时演唱的歌曲，大多为协调和统一劳动时的动作、步调服务。《淮南子》中就有相关记载："今夫举大木者，前呼'邪许'，后亦应之，此举重劝力之歌也。"这是对人们一边集体搬运巨木，一边呼喊号子的生动描写。传统的劳动号子按不同工种分为搬运号子、船渔号子、工程号子、农事号子四类。最初的劳动号子只有劳动呼号，经过人们逐渐美化，后来发展成为歌曲的形式。

号子的代表作品有湖南地区人们打夯时唱的《打夯号子》、东北地区人们抬木时唱的《哈腰挂》、湖北地区人们农忙时唱的《喔咚喔》等。

2. 山歌

山歌泛指除劳动号子以外，在山间户外演唱，多为见景生情的即兴演唱，寄情于山水之上。劳动人民行走于山间野外，行走于苍茫大地，清风、流水给他们带来灵感，触景生情、有感而发。

山歌的代表作品有陕北"信天游"、西北地区的"花儿""少年"、山西地区的"山曲""爬山调"等。

3. 小调

小调又称小曲、小令，广义上将号子、山歌以外的歌曲都可归为小调。小调的演唱形式有独唱、对唱、齐唱等，其中以独唱的形式最为常见。

小调的代表作品有河北地区的《小白菜》、江苏地区的《孟姜女》、台湾地区的《天乌乌》等。

（四）民歌代表作品赏析

1. 劳动号子——《船工号子》

《船工号子》是电影《漩涡里的歌》中的插曲，该曲目融合了四川传统民谣《川江船夫号子》的多段式创作技巧。通过变换音速、拍子与调性，生动地描绘了船工齐心协力、勇往直前、不畏艰难困苦的英勇风貌。

2. 山歌——山西民歌《走西口》

《走西口》是我国晋北地区的山曲，歌词内容为爱情题材，曲调悲苦，表现出当时生活的辛酸和不易。

3. 小调——江苏民歌《茉莉花》

江苏自古繁华，且山明水秀，所以江苏民歌的风格以欢快、活泼为主，歌曲内容大多以表现美好生活为主题，体现了江苏特有的地方文化特色。

现在流传于民间的《茉莉花》有两个版本，一个是江苏民歌，另一个是北方地区民歌。形成两个版本的原因是因为民歌具有口传性、即兴性和地域性的特点。但是江苏民歌版本的《茉莉花》历史最为久远，传播最为广泛（图 3-10）。普契尼将此版本的曲调加入歌剧

《茉莉花》赏析

图 3-10 简谱江苏民歌《茉莉花》

《图兰朵》中，作为渲染中国风味元素来使用。

三、戏曲音乐

戏曲是中华民族的传统艺术，它与希腊悲剧和喜剧、印度梵剧齐名。戏曲主要是由民间歌舞、说唱和滑稽戏三种不同艺术形式融合而成。它起源于原始歌舞，是一种历史悠久的综合舞台艺术形式。经过长期的发展和演变，逐步形成了以"京剧、越剧、黄梅戏、评剧、豫剧"五大剧种为核心的戏曲文化。

（一）京剧

1. 京剧简介

京剧又称平剧、京戏，是我国的国粹，是一种以"西皮""二黄"唱腔为主的剧种。京剧早已走出国门，走向世界，并受到了国内外听众的喜爱，它已成为我国传统艺术的一张靓丽的名片。

京剧虽然诞生于北京，但并不是北京土生土长的剧种。乾隆皇帝非常喜欢听戏，清朝时流行的戏曲分为"乱弹"和"昆曲"，由于"昆曲"大多选用诗词歌赋，对于百姓来说很难理解，所以逐渐没落。1790年为给乾隆祝贺"八十大寿"，扬州官府征召三庆班进京献艺，大受欢迎。随后"四喜""和春""春台"三个徽班相继赴京，这就是"四大徽班"进京。进京后，他们在徽剧的基础上吸收了昆曲、秦腔、汉调和民间优秀戏曲的精华，又融合了京城本土的语言特色，最终形成了新的剧种——京剧。

京剧的名称最初并没有被固定下来，直到1876年北京的一个戏班到上海演出，《上海申报》在报道上第一次使用京剧这一名称，自此之后京剧的名称才得以固定下来。

2010年11月16日，京剧被列入"人类非物质文化遗产代表作名录"。

2. 京剧行当

行当是指具备某种专门的技术，用来表现某种特定类型的角色。行当以角色的类型和表演特点为依据进行划分，不同的剧种会有不同的划分。京剧分为生、旦、净、丑四个行当。每个行当对造型、形象都有一定的规程。

（1）生

"生"指男性角色，根据剧中人物年龄可分为"小生""老生""武生"和"红生"等。

老生指剧中中老年男子，性格正直刚毅，作风正派。因其演出时需要在耳朵上戴上假胡须，所以又称须生。胡须的颜色代表人物角色的年龄。老生在演唱时使用真声，音色苍劲、醇厚，动作造型庄重、沉稳。

小生指剧中青少年男子的角色，在造型上清新、儒雅，不戴胡须。小生在演唱时使用真假声结合的方式，音色明亮。小生还可以分为文小生和武小生。

武生指剧中的男性武将，在表演时使用娴熟的武打动作展示剧中人物的高超武艺。武生可分为长靠武生、短打武生和猴戏武生三类。长靠武生装扮上身穿"靠"（表示铠甲），头戴盔，脚穿厚底靴子，手持长柄武器，一般扮演大将。短打武生装扮上身穿短衣短裤，手持短兵器，身手矫健，动作轻盈。猴戏武生为扮演孙悟空一类的角色，展现出猴戏的机灵、好动、灵活的特点。

红生为涂成红色脸谱的老生，这种角色不多，如关羽、赵匡胤等。

（2）旦

"旦"为剧中的女性角色，根据所扮演人物年龄、性格、身份的不同，分为"正旦""花旦""老旦""武旦""彩旦"等。

大家闺秀称为正旦，因为其演出时大多穿青色的长衫，所以也叫"青衣"。表演时端庄秀丽，唱腔旋律优美婉转。

小家碧玉称为花旦，扮演性格天真活泼或放荡泼辣的青年女性。

老年女性称为老旦，表演时为了突出年龄特点，走路迈步使用横八字步，装扮上常穿暗色系的服装。

勇武女性称为武旦，装扮上也扎"靠"服，使用武打表演技巧在剧中扮演女侠、女将等。

除此之外，诙谐和恶俗的女性角色称为彩旦。

（3）净

"净"指男性角色。表演时脸部使用色彩鲜明的油彩和图案勾勒脸谱，所以又称花脸。人物角色性格多为粗犷豪迈、刚烈耿直或阴险毒辣。演唱声音洪亮宽厚，表演动作幅度较大、顿挫鲜明。"净"又分为"正净""副净"和"武净"。

正净又称铜锤花脸、大面。一般扮演地位较高的朝廷重臣，表演时动作稳重大气，造型上以气度恢弘取胜。

副净又称架子花脸、二面。大都扮演勇猛豪爽的正面人物，表演时既要唱又要表演，同时还要具有一定的武术基础。

武净又称武二花、摔打花脸，以武打为主，不重唱、念。

（4）丑

"丑"又叫小花脸或三花脸，男性角色，因面部化妆用白粉在鼻梁眼窝间勾画小块脸谱而得名。扮演人物种类繁多，极具喜剧色彩。按扮演人物的身份、性格和技术特点，分为文丑和武丑。

文丑经常扮演花花公子、狱卒等。

武丑俗称开口跳。神态机警幽默、武艺超群的人物，如绿林好汉、侠盗小偷等。

3. 京剧脸谱

歌曲《说唱脸谱》是一首介绍京剧脸谱的说唱歌曲，独特的京腔韵味和现代音乐元素相结合，让大家耳目一新（图3-11）。歌曲在好听、有趣的同时还面向大众做了一个京剧脸谱知识的普及。

关于戏曲脸谱的起源，众说纷纭。有学者把各种说法归纳为披发文身说、代面说、面具说、塑像说、涂面说等。脸谱是一种面部化妆手段，艺术家们通过斑斓的颜色、夸张的技法勾勒出一个个特色鲜明的人物形象。不同颜色、不同类型的脸谱代表不同的人物角色和性格特点。

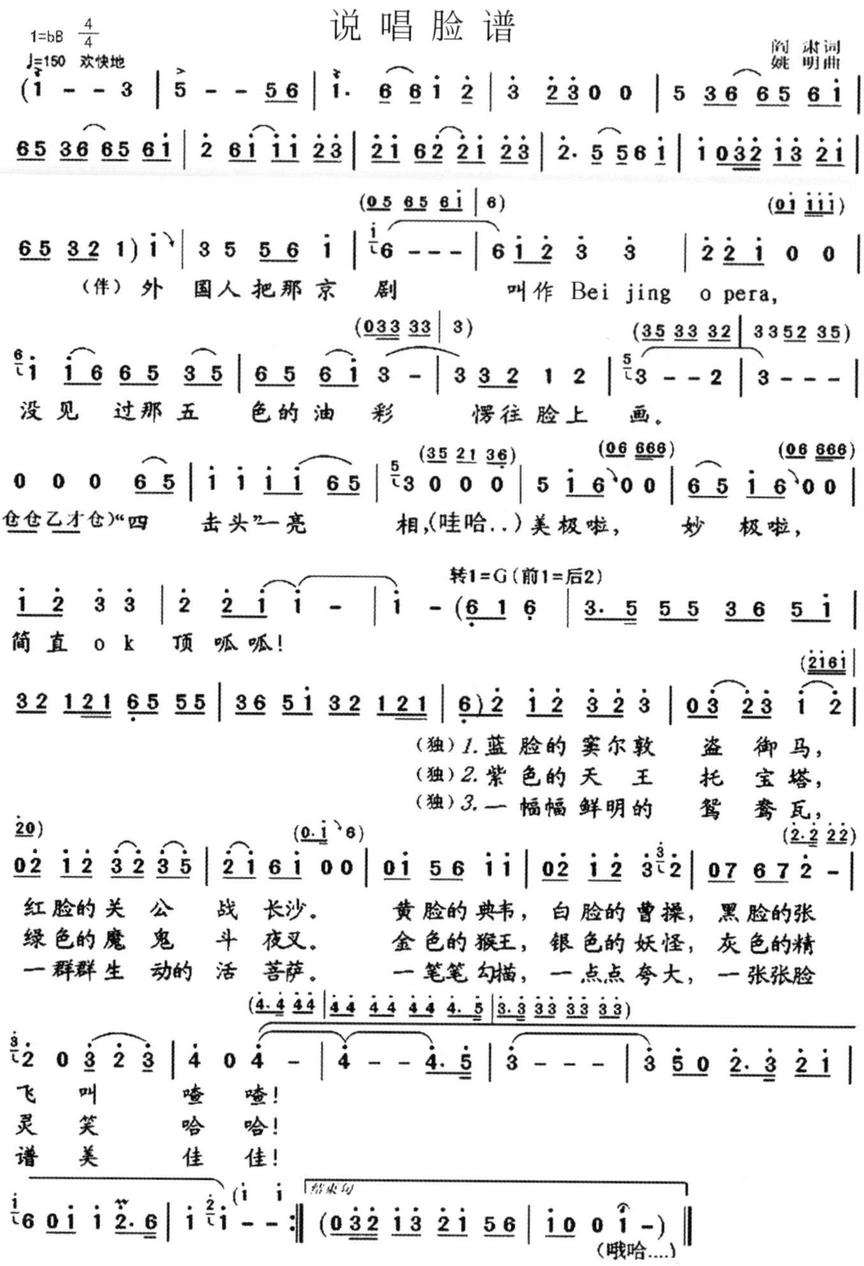

图 3-11 简谱《说唱脸谱》

红色象征忠勇、正义，多为正面角色，如关羽、黄飞虎。
黑色象征正义、勇猛或鲁莽，如包公、张飞。
白色象征奸诈、阴险或刚愎自用，如曹操。
蓝色象征刚强、有勇有谋，如窦尔敦。
绿色象征鲁莽、豪爽，如程咬金。
黄色象征残暴、彪悍，如典韦。
紫色象征稳重，如徐延昭（图 3-12）。

项目三　音乐之美

图 3-12　京剧人物脸谱

4. 京剧名家

清朝中期的京剧名家有三庆班班主程长庚，四喜班班主张二奎，春台班班主余三胜，三位表演艺术家是京剧形成时期重要的代表人物，并称为"三鼎甲"。

清朝末期为京剧成熟阶段，著名的表演艺术家有谭鑫培、汪桂芬、孙菊贤，被称为"老生后三杰"又被誉为"新三鼎甲"。

20 世纪前，京剧有以"老生"唱主角的传统，20 世纪 20 年代四大名旦打破传统，形成了"旦角挑班唱戏的新局面"。四大名旦分别为梅兰芳（梅派）、程砚秋（程派）、荀慧生（荀派）、尚小云（尚派）。

5. 京剧经典剧目

京剧在两百多年的发展过程中也产生了很多著名剧目，如《霸王别姬》《贵妃醉酒》《穆桂英挂帅》《空城计》《三岔口》等。

（1）京剧《贵妃醉酒》

贵妃醉酒又名《百花亭》，亦称作《缤纷亭之宴》，起源于清乾隆年间流传的一出地方戏曲《杨贵妃醉倒》，该剧目为京剧。剧情着重刻画了杨玉环沉醉于酒后的自我欣赏与对春日情感的向往，突出了她对皇帝深沉的爱意。

在 20 世纪 50 年代，梅兰芳着手精练剧目，从角色情绪演变着手，从审美视角出发，批改了其不归于艺术的偏向。

（2）京剧《穆桂英挂帅》

京剧《穆桂英挂帅》，是梅兰芳等艺术家于 1959 年由同名豫剧移植而来。其主要剧情为：杨门虎将多次领军打败辽寇，保护了宋朝疆土的完整，四海升平。随后，杨家祖母含泪离开王府，全族迁往河东安居。然而，杨家祖母一片赤诚之心，牵挂着国家大局，遂命其孙杨文广和杨金花前往京城探询消息。在此期间，安王谋反，皇城紧急招募大将。年轻勇猛的文广与金花在选拔场上生擒反叛者王伦，夺取将领印信。皇上闻知杨家后裔的义举，决定册封穆桂英为征战大将。穆桂英不顾年迈之身，再次披上戎装，重燃了出征的战火，义无反顾地投身于国家安全的战斗中。

1959 年，梅兰芳主导将豫剧名篇《穆桂英挂帅》改造并搬上京剧舞台。1959 年，在庆祝中华人民共和国成立十周年之际，梅兰芳将此剧作重新搬上舞台，以作节日祝贺。改写工序由陆静岩与袁韵宜共同承担，郑亦秋担任导演，与之同台的有李少春、袁世海、李和曾、李金泉、夏永泉、杨秋玲等诸位艺术大家，协力奉献了一场精彩的表演。梅兰芳通过这次演出，运用自己高深的艺术功底，创造出个人舞台生涯中最后一个角色的新形象。

（二）豫剧

1. 豫剧简介

豫剧又称河南梆子，是梆子戏剧种之一。梆子戏通过水运和商路流传至各地并与当地特色相融合，形成河北梆子、河南梆子等。开封古城为豫剧的起源地，《清稗类钞》载"土邦戏也，汴人相告之戏曲也。其节目大率为公子遭难、小姐招亲及征战赛宝之事。道白唱词，悉为汴语，而略加以靡靡之尾音。"既演国事，又演家事，方言演唱，尾音有拖腔正是豫剧的特征。豫剧是梆子戏与罗戏、卷戏之间互相借鉴，又吸收了如"三截棍"等民间艺术形式融合发展而来。

2. 代表剧目

豫剧代表剧目有《花木兰》《红娘》《白蛇传》等。

3. 豫剧名家

大家耳熟能详的豫剧名家有陈素真、常香玉、崔兰田、马金凤、阎立品、桑振君等。

（三）黄梅戏

1. 黄梅戏简介

黄梅戏又称黄梅调、采茶戏，发源于湖北黄梅县，后来流传到了安徽，在安庆发扬壮大，所以安庆也被称为"黄梅之乡"。最早的黄梅戏只是在逢年过节的庙会上表演，没有固定的演员，后来经历了"二小戏""三小戏"的发展逐渐形成了黄梅戏。"二小戏"只包含小生和小旦，"三小戏"里增加了小丑。早期的黄梅戏戏班组成规模非常小，七八个人即可。随着演出内容和表演形式的需要逐渐演变为近代的演出配置。

2. 代表剧目

黄梅戏代表剧目有《天仙配》《牛郎织女》《女驸马》等。

3. 黄梅戏名家

黄梅戏演唱的戏剧名家有严凤英、王少舫、张云风、潘刑、黄宗毅、黄新德、马兰等。

四、传承中国民族音乐的意义

我国民族音乐经历了几千年的发展，是历代劳动人民生活的记录和智慧的结晶，是中国音乐史上重要的组成部分。随着时代的进步，更多元化的音乐涌入我们的生活当中。但是作为中职生，我们应当肩负起传承民族音乐文化的重任，让民族音乐在我们这一代人的身上绽放得更加绚烂多彩！

检测评价

一、多项选择题

1. 古琴又称（　　）、（　　）、（　　），是我国古老的（　　）乐器之一。
   A. 瑶琴　　　　　B. 玉琴　　　　　C. 七弦琴　　　　　D. 弹拨
2. 经过长期的发展和演变，逐步形成了以（　　）为核心的戏曲文化。
   A. 京剧　　　　　B. 越剧　　　　　C. 黄梅戏
   D. 评剧　　　　　E. 豫剧
3. 有学者把戏曲脸谱的起源说法归纳为（　　）。
   A. 披发文身说　　B. 代面说　　　　C. 面具说
   D. 塑像说　　　　E. 涂面说

二、简答题

1. 相传古琴最初并不是七根弦，它是如何一步步转化而来的呢？
2. 请简单介绍阿炳的生平事迹。
3. 古琴曲《流水》使用了哪种记谱方法？具体代表什么意思？
4. 你认为当代青年人应如何传承我国民族音乐文化？

任务实施

小慧和爷爷去观看昆曲《牡丹亭》，昆曲的曲调缠绵婉转，服饰十分漂亮，和京剧唱腔差别较大。请小组同学讨论形成不同唱腔的原因有哪些。

任务实施评价表

小组编号：　　　　　　　　　任务序号：

项 目	评 价 依 据	优秀	良好	及格	继续努力
任务准备	认真阅读中国民族器乐、民间音乐、戏曲等内容，并按照教学内容作了细致梳理				
知识理解	了解中国民族音乐的构成要素，能够梳理知识脉络				
分析讨论	对情景导入的问题，学生观点是否鲜明、准确				
合作学习	小组成员讨论是否积极主动、发言是否充分、观点补充是否完整				

任务三　世界民族音乐

 情景导入

社会在发展，时代在进步，当代中职生接触到了更多元化的音乐文化。听动感十足的流行音乐、跳热力四射的街舞，那么这些音乐是源于哪里，又是从何而来呢？这个问题引发了你的好奇。

 知识积累

作为东方的文明古国，我国有着悠久的历史文化，世界上有那么多国家，有那么多的民族，他们的音乐文化是怎样的呢？让我们随着音乐走出国门，跟着音乐去旅行。

本章节将按照世界地理分布展开介绍，包括东亚音乐文化、南亚音乐文化、东南亚音乐文化、中亚音乐文化、阿拉伯地区音乐文化、欧洲音乐文化、非洲音乐文化、北美洲音乐文化、拉丁美洲音乐文化、大洋洲音乐文化十个地区的民族音乐介绍。

一、世界民族音乐定义

广义上讲世界民族音乐是包含人类所有的音乐事象，即世界各民族现存的音乐事象。从狭义上讲为世界各民族音乐文化的研究。本章讲授的世界民族音乐是指除西方欧洲三百年艺术音乐文化之外的世界民族音乐。

二、东亚音乐文化

（一）区域概况

东亚包含中国、日本、韩国、朝鲜、蒙古五个国家。因为我国国土面积最大，历史最悠久，所以东亚地区的音乐文化在多个方面都受到了我国音乐文化的影响。东亚人口稠密，占世界人口的百分之二十二，以黄种人为主，人们居住在靠河的平原地带。在语言方面，东亚包含汉语、日语、韩语、蒙语四种语言，随着汉语、汉文化输出也对周边国家的语言文化产生了较大影响。

东亚代表性的音乐主要分成两类，一是古代传统的宫廷音乐，二是流传于百姓之间的民间音乐。

日本宫廷音乐是日本古代音乐重要的代表类型，主要特点有三个，一是在仪式中使用；二是尊重之前的范例；三是讲究秩序。

日本民间音乐分为能乐、民谣和民间乐器。随着中国雅乐的传入，中国乐器和器乐音乐传入日本，主要乐器有尺八、琵琶、筝、三味线等。

韩国和朝鲜的音乐主要是指皇家祭祀时演奏的仪式音乐。韩国和朝鲜的音乐受到我国宋代的大晟新乐和教坊乐、明朝时期的音乐交往的影响，统治阶级希望通过礼乐来建立强国。

韩国和朝鲜民间音乐主要包括民谣、民间器乐音乐、说唱音乐、唱剧等。韩国和朝鲜的民间乐器有我国传入的弦乐器奚琴、筝类的弹拨乐器和吹管乐器大芩。

蒙古民间音乐的体裁有民间歌曲、民间器乐、歌舞音乐，音乐类似于我国蒙古族音乐。民族乐器包括马头琴、扬琴、筝等，主要展现的内容也是以草原生活为主。

（二）代表性音乐类型

声乐类型代表主要有：①日本的民谣，代表作品有日本民歌《樱花》；②韩国和朝鲜盘索里，即"游艺场"上演唱的一种说唱音乐，代表作品有《春香传》《兔子传》等，聚集在流传下来的盘索里一共有十二首，但是到目前为止只保留下了五首。正因其弥足珍贵，所以 2003 年被联合国教科文组织指定为"人类非物质文化遗产代表作名录"；③蒙古的呼麦。呼麦又称喉音唱法、双声唱法、多声唱法，根据发音类型分为泛音呼麦、复合呼麦、震音呼麦，歌曲内容呈现出蒙古先民草原游牧的社会传统文化。

器乐音乐类型代表主要有日本三曲、朝鲜族伽倻琴、牙筝和蒙古马头琴。

歌舞音乐代表主要朝鲜族民歌《阿里郎》，它是一首跨越中、朝、韩三个地区的民间歌曲。2012 年 12 月联合国教科文组织将《阿里郎》列入"人类非物质文化遗产代表作名录"。

（三）区域音乐文化特征

东亚周边各国在我国音乐文化的影响下形成了以"汉文化"为核心的东亚音乐文化圈，在交流和融合的过程中又产生了更加丰富的音乐文化形式。

（四）朝鲜民歌《阿里郎》介绍

歌曲《阿里郎》是一首跨越中国、韩国、朝鲜三个地区的民歌，被誉为朝鲜的"第一国歌"。阿里郎，意思是我的郎君，歌曲内容描写的是高丽时期的一段爱情故事。随着时代的发展，《阿里郎》已形成几十个不同的版本。2000 年悉尼奥运会上，《阿里郎》作为韩国和朝鲜的入场音乐再次响彻世界。

三、南亚音乐文化

（一）区域概况

按自然地理划分，南亚地区包含印度、巴基斯坦、孟加拉国、尼泊尔、不丹、斯里兰卡、马尔代夫七个国家。按照地域划分可分为内陆国（包含尼泊尔、不丹）、沿海国（包括巴基斯坦、印度、孟加拉国）、岛国（包括斯里兰卡、马尔代夫）。南亚不仅是世界人口最多最密集的地区，还是由两千多个种族构成的多元族群，由此也形成了英语、印地语、孟加拉语等多种常用语和上千种民族语言。因为印度是南亚地区的重要组成部分，所以印度音乐在南亚音乐文化中占有重要地位。

（二）印度音乐代表性类型

印度音乐是南亚音乐的核心，周边国家和地区都受到了印度音乐文化的影响，所以以下将对印度音乐代表类型进行简要介绍。印度音乐可分为古典音乐、轻古典音乐、民间音乐、泰戈尔音乐、电影音乐等。古典音乐对周边国家的影响最大。

声乐类型代表有德鲁帕特、克亚尔、图姆利等。民间音乐代表有拉贾斯坦民间音乐、保乌尔歌曲、班戈拉民间音乐等。

印度在电影音乐方面表现比较突出，人们通过华丽的电影场景和独具特色的音乐更直观地认识了印度音乐。表现内容主要为爱情题材或犯错得到惩戒等，代表作品有电影《大篷车》歌曲《啼笑皆非》，电影《宝莱坞生死恋》歌曲《守护爱之灯》等。印度音乐用其独有的音乐风格、丰富的音乐元素瞬间可以将听者带入其中。

（三）印度音乐文化特征

印度音乐最为显著的特征就是大部分作品使用教师口传心授和言传身教的方式。教师和学生在学习中有了更多接触，所以提升得更快，从而完成从学生到音乐家的蜕变。各国音乐家也对这种口传心授的音乐学习方式给予了高度认可。

四、东南亚音乐文化

（一）区域概况

东南亚泛指亚洲东南部地区，包括越南、老挝、柬埔寨等十个国家。东南亚地区在赤道多雨气候和热带季风气候的影响下形成了茂密的热带雨林、成片的竹林，所以竹子在当地有着特殊的意义，"竹乐"也成了东南亚音乐的一大亮点。在人种上主要以黄种人为主，也有白种人和黑种人。东南亚地区开发较晚，所以，音乐文化也受到外来音乐文化的影响。

（二）代表性音乐类型

越南有歌筹、独弦琴、竹排琴、越南筝等；柬埔寨有查佩、船形竹排琴等；老挝有说唱艺术、凯恩；缅甸音乐有缅甸三宝——弯琴、围骨、竹排琴；泰国音乐类型有拉孔、鳄鱼琴、三弦胡琴等；印度尼西亚音乐有甘美兰音乐、克恰克等；菲律宾音乐类型有竹乐团、昆地曼、巴里套等；马来西亚音乐类型有班顿、摇节特等；新加坡音乐类型有华人音乐；文莱音乐类型有刚巴斯等。

（三）音乐文化特征

东南亚音乐文化有两个特征，分别为"锣文化"和"竹文化"。东南亚是"锣的世界"，人们不仅将锣加入祭祀天地、神灵和祖先的仪式当中，还将它融入了各个阶层的艺术和娱乐活动中。东南亚也是"竹的世界"，人们就地取材制做出了世界文明的竹制乐器，还有世界闻名的竹乐团。

五、中亚音乐文化

（一）地域概况

中亚为亚洲中部的简称，包括哈萨克斯坦、乌兹别克斯坦、土库曼斯坦、吉尔吉斯斯坦、塔吉克斯坦五个国家。中亚由民族迁徙而来，两河文明、印度文明、波斯文明和华夏文明在此留下印记，当地文化和外来文化交流融合，形成了具有地域特色的中亚地区音乐文化。中亚地区生活着一百三十多个民族，主要为哈萨克、乌兹别克、塔吉克等世居民族。

（二）代表性音乐类型

按地域划分可分为游牧民族和农耕民族，与其对应产生了游牧音乐文化和农耕音乐文化。中亚音乐类型有声乐、器乐和歌舞等。

声乐音乐类型有莎什木卡姆、阿肯弹唱、东干族民歌等。

莎什木卡姆音乐本为古典诗歌，以描写哲学、爱情等为主要题材，有独唱和合唱两种形式，演唱时使用乐器伴奏，传授方式同样以口传心授为主。

阿肯弹唱中的阿肯是对歌手的称呼，阿肯弹唱为该地区可以即兴演唱的游吟诗人弹着冬不拉，唱着史诗的一种音乐形式。阿肯触景生情手拿冬不拉，可以歌唱美好生活、赞颂英雄事迹、歌颂爱情等，其演唱具有较好的即兴创作才能，能即兴演唱，出口成章。

东干族民歌的内容多为历史故事、爱情故事、宴席歌，迁徙之后创作了新的民族歌曲。

民族乐器有体鸣乐器口弦、弦鸣乐器柯布孜、弹布尔和膜鸣乐器手鼓。

（三）音乐文化特征

中亚由于地理位置的独特性使得中亚地域文化一直处于变化当中，也使该地区形成了多元文化的碰撞与交会，形成了集合多种文化元素和当地文化特色相结合的地方特色文化。

六、阿拉伯音乐文化

（一）区域概况

阿拉伯地区位于亚、非、欧三大洲交界地带及非洲大陆北部地区，西起大西洋，东至阿拉伯，北起地中海，南至非洲中部。包含阿拉伯联合酋长国、阿曼、也门、沙特阿拉伯等二十余个国家地区，以伊斯兰文化和穆斯林文化为主。语言主要使用印欧、亚非、阿尔泰三种不同语系。

阿拉伯海岸线广阔，自古人们靠水而居，所以阿拉伯地区也是古文明的发祥地和重要的交通枢纽。民族、语言和文化呈现出多元化的特征。

（二）代表性音乐类型

阿拉伯代表性音乐类型有乌兹别克斯坦莎什木卡姆、土耳其军乐、格鲁吉亚民歌的多声部合唱、伊朗民间骑马音乐、摔跤音乐等的运动音乐、伊朗古典音乐"达斯特加赫"等。代表乐器有塔尔、乌德琴、奈伊笛、铃鼓等。

（三）音乐文化特征

波斯·阿拉伯音乐体系特征介于中国音乐体系和欧洲音乐体系之间，在音的构成方面有最具特色的四分之三音高的"中立音"。节拍节奏方面以二拍子、三拍子为主，混合拍子为辅，也有五拍子、七拍子等，均分律动和非均分律动同时存在。音乐肢体以横向线性为主。在记谱方面由文字谱或即兴表演转为五线谱。

（四）土耳其军乐介绍

早期土耳其军乐"梅赫特尔"演奏时由笛、号、铜鼓等六种乐器组成，表演时队员使用装有响铃的铃杖上下摇动，跟随音乐演唱。土耳其军乐以单旋律齐奏为主，打击乐器作为陪衬。队员按照服装颜色的不同有序排列，行进表演时队员进三步停一下，身体向左或向右侧立，也可站立演奏，队形以圆形和半圆形为主，保留曲目有二百余首。表现内容多为战胜后人们的喜悦和欢庆的场景。

七、欧洲音乐文化

（一）区域概况

欧洲位于亚洲西部，东临乌拉尔山脉、乌拉尔河，西邻大西洋，南临地中海，北临北冰洋，东南以里海、大高加索山脉和黑海为界。欧洲海岸线曲折漫长，多为半岛、岛屿、冰川地形广布。包括芬兰、瑞典、挪威等44个国家和地区，在地理上被习惯分为北欧、东欧、南欧、中欧、西欧五个地区。

（二）代表性音乐类型

欧洲代表性声乐类型有瑞士民歌"约德尔"歌曲、保加利亚女声重唱、葡萄牙传统民歌"法多"；代表器乐有巴拉莱卡、轮擦琴、风笛等；歌舞形式代表类型有西班牙"弗拉门戈"、吉普赛歌舞等。

（三）音乐文化特征

欧洲民族民间音乐文化受到古希腊、古罗马音乐文化的影响，在价值取向方面具有同一性，又呈现出多样性和复杂性。在本土文化的基础上受到多地文化的影响形成了多元、多样的民族文化。

（四）瑞士"约德尔"唱法

约德尔唱法是瑞士阿尔卑斯山区一种特殊的唱法。约德尔唱法源于山里牧人之间的叫喊、对牛羊的呼叫或是与对面山谷中的人联络的音调。约德尔唱法的典型特征是演唱时真假声瞬间频繁交替的特殊唱法，多在山谷、牧场演唱，所以声音极具穿透力。唱词使用并无实际意义的音，具有即兴性，有单声部独唱和多声部合唱两种形式。代表歌曲有《孤独的牧羊人》《在沃尔克的陆地上》等。

八、非洲音乐文化

（一）区域概况

撒哈拉沙漠将非洲分为两个部分，以下将主要介绍撒哈拉沙漠以南非洲地区的音乐文化，分为东非、西非、南非、中非四部分，包括塞内加尔、马里、埃塞俄比亚、坦桑尼亚等国，语言为非亚、尼日尔·刚果、科尔多凡、苏丹克里克四种语系。非洲由于地理原因发展较晚、开放力度不够，造成非洲物质文化相对落后的现实状况。

（二）代表性音乐类型

声乐代表性类型有独具非洲传统的多声部合唱和独唱。代表性乐器有各种形状、各种材质的鼓（撒哈拉沙漠以南非洲人民将鼓的演奏效果发挥到了极致）、拇指钢琴、木琴等。

（三）音乐文化特征

撒哈拉沙漠以南非洲歌舞与社会生活紧密结合，歌舞贯穿着每个人的一生，是生活中不可或缺的组成部分，并没有被视为一种艺术形式。非洲音乐强调观众的参与度，更强调视觉效果，是一种表演者和观众共同参与、互动的表演形式。

九、北美洲音乐文化

（一）区域概况

北美洲东临太平洋、西临北冰洋、北临北冰洋、南至巴拿马运河，人种上以白种人为主，还有来自亚洲的黄种人和大量非洲的黑种人。北美洲包括美国、加拿大、洪都拉斯等二十三个独立的国家和九个区域。文化核心区域为格陵兰岛、加拿大和美国。北美洲地区的原住民有印第安人和因纽特人，以英语为通用语言。

（二）代表性音乐类型

北美洲音乐类型包括原住民音乐和移民音乐两种。原住民音乐主要包括北美印第安人音乐、北美洲原住民音乐、被称为"北极之声"的北美因纽特音乐、和呼麦有异曲同工之妙的因纽特喉鸣游戏歌等；北美洲移民音乐有法国民歌、英国民歌如《红河谷》、美国黑人灵歌、美国乡村音乐、流行爵士乐、摇滚乐等。

（三）音乐文化特征

北美洲音乐文化的特征可以总结为多元并存和融合共生，衍生出了像爵士乐、摇滚乐等新的音乐类型。

十、拉丁美洲音乐文化

（一）地域概况

拉丁美洲东临太平洋，西临太平洋，南至合恩角，北至墨西哥与美国边境，大部分属热带气候，少部分属于温带气候，特殊的地域地貌为拉丁美洲音乐文化的孕育和发展创造了天然的条件。

拉丁美洲居住着印第安原住民、殖民时期的欧洲人和非洲黑人，因此形成了多元的混合文化。在音乐文化方面包含欧洲音乐、印第安音乐和非洲音乐，在发展的过程中三种音乐碰撞和融合后形成了统一而又多元的文化特色。

（二）代表性音乐类型

音乐类型可分为安第斯高原音乐风格、拉美民间音乐风格和美洲－非洲民间音乐风格。

代表性音乐类型有秘鲁民歌、墨西哥马里阿契、阿根廷探戈、古巴哈巴涅拉、危地马拉马林巴琴等。

（三）音乐文化特征

拉丁美洲音乐在印第安音乐、欧洲音乐和非洲黑人音乐的基础上，孕育出了一种新型的独具特色的音乐文化。由于不同的音乐元素在各地区融合的程度不一，体现出"多元性"和"多样化"的特点，随之呈现出了色彩斑斓的音乐世界。

（四）阿根廷探戈介绍

探戈是阿根廷最具代表性的歌舞形式，是一种将音乐、歌曲和舞蹈合为一体，包含欧洲、非洲、美洲等多种音乐文化元素。探戈为即兴表演形式，舞者随着优美的旋律翩翩起舞，最初使用的乐器为吉他、曼陀铃等，后来发展为使用钢琴、手风琴和小提琴等为主的形式。

探戈分为三种，纯器乐曲的米隆加、既有声乐又有器乐的罗曼斯和带有器乐伴奏的探戈歌曲。

十一、大洋洲音乐文化

（一）区域概况

大洋洲包含陆地和岛屿两种地理环境，包括六个分区和十四个国家，居住着原住民和外来移民，语言主要使用英语和法语。原住民文化分为采集、狩猎文化和农耕文化，文化方面分为澳大利亚大陆土著文明和美拉尼西亚、密克罗尼西亚、波利尼西亚三大群岛文化圈。

（二）代表性音乐类型

密克罗尼西亚居住着西太平洋岛民，多为密克罗尼西亚人。当地分为两种文化模式，即"岛内本土传统文化"模式和"岛外交融混合文化"模式。代表音乐类型有航海舞，波利尼西亚手舞、草裙舞；美拉尼西亚音乐拥有独特的舞蹈律动和自然材质的乐器，如海螺、大木鼓、排箫等。

（三）音乐文化特征

大洋洲的人们靠海而居，因此音乐内容都和海洋息息相关。原住民和外来移民之间的文化在各美其美的同时交流融合，推动了当地音乐文化繁荣发展。

（四）草裙舞介绍

草裙舞是塔西提岛一种传统的集体群舞，表现内容以"自然""岛屿传说"为主题。表演时表演者身穿草裙、花环等装饰，可独舞、双人舞或群舞，使用鼓为伴奏乐器。

不同的地域风貌、不同的民族构成、不同的语言种类、不同的民风习俗造就了种类多样、形式多元的世界民族民间音乐。随着科技的发展，"地球村"的概念越来越明晰，文化的交流融合已是大势所趋。希望当代青年人在继承和发扬的基础上不断创新，让音乐世界更加灿烂辉煌！

检测评价

简答题

1. 简单介绍东南亚音乐代表性音乐类型和代表作品。
2. 通过章节学习，你对哪一个地区的音乐更感兴趣？为什么？

中职 美育素养

📝 任务实施

我们现在接触到的音乐上的流行元素十分多元。比如流行歌曲、街舞、说唱音乐等。这些创新多元的音乐形式是时代的产物，那么它们是从哪种音乐演变而来的呢？或者说它们的起源是怎样的呢？请小组同学进行讨论。

任务实施评价表

小组编号：　　　　　　　　　　　　　任务序号：

项 目	评 价 依 据	优秀	良好	及格	继续努力
任务准备	对世界民族民间音乐分类有了初步了解，并按照教学内容作了细致梳理				
知识理解	了解世界民族音乐的构成要素，能够梳理知识脉络				
分析讨论	对情景导入的问题，学生观点是否鲜明、准确				
合作学习	小组成员讨论是否积极主动、发言是否充分，观点补充是否完整				

要点梳理

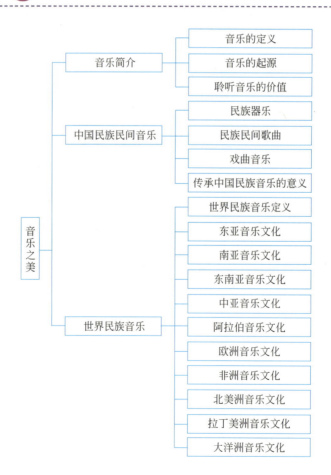

小结检测

一、填空题

音乐分为_____和_____，凭借声波震动而存在，在时间中延留，通过人类听觉而感受并引起情绪变化的艺术门类。

据《周礼·春官》记载，"皆播之八音——_____。"我国古人按照乐器制作材料的不同将乐器分为八类，即八音。

广义上讲，世界民族音乐是包含_____，即世界各民族的现存的音乐事象。从狭义上讲，为_____。

二、简答题

通过本章节学习，你印象最深的是哪首代表作品？简单叙述一下你喜欢它的原因。

知识链接

1.《二泉映月》曲名的由来

据祝世匡先生回忆：

当年录音后，杨（荫浏）先生问阿炳这支曲子的曲名时，阿炳说："这支曲子是没有名字的，信手拉来，久而久之，就成了现在这个样子。"杨先生又问："你常在什么地方拉？"阿炳回答："我经常在街头拉，也在惠山泉庭上拉。"杨先生脱口而出："那就叫《二泉》吧。"我说："光名《二泉》，不像个完整的曲名，粤曲里有《三潭印月》，是不是可以称它为《二泉印月》呢？"杨先生说："'印'字抄袭得不够好，我们无锡有个映山河，就叫它《二泉映月》吧！"阿炳当即点头同意。《二泉映月》的曲名就这样定下来了。

（资料来源：《〈二泉映月〉定名经过》，1979年8月14日《无锡报》。）

2. 什么是"走西口"？

《走西口》的歌词具有很强的写实性，歌词为"哥哥你走西口，小妹妹我实在难留。手拉着哥哥的手，送哥送到大门口。哥哥你出村口，小妹妹我有句话儿留。走路走那大路口，人马多来解烦忧。紧紧地拉着哥哥的袖，汪汪的泪水肚里流。只恨妹妹我不能跟你一起走，只盼你哥哥早回家门口。"

走西口是"中国近代史上最著名的五次人口迁徙"事件之一，从明朝中期至民国初年四百余年的历史长河中，无数山西人、陕西人、河北人背井离乡，打通了中原腹地与蒙古草原的经济和文化通道，带动了北部地区的繁荣和发展。

历史背景：山西北部土地贫瘠，自然灾害频繁，生存环境的恶劣迫使晋北很多人到口外谋生。"河曲保德州，十年九不收，男人走口外，女人挖野菜"的山西旧谣充分说明"走西口"者多为自然灾害引起的饥民。清光绪三年至五年，山西等省大旱三年，出现被称为"丁戊奇荒"的近代最严重的旱灾，甚至部分地区寸雨未下。自然灾害引起的人口流迁，以忻州、雁北等晋北地区最为突出。晋北各州县贫瘠的土地，恶劣的自然环境迫使大批百姓离开故土。例如"阳高地处北塞,沙碛优甚,高土黄沙,满目低土,碱卤难耕……地瘠民贫,无所厚藏,一遇荒歉,流离不堪。"在贫瘠的土地,寒冷的气候,无川流灌溉的恶劣自然环境里,晋北人生活困苦。每遇灾歉,人们不得不流离失所,奔赴口外谋生。

（资料来源：选自醉学网。）

3. 四大徽班进京

四大徽班是清代乾隆年间活跃于北京剧坛的四个著名徽班：三庆、四喜、和春、春台的合称。徽班，是以安徽籍（特别是安庆地区）艺人为主，兼唱二簧、昆曲、梆子、啰啰等腔的戏曲班社。开始多活动于皖、赣、江、浙诸省，尤其在扬州地区，更以"安庆色艺最优"（《扬州画舫录》）。清乾隆五十五年（1790年），为给高宗弘历祝寿，从扬州征调了以著名戏曲艺人高朗亭为台柱的"三庆"徽班入京，成为徽班进京的开始。此后又有四喜、启秀、霓翠、和春、春台等安徽班相继进京。在演出过程中，六班逐步合并成为著名的三庆、四喜、春台、和春四大徽班。当时正是地方戏曲勃兴、花雅争胜的时期，一些新兴的地方剧种，如高腔（时称京腔）、秦腔等已先行流入北京。徽班在原来兼唱多种声腔戏的基础上，又合京、秦二腔，特别是吸收秦腔在剧目、声腔、表演各方面的精华，以充实自己。同时适应北京观众多方面的需要和发挥各班演员的特长，逐渐形成了四大徽班各自不同的艺术风格，表现为："三庆的轴子（指三庆班以连演整本大戏见长）；四喜的曲子（指四喜班以演唱昆曲戏著称）；和春的把子（指以擅演武戏取胜）；春台的孩子（指以童伶出色）"。出现了"四徽班各擅胜场"的局面（据《梦华琐簿》）。嘉庆、道光年间，汉调（又称楚调）艺人进京、参加徽班演出。徽班又兼习楚调之长，为汇合二簧、西皮、昆、秦诸腔向京剧衍变奠定了基础。因此"四大徽班"进京，被视为京剧诞生的前奏，在京剧发展史上具有重要意义。清末宣统二年（1910年），"四大徽班"已相继散落。

（资料来源：选自360百科。）

项目四
书法之美

 学习导语

"书法是无言的诗,无形的舞,无图的画,无声的乐。"作为中国传统文化的核心,书法艺术的博大精深、源远流长,不管用多么美丽的辞藻,怎么形容、比喻或都不为过。

许多人将习字之技作为书法之道,这是不够的、不完整的。作文、书法莫不如此:须置身高处,放开眼界,见山川之迂曲,睹天地之方圆,知源流升降之故。学习者不应固守一隅,书法并非只是点画之事,而有更深广的文化、精神所在。

前人给我们留下的东西是海量的,仅是碑帖,一天临写一种,一辈子也是临不完的。会写汉字的人是幸福的,愿我们可以常常回到汉字里,叹其惊绝,如见星宿!一同探索书法的奥秘,字体的多样性,文化的源远流长。

 学习目标

- ➢ 掌握基本书法概念,学生将能够理解书法的基本定义和其在文化中的地位。
- ➢ 辨别不同书法字体,学生将能够识别和区分不同的书法字体,如篆书、楷书、草书和行书等。
- ➢ 培养书法技能,学生将能够练习书写不同的书法字体,并逐渐提高自己的书法技能。
- ➢ 理解文化价值,学生将明白书法在文化传统中的价值,以及它与文化和艺术的联系。
- ➢ 创造书法作品,学生将有机会创作自己的书法作品,展示他们的审美感知和创造力。
- ➢ 培养耐心和专注力,学生将通过学习书法培养耐心和专注力,这对他们在其他领域的发展也是有益的。

任务一 书法概说

 情景导入

全班同学参观学校组织的一次书法展览。展览中,你看到了各种华丽的书法作品,每一幅都展示了不同字体和书法风格。有的字迹流畅,仿佛水波荡漾;有的字迹婉约秀美,如同飞翔的翩翩飞鸟。你被这些书法作品所吸引,当你走近一个书法作品,一位老师热情地向你解释了书法的美妙

书法之美重难点讲解

之处，告诉你书法是一门传统的艺术，它不仅仅是文字的书写，还包括艺术和审美的表达。这一刻，你决定要探索更多关于书法之美的知识，学会如何写出美丽的字体和了解书法在文化中的价值。

让我们带着对于美的思索，探寻作品背后的故事和技巧。

 知识积累

一、书法的定义

中国书法是关于汉字书写的一门艺术。由于汉字以象形为基本成字方式，其本身就有着艺术的素质。我国汉字的成字方式有六种，即所谓的"六书"：象形、指事、会意、形声、假借和转注。象形是对事物外形的描绘，这样形成的字如山、水、草、木等；指事是在象形的基础上，指出事物中的哪一部位，这样形成的字如刃、末、本等；会意是把两个或两个以上的形象字组合起来，使其意义更为抽象，这样形成的字如步、丧、意、受等；形声是把一个表形的偏旁和一个表音的偏旁组合起来，这样形成的字如河、粉、钉、摹等；至于假借和转注是替代或解词的问题，并没有造出新字。前四种成字方式都是以象 形为基础的，所以说，汉字以象形为成字的基本方式。

正因为如此，汉字的本身就蕴含着艺术的素质，诸如字中笔画有多有少，有疏有密；笔画体势有横有竖，有撇有捺，有点有钩，有折有转；结体多种多样，有独体，有合体，合体方式又不一，有左右、有上下、有左中右、有上中下、有左右下、有上左右，有包围、有半包围，半包围又有三面包、两面包；字的外廓有方有长，有扁有圆，有斜有正。所有这些都是汉字特有的艺术素质，再加上书写者每人的不同特点，便形成了千姿百态、绝无雷同的书法艺术。

书法的定义可以有不同的侧重点，因此不同的人和文化可能会对书法有略微不同的定义。书法的定义通常包括以下主要内容。

艺术性的文字表现。书法是一门艺术，它涉及文字的书写和表现。书法不仅仅是文字的机械书写，它强调文字的艺术和美感，以及通过书写表达情感和思想。

笔画和线条的艺术。书法强调笔画、线条和墨迹的艺术性。不同的字体和书写风格通过不同的笔画和线条展示出美感和艺术性。

文化传统和历史价值。书法作为一门古老的艺术形式，承载着丰富的文化传统。不同文化和国家都有自己的书法传统，这些传统反映了各自的历史、文化和价值观。通过书法，人们可以了解不同文化的独特之处。书法作为文化传统的一部分，鼓励人们尊重和欣赏不同文化的多样性。不同文化的书法风格、字体和书写技巧都具有独特的特点，这有助于促进文化交流和理解。

文化传承和保护。书法的传承对于维护文化传统的完整性至关重要。书法家通过传授技艺和创作新作品，有助于文化传统的保护和传承。

技术要素和技能。书法需要掌握特定的技术要素，包括毛笔掌握、字体练习和墨迹控制等。这些技能是书法的基础。学生需要不断地练习书写不同的字体和笔画，以提高书法技能。这包括模仿大师的作品，熟悉不同字体的结构和笔画顺序。不断练习会发展自己的创作风格，这包括选择特定的字体、线条风格和墨迹特点，以创造出个性化的作品。

教育与创造力。书法培养了人们的文字书写技能，同时也促进了创造力、耐心和专注力的发展，在教育教学中有着重要作用。

二、书法的起源

中国被认为是书法的发源地之一，其书法历史可以追溯到公元前二千年。最早的书法形式是甲骨文，这是用于刻在龟甲和兽骨上的一种文字形式。后来，隶书、楷书、行书、草书等不同的字体和书写风格逐渐出现，每种风格都有其独特的特点。中国书法强调毛笔和墨迹的运用，以及线条的流畅性、审美价值。

书法的起源与发展与不同文化和地区密切相关，中国书法对周边国家的文字系统产生了深远的影响，展示了汉字的灵活性和适应性，也体现了不同文化在吸收、创新中的独特智慧。受中国书法影响的其他国家文字主要有以下几种。

日本文字：日本的平假名和片假名都是源自汉字。平假名是将汉字的草书简化而成，主要用于书写动词的词尾变化、助词、助动词等，是日语文法的基础部分。片假名则是从汉字的部首或片段中抽取而成，主要用于表示外来词、拟声词和科学术语。此外，日本也直接使用部分汉字作为其书写体系的一部分。

越南文字：越南在汉字的基础上创造了自己的书写系统——喃字，它结合了汉字的音和义来记录越南语。后来，越南引入了拉丁字母系统（国语字）来简化书写。尽管如此，越南国语字书法仍深受汉字书法影响。

朝鲜半岛文字：历史上，汉字在朝鲜半岛也被广泛使用，并对其文字系统产生影响。韩国书法通常强调字体的简洁和线条的平稳性。行楷书、汉字书、草书和隶书都是韩国书法的常见风格。在需要严谨表达的场合，朝鲜语和韩语仍可能会使用汉字。

三、中国书法史述略——书体的源流

关于中国书法史的起源，有人认为必须达到了自觉创作的高度，才是史的源头，标志便是从书论的出现，那么史源便推迟到了汉代。而我们认为自有中国汉字开始，就已经脱离了自发而进入了自觉的创造，尽管还没有书论的文献，但从文字的立意造型、给体辨析，以至于书写，都蕴含着一整套成系统、不矛盾、足能解决可能遇到的问题的理论。否则，便没法解释汉字所达到的成就的高度。

根据现在所能见到的资料看，最早的汉文字是"甲骨文字"，中国的书法史便从此开始。至于上古还有一些具有文字性质的符号，或仅见于传说者如"八封""三元八会""河图洛书"等，都还不能说已经是文字，故都不去做一些模糊而意义不大的说明。

（一）殷周时期

殷周时代，在龟甲兽骨上的文字契刻，称为"甲骨文字"，也称"契文"，其行在殷商，也称"殷契"，因内容多是占卜之事，也称"贞卜文字"。"甲骨文"最早发现是在河南安阳的小屯村（殷墟），因此也称"殷墟文字"，但后来出土的地方很多，如陕西、山西、山东等地，显然称"殷墟文字"已不妥当。其内容也很广泛，称为"贞卜文字"也不合适。现在出土龟骨已经有15万片之多，细微统计，总单字数量已有将近4000字，且还存在一些尚不能辨识的文字。

从这些文字分析，"六书"的成字方式已经比较清楚，可见"甲骨文字"已经是一种较成熟的文字，它的形成已凝聚了我们祖先的聪明智慧，在理性的基础上附着高度的艺术概括。

（二）先秦时期

周朝晚期直至秦统一之前，有周宣王时期的"籀文"；有锲铸在铜器上的"钟鼎文字"简称"金文"，也有六国文字；还有刻在鼓形石头上的文字，称为"石鼓文"。由于石鼓文盛行的年代有所争议，其字体通常被称为"大篆"。这些文字很不一致，各有各的形体，但从总体看，与此前的甲骨文字不同，与后来的秦篆也不同。这阶段的文字有其共同特点，它们比甲骨文字更抽象，而且更加趋于工整划一，字体逐渐趋于完整，不再像甲骨文字那样长短不一、有棱有角，笔画已经有了圆转的趋向。到了春秋晚期至战国早期的石鼓文字，则已经十分规整了。

（三）秦代

秦始皇统一了六国之后，推行了"书同文"，厘定了规范文字，在大篆的基础上，按照易辨、易写、易于推行的原则，制定了一种规范的篆书，称为"秦篆"，为了区分于大篆，故称为"小篆"。

在小篆中，有标准的小篆，如秦始皇巡狩各地的刻石，泰山刻石可为代表；也有书写较灵活的小篆，如一些书刻在权量、诏版上的小篆，就比较随意，大小不拘，行列参差，却也有一种错落的美。

（四）汉代

隶书始于战国时期，在秦朝得到进一步发展，兴盛于汉代。相传秦吏程邈在狱中整理规范了比正规篆书书写方便的"隶书"，到了汉代则正式确立为官方文本，公文、立碑的正式文字一般以隶书作为规范化文字。

在两汉时期的400年间，字体的发展变化很快，现有的字体在当时几乎都出现了。在竹简木牍上书写的文字形成了"简书"。为使书写更为便捷，又发展形成了"章草"。最后，从"章草"的基础上演变形成了"今草"。相传，汉末王次仲还制定出"楷则"。虽然"楷则"并非"今楷"的"楷则"，但在字体的规范化中却起到了一定的作用。

后汉时期，颍川刘德升创造了行书字体。虽然他的手迹没有流传下来，但有明确的文字记载。

（五）魏晋南北朝

魏晋时代的书法艺术到了空前的高度，钟繇等人使楷书达到了初步的定型。王羲之父子使行书、草书的发展达到了顶峰。

南北朝时期，摩崖、碑版、墓志的书法成就最为突出。南朝的二爨（cuàn）(《爨宝子》《爨龙颜》)，古雅朴茂。北朝的"龙门造像记"，逸趣自然。此外，各种"墓志"风格肃穆恬净，《崔敬邕墓志》可为典型代表。摩崖的《郑羲下碑》《经石峪金刚经》，巍然大度。虽然这些作品风格各异，但都是以楷则为皈依，成为这一时代的楷法规范。

（六）隋唐时期

隋代确立了科举制度，以书求仕的趋向逐渐形成。因此，书法成了学馆的日常课，同时也都向着统一规范做了努力，所以隋代的楷书便开始追求法度化，无形之中成了唐楷的先引。

初唐的几位书法大家，如虞世南、欧阳询、褚遂良等把隋代以来的措施更进一步推到了法度的极顶，建立了尚法的唐楷典型，其中欧阳询的字可作为代表。

由于唐太宗的推崇，王羲之书法大兴，于是行书字体也得到了极大的重视。行书可以上碑便从此开始。北海太守李邕为了提高行书上碑的效果，甚至自书自刻；颜真卿除写了不少楷书之外，还在行书上另辟了一条蹊径，取得了相当的成就。

由此可见，唐代在书法上是晋之后又一个辉煌的时代。

（七）宋元时期

宋元时期，由于制墨、造纸、制笔的工艺有了新的发展，统治者又重文抑武，科举制度更加严格，几代帝王均酷好书画，宋徽宗还自创了"瘦金书"。因此，书法艺术得到进一步发展。虽然此时楷书已渐衰微，但小楷却颇有进展，篆书也因文字学的发展而有了一定的进步。行、草书颇为繁荣，苏轼、黄庭坚、米芾、蔡襄被誉为"宋代四大家"。因其在意境方面做了突出追求，故有"宋人尚意"之说，并刻出了第一部集帖"淳化阁帖"。

元代时期出了不少书家，且设立了奎章阁，内置书史一人，还设立了"鉴书博士"。赵孟頫、康里巎巎（náo）、鲜于枢等人都以二王为宗，虽无新的突破，但亦有柔润婉约的神韵注入书中，不失书卷气息。

（八）明清时期

明朝的朝廷典册都需划一规格，《永乐大典》的编写体格极严，因而"台阁体"的要求便成了这一时代的书法导向。沈度的小楷最得朝廷的赏识。

行草受到绘画的影响，风格更加奔放，如祝允明、张瑞图、黄道周等人的作品。

清初，尚以"馆阁体"为主导，而后转向了北碑的研究，突出的成就是在篆、隶方面。由于文字学推动，篆、隶又得到了复兴，如桂馥、邓石如、孙星衍、伊秉绶等人都很有影响力。可以说秦汉而后，清朝时期是篆隶最为繁荣的一页。

随着时代的推移与书法艺术的进展，书法理论自汉代以后，代代都有许多著作问世，书法艺术的成就，无疑与它们有直接的关系。

纵览书法的历史，使我们认识到祖先的勤劳、智慧，认识到祖国的伟大，并深感自豪。中国书法艺术的发展最初只是字体的发展，随着字体的逐渐定型，便开始呈现出千姿百态的书体。

四、书体概述

（一）篆书常识

1. 篆书的起源与发展

相传，我国造字的圣人是中国原始社会后期黄帝的左史官仓颉，他始作书契——文字，以代替结绳。自黄帝至三代，其文不变，这便是后世所称的古文。到了周朝，周宣王的史官史籀又作《史籀篇》，与仓颉的古文颇有出入，这便是后世所称的大篆。值得一提的是，这里所称的"作"当然不是指创作，而是指史籀把当时流行的文字做了一番收集、整理和改良工作。那时他之所以做这种工作，大概是想整齐划一天下文字。可是那个时期交通十分不便，以致不能通行，且平王东迁，诸侯力政，七国殊轨，文字乖舛。直到秦始皇打平六国，统一天下，令丞相李斯作《仓颉篇》、中车府令赵高作《爰历篇》、太史令胡毋敬作《博学篇》，文字才告统一，这便是后世所称的小篆。可见我国的文字从黄帝以后，直到战国末年、秦始皇时代，这些年间所通行的文字只有篆书。因此，篆书是书法中最古老的书体，大致可分为大篆和小篆，我们往往把秦朝统一中国之前的篆书统称为大篆，如甲骨文、金文、石鼓文等。后因朝代更迭，世事变迁，中国书法的书体也兴衰更替，并先后出现篆、隶、草、楷、行等主要书体，推动书法艺术不断向前发展。

2. 篆书的结构技法特点分析

篆书书法相对于其他四体（隶书、楷书、行书、草书）的技法来说要复杂得多。说其复杂，不仅仅因为甲骨文、金文、小篆等各体式之间的用笔、结构、章法及造字规律相去甚远，还因为构成这些篆书体形式之间的物质材料亦存在巨大差距，实难窥其堂奥。比如甲骨文的载体是龟甲兽骨片，大多数线条以刀刻为手段进行体验和表现。金文的线条则是以青铜器的铸造过程为手段进行体验和感悟的，其间"书法家"（篆书书写者）的初衷意愿几乎被完全消解。而秦代小篆书体的成熟与昌盛（先秦《石鼓文》）又是通过石刻的物质形式来完成其体式构筑的。凡此种种的特殊性，是其他四种书体无法比拟的。篆书技法与其他书体的技法在表现形态上有所不同，我们在运用、掌握各类技法技巧的过程中，首先应当厘清观念上的模糊认识。也就是说，不能以正书（古代有将篆书、隶书、楷书统称为正书的提法）、行书、草书固有的观念来理解体验篆书的技法与技巧。其次，篆书的技法与技巧的解说与分析，是基于高等书法教学的立场、艺术教育的立场，要略高于小学、中学的一般写字立场和初级书法教学的立场。对篆书技法与技巧的解说与分析，在对其尽可能做到烂熟于心的同时，重点强调的是对这些技法与技巧在理论上的支撑点的心领神会。换言之，不仅仅是"刻舟求剑"式的对技法、技巧作图解，更在于强调这些技法技巧的熟练掌握在未来创作中所具有的理论与审美上的意义，若能如此，就会保证作品所具有的艺术高度。一是技法技巧的理论依据；二是技法技巧的具体实施在未来书法创作中的意义与价值。基基于上述的观念和立场，在对不同时期篆书技法与技巧的分析与理解上，要持一个相对客观的学术态度，不仅是理性的解说，也是感性的体悟。不仅着眼于技法技巧的表现形式，亦注重这些形态背后的社会文化环境，当时人们的审美观念（无论是实用立场上对审美的要求，还是艺术上的审美观念的再现），这样，我们关于技法与技巧的解说与分析才能保证它的学术高度。

3. 篆书的类别

篆书作为我国的古文字，由于其形成的年代久远，加之有初创及其发展演变期的不同，所以形成了写法和形体各异的多种书体。主要有金文、石鼓文、简牍、帛书类和秦篆，它们均有各自的特点。

（1）金文。

与甲骨文书写的随意性与模糊性相比较，到了商周时代，金文就具有了明显的"创作"（书写）冲动与审美意识（图4-1），且这种创作冲动与审美欲望的表现与表达，最终以青铜器的铸造与制作为依托。因此，书写者最初的意愿（对文字的线条、结构造型、章法构筑）随着青铜器铸造制作过程（诸如制模、铸范、冶炼与浇铸、拆范等繁复工序的展开）逐渐开始模糊起来，到最后成型的青铜器上的铭文已经不是最初的书写形态，这是书写者（创作家）始料未及、无可奈何的事情，也是依靠任何一个个人的能力所无法控制的。这样的文字生成过程，是我国书法史上任何一种书体形态都无法比拟

图4-1 金文
（《书法艺术欣赏》线装书局，2023）

的。汉隶、唐楷不是，行书、草书不是，即使是篆书一系的甲骨文与小篆都不具备这样的生成过程。因而，金文就有了自己独特的、其他书体所没有的艺术表现形态。无论从文字学的立场还是从书法艺术发展的立场上来看，金文的生成过程与表现形态都是一种进步。对于文字的发展而言，它无疑是一种进化。科学技术的发展，冶炼技术的发达，推进了人类文化、文明的进程。而文字字体则在文化、文明的进程中得以丰富和发展。对于书法艺术的发展而言，它是一个飞跃，形成了篆书史上最昌盛、最丰富、最辉煌、最具审美品格的历史时代。这样的时代，只有也只能产生在商周时代，因为一切文化艺术都是它所处时代的产物。以此为出发点，可以说没有商周时代发达的冶炼技术——青铜铸造制作的发展，就不可能有今天我们所看到的汪洋恣肆、气势恢宏的金文风格。

(2) 石鼓文。

在篆书系列中，石鼓文作为战国时期秦国刻石，具有独特的个性风貌（图4-2）。它既不同于金文，也不同于小篆。由于文字的载体（石鼓形状）与金文（青铜器）小篆（秦代碑版刻石）的不同，其在线条、结构、章法的表现上都具有其自身的独特特征。

在线条表现形态上，石鼓文线条自然醇厚，质朴遒劲，骨力雄强。比如竖线既有垂直线，也有相背、相向对称弧线等，圆润饱满，笔力劲健。横线粗细均匀，内含骨力，圆润流畅，比如平横、圆弧横线等。在结构造型上，石鼓文略呈长方形，匀称自然，舒展大方。如方形组合的"田、止、国"等字；圆环形组合的西、帛、吾等字；欹侧与敬正组合的"孔、好、明"等字。

图4-2　石鼓文
（《书法艺术欣赏》线装书局，2023）

张怀瓘在《书断·神品》评其"体象卓然，殊今异古；落落珠玉，飘飘缨组；仓颉之嗣，小篆之祖；以名称书，遗迹石鼓。"在章法构筑上，石鼓文布白均匀，左右相兼，开合有度，气势壮阔。因此，石鼓文在用笔、结构和章法上都有其自身的鲜明特色，它既有金文的浑厚雄强、气度非凡之风，又有秦代小篆工稳、匀称之势，在先秦刻石中有着无法替代的审美意义与价值。它的技法、技巧比较严谨，这一点在秦代篆书中表现得尤为突出。因此，我们在分析、欣赏石鼓文书法风格的同时，特别是在进行技法解说、技法训练中，应与秦代刻石中的小篆进行比较，不仅要从线条、结构方面比较，还要从章法风格方面进行对比，从而掌握其技法特征，深入地探讨它们所具有的审美价值。

(3) 简牍与帛书类。

简牍书迹中的篆书书体形态，因其文字载体的不同，所呈现出的态势也不尽相同。与金文的铸造和石鼓文的刻凿相比，简牍书迹与盟书类所具有的共同特征是：书写时用笔的随意性与率意性；结构造型因势生态，自然生动；章法构成天真烂漫、自然天成。简牍类用笔沉稳厚重，方圆兼施，多方笔意。线条呈左右倾斜状，有跃跃欲飞之势。章法构成灵动自然；帛书类线条流畅，轻松欢快。结构造型多是横向扁势。章法构成上竖有列，横成行，比较整齐统一。纵观简牍、帛书类篆书书体形态，与金文、石鼓文以及小篆相比，最大优势在于它几乎很少受到来自社会、文化等方面因素的制约，更充分地体现了"庶民心态"和创作者（书写者）的"人本意识"。

秦代在中国历史发展中占据着非常重要的地位，它对整个中华民族史的最大贡献在于秦始皇统一了六国，从此使中华民族结束了四分五裂的割据局面。而秦始皇另一个重要贡献即是在文化上的强权统治，统一了六国文字，"书同文、车同轨"成为这具有重要价值文字史（书法史）的见证。政治上的强权统治和文化上的专制，使得秦王朝逐渐强大昌盛起来，奠定了它在中国历史上的重要地位。秦始皇统一文字的功劳主要表现在对文字的统一化、系统化和完善性的治理，犹以小篆的成熟为标志。小篆的表现形态是极为丰富的，除了官方歌功颂德性质的刻石以外，还有度量衡器、符印、货币、瓦当文字、秦印文字等。在秦代篆书中，秦诏版是别具一格的篆书体式，虽与小篆有着千丝万缕的联系，但又有着极大的不同。秦代篆书中的刻石、诏版、权量、符印、货币、瓦当等多种形态，构成了秦代丰富多样的篆书体式（图 4-3 和图 4-4）。

图 4-3　包山楚简秦代篆书
（《书法艺术欣赏》线装书局，2023）

图 4-4　秦篆《峄山碑》
（《书法艺术欣赏》线装书局，2023）

（4）汉代篆书。

汉代篆书的最高成就为汉代篆书刻石和汉代刻印文字，比较有代表性的有《群臣上寿刻石》《袁安碑》《袁敞碑》《祀三公山碑》以及汉魏时期的《三体石经》等。此外，还有《孔庙碑》碑额、《西岳华山庙碑》碑额、《西狭颂》碑额、《张迁碑》碑额等篆书碑额。《袁安碑》线条对称，笔意明朗温和，结构婉转回环，宽博自然。与秦刻石相比少了些刻板，多了些灵动。稍后于《袁安碑》的《袁敞碑》则线条饱满流畅，结构宽博大度。与《袁安碑》线条稍瘦相比，《袁敞碑》更显得笔线肥腴，气势雄浑。《祀三公山碑》篆法独特，字形结构长短大小不一，多取偏方，论奇至端，线条的转折处方岭挺拔，独具风貌。汉碑版的篆额是一个比较独特的体系，它与秦代篆书风貌大相径庭。因"碑额"这一特定物质材料的局限，使之结体偏方，变化多端，大体呈横向发展之势。线条盘曲跌宕，圆笔和方笔并用。在篆书发展史上有着独特的表现意义与研究价值。

4. 篆书在文字学和发展史上地位

篆书书体的发展和演变经历了书法文字与书体历史发展的各个时期。在这漫长的过程中，它所具有的历史地位和价值意义是任何一种书体无法替代的。篆书书体的生成过程中孕育出了大批书法家，正是这些书法家的不断创作与创造，才使篆书书体得以演变和发展，并使其走向今天的辉煌。在甲骨文、金文、小篆的书法创作中，著名书法家辈出、代不乏人，形成了中国书法史上一个庞大的集群体系。甲骨文时期的"贞人"可称是最早的书法家，金文的创作大多为集体完成，直到秦代篆书开始有史料记载，李斯成为公认的第一位书家。东汉许慎不仅著有享誉史册的《说文解字》，而且是著名的书家。唐代名家有张怀瑾、李阳冰、卫包、唐玄度、尹元凯等。五代至宋则有徐铉、徐锴兄弟、僧梦英、朱济道、董复等。元明时期的书法名家有赵孟頫、吾丘衍、李东阳、赵宧光等。到了清代，随着地下文物不断被发掘，有关古文字学、考古学、历史学等领域的兴起，篆书得以复兴。特别是1899年前后，甲骨文的出土和被大量发掘更为清代学者的研究提供了珍贵的第一手参考资料。20世纪初，是清王朝灭亡及中华民国成立的中国历史上的大转折时期，大量的甲骨文、敦煌文书、汉代竹木简牍的出土和被发掘、文物相继问世，不仅给这一时期史学家的研究带来了丰富的研究资料和条件，还为当时书家的书法创作提供了参照依据。因此，中国近代学者罗振玉称这一时期为中国历史未曾有过的"文字之福时代"。正是在这样的背景下，才造就了清代篆书书法家的庞大队伍。比较著名的书法家有王澍、钱坫、桂馥、洪亮吉、孙星衍、邓石如、杨沂孙、徐三庚、赵之谦以及清末民初的吴昌硕等等大批书家。除此之外，还有近现代的齐白石、罗振玉、叶玉森、丁辅之、容庚等。

上述内容对篆书书体在书法史发展中的地位及价值意义做了简要叙述。当然这些也只是很有限的几个方面，篆书书体作为一个庞大的书体体系，在中国书法史的发展过程中，它的地位与价值意义远不止此，比如它对整个书法史生成过程中的主导地位与作用有更深层的含义，它自身所具有的审美价值对其他四种书体形成及审美价值的拓展以及风格成因，对近现代篆书法书法家的影响、篆书对篆刻的影响，它们相互之间的依存关系等都有待进一步的研究和挖掘。通过这些探索，使我们对篆书书体在中国书法史的发展中的地位与价值之研究更客观、更充分，也更有指向未来的指导意义。

（二）隶书常识

1. 隶书的起源与发展

隶书也称"隶字""古书"，是在篆书的基础上，为适应书写便捷的需要而产生的字体。隶书将小篆加以简化，又把小篆匀圆的线条变成平直方正的笔画，便于书写。相传隶书是程邈在监狱里整理出来的字体，分为"秦隶"（也叫"古隶"）和"汉隶"（也叫"今隶"）。隶书的出现，是古代文字与书法的一大变革。隶书是汉字中常见的一种庄重的字体，书写效果略微宽扁，横画长而直竖画短，讲究"蚕头燕尾""一波三折"。它起源于秦朝，在东汉时期达到顶峰，在书法界有"汉隶唐楷"之称。隶书的出现使中国的书法艺术进入了一个新的境界，是汉字演变史上的一个转折点，奠定了楷书的基础。隶书结体扁平、工整、精巧。到东汉时期，撇、捺、点等笔画美化为向上挑起，轻重顿挫富有变化，具有书法艺术美，风格也日趋多样化，极具艺术欣赏的价值。隶书同时派生出了草书、楷书、行书各书体，为艺术的多元化奠定了基础。隶书基本是由篆书演化来的，主要将篆书圆转的笔画改为方折，因为在木简上用漆写字很难画出圆转的笔画，所以隶书的书写速度更快。从文字学角度讲，隶书经历了从书体到字体再到书体的发展过程。战国时期是隶书书体的萌发时期；秦代至西汉是隶书从书体成为了独立字体，并逐渐代替篆书，成为社会主流文化的传播媒介和载体的时期；东汉是隶书字体和书体的共融时期，隶书作为字体仍是东汉社会的主流文化的象征，但却不满足于仅仅作为字体，于是发展为隶书书体的极盛现象，成为东汉艺术的重要象征，完成了隶书审美艺术的转换阶段。魏晋以后，隶书作为日常书写字体逐渐沉淀，逐渐丧失其主流文化的地位，被楷书所代替。但隶书作为书体仍在发展演变，尽管这种发展演变是曲折的、有盛衰的，却并没有改变它在书法艺术中的重要地位。从书法学角度考察隶书书体史，其历史长度远在文字学的考察之上。严格地说，文字学考察隶书史，主要集中在从书体到字体的阶段上，对字体成形以后的书体发展演变，是基本不作考察的。

2. 隶书的形成

隶书书体的诞生和发展大约经历了四个时期：隶书的形成时期、隶书的发展兴盛时期、隶书的衰退时期和隶书的复兴时期。隶书的形成大约经历了两个阶段：第一阶段是草篆阶段，第二阶段是"隶化"阶段。草篆是孕育隶书体的母体，虽然其字体结构仍是大篆，但字势已渐变为扁阔而趋向横势，笔画已露出波动的运动感，已有明显的笔画之间的映带势态，初步构成了笔画化的趋向，如《侯马盟书》和《温县盟书》。草篆书体在春秋战国之际诞生，出现在晋、楚两国。而隶化书体从战国晚期到秦代初年逐渐发展，开始形成系统的隶化书体系列。

《青川木牍》（图4-5）这件牍书字迹有明显的隶化结构和笔画，有重按轻挑的波势笔法，是至今所发现最早的隶化书体。如果说草篆阶段仅是在书体的外部意味着向隶体的横势扁阔进行隶变，那么隶化阶段就是在书体的内部向隶体的构成进行了隶变。

隶书的兴盛这段时期也称为汉隶时期。两汉四百多年是中国文化史上极重要的时期，也是书法史上极重要的时期。这一时期，汉字书体经历了深刻的演变，形成了篆、隶、草、行、楷并存且互为影响的复杂格局。其中篆书已缩小了生存空间，并渐受隶书笔法的浸润，仅用于碑额、印铭、砖瓦和少量刻石帛书上；隶书和草书是通行书体，极为兴盛，是两汉的主流文化，以简帛墨迹和刻石碑铭为两大存在方式，并发展为高度艺术化和风格化的书体。两汉铭刻隶书历来是人们研究汉隶的主要对象，也是书艺风格流派发展演变的源头，标志着书法艺术发展的第一个高峰，现今尚有二百余种，有的原石已遗失，仅留拓本。其中有两个现象值得注意，一是西汉刻石极少；二是这些刻石大多集中在山东、山西、河北、河南、陕西等中原地区，尤以山东境内的刻石最为著名。现按"西汉刻石""东汉崖刻""东汉碑刻"分别述之。西汉刻石现仅存十余种，其中还有的是篆刻。西汉刻石文辞简短，大多无"碑"的形制，东汉碑刻几乎很少用界格。《莱子侯刻石》（图4-6）就是界格西汉刻石隶书。西汉刻石与西汉简牍隶书相比，明显有滞后现象。

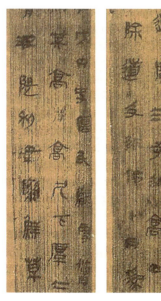

图4-5 《青川木牍》
（《书法艺术欣赏》线装书局，2023）

图4-6 《莱子侯刻石》
（《书法艺术欣赏》线装书局，2023）

（1）东汉崖刻。

东汉崖刻隶书主要集中在陕西褒城县石门、略阳县和甘肃成县三地，奇险壮伟的山势，开凿栈道的宏业，为崖刻提供了深层的文化背景；崖壁的空间之大也是所有载书材料中最为明显的，这些都是形成崖刻隶书艺术特色和审美联想的重要因素。

（2）东汉碑刻。

碑有特定的文化含义，在形制上，典型的碑由碑首、碑身、碑座三部分组成。东汉碑刻至今还存一百多种，大多集中在山东，尤以曲阜孔庙里的碑刻群最令人注目。同时，大多为桓、灵两帝时所立，书风莫一相同，被世人奉为隶书之极。两汉简帛隶书和东汉碑刻隶书，在书体书风上，一脉传承的信息无疑是存在的。但碑刻显得更典雅，艺术性更强烈鲜明和丰富。这是隶书艺术发展的必然，也是文人书法家审美实践的结果，更与时代审美趋变倾向有关。东汉碑刻隶书的左掠右挑笔法，可以说是隶体产生以来最鲜明、最强的楷书的观念性笔法，而不仅仅是书体的书写性的自在性笔法。碑刻章法布局在整体空间的有序安排下，强化横势展开，形成字距疏行距密的特征，使右挑左掠横向分展而连缀跃动，构成审美感染力，造成翩翩欲飞的视觉遐想。把这种横向飞动的书法点画形象和建筑飞檐、龙凤鱼尾结合起来，窥探其内在的文化心理意识，是饶有意味的。这一空间构成的特征与隶书体的空间构成如出一辙。隶书呈横势，左掠右挑酷似飞檐，飞檐往背景，往往用龙凤鱼尾形象，说明不仅是为了装饰，而有潜在的文化意味。下面把一些著名的有代表性风格的碑刻介绍如下。

《礼器碑》《乙瑛碑》《史晨碑》被称为"孔庙三碑"。《礼器碑》（图4-7）全称《鲁相韩勒造孔庙礼器碑》，桓帝永寿二年韩勒立，又称《韩勒碑》。此碑四面皆有刻字，包括建碑出资者的姓名、官职和金额。

《乙瑛碑》（图4-8）全称为《孔庙置守庙百石卒史碑》，桓帝永兴元年立。碑文记载了桓帝时鲁国前宰相乙瑛请于孔庙中置百石卒史一人，执掌守庙及行春秋祭奠一事的前后经过，表彰了乙瑛及有关人员的功绩。

图4-7 《礼器碑》
（《书法艺术欣赏》线装书局，2023）

图4-8 《乙瑛碑》
（《书法艺术欣赏》线装书局，2023）

《史晨碑》（图4-9）全称《鲁相史晨奏祀孔子庙碑》，灵帝建宁二年刻，为记述史晨祭祀孔庙而立。碑阴也刻文，故又称《史晨前后碑》。此三碑，书体端庄，笔笔精致，十分典雅，又各有特色。

《曹全碑》《张迁碑》历来被认为是汉隶中圆笔、方笔的代表作，均为功德碑。《曹全碑》（图4-10）全称《郃阳令曹全纪功碑》，由曹全群僚于灵帝中平二年刻立，明代万历初在陕西省合阳县莘里村出土，现存西安碑林。碑额不存，碑文完好，刻工细腻，书风秀逸圆转，结体严整而又有纵敛跌宕之势，转折处圆中寓折，故秀丽而圆健。

图4-9 《史晨碑》
（《书法艺术欣赏》线装书局，2023）

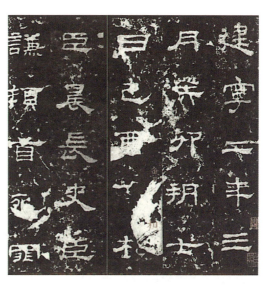

图4-10 《曹全碑》
（《书法艺术欣赏》线装书局，2023）

《张迁碑》（图4-11）有篆额"汉故谷城长荡阴令张君表颂"，明代初在山东苟东阿县被农民犁地时发现，现存山东泰安市岱庙。此碑由张迁旧僚和乡绅于灵帝中平三年刻立书风被人称作奇书，体势方正，厚劲古拙，点画苍劲方折，结构往往有上下左右的不均之态，显得别有一番奇趣。《张迁碑》的雄强方折的风格，是刀、笔"合作"的结果。

（3）隋唐时期的隶书。

魏晋南北朝的隶书，自曹魏时期如强弩之末后一路沉坠而下，几乎达到死寂的状态。但在隋唐时期，却露出了一丝生机，犹如沉睡多年的古木，发出了几枝嫩芽条。特别是中唐时期，在唐玄宗身体力行的倡导下，有些书法家对隶书艺术下了一番功夫，出现了被后人称之为"唐隶"的复苏现象，所以隋唐时期隶书呈现出从低谷向上攀升的发展趋势。这种现象是盛唐大文化推动的结果。唐代书法是登峰造极之时，书学受到了极大的重视。其中，楷书在唐代占据主导地位，篆书和隶书也受到了牵引式的影响，楷书、行书铭刻在唐代已非常普遍，不像魏晋南北朝时还在恪守古制，尽力用近似隶体的写法去合乎礼法。在这种观念下，唐代书家用篆隶体入碑刻铭时，显然转换了审美视野，他们把篆隶看作艺术书体，而不再仅是古制礼法下的书体。于是，善隶者可用隶入碑，善楷者可用楷入碑，各擅其长，各使所能，不必以己之短勉强为之。因此，我们看到的唐隶确实是善隶者的作品。凡以楷行著称的隋唐书家，大多未留下隶书作品。但唐隶的艺术地位和影响，在唐代书法史中的分量是较轻的，难以与唐楷等而论之。在整个隶体发展史中，唐隶的艺术水平在宋元明隶书之上，可与魏晋隶书相匹敌，在风格上也自有色彩。但总体上还未能攀升到汉隶的艺术高度，隶书的艺术元气似乎还未得到恢复。隋朝隶书的存在状况犹如北朝，在大量的碑刻墓志中有相当一部分用了隶体。其体式特点是仅在掠笔和横画的波挑上尽力表现，结体和点画使转用了楷法。例如《太平寺碑》（图4-12）《贺若谊碑》《青州舍利塔下铭》《谢岳暨妻关氏墓志》《马少敏墓志》等无不如此。但也有一些隶楷笔法混用的墓志，显得比较整齐端庄，似乎已将两种书体的笔法技巧协调了起来，如《王荣暨妻刘氏墓志》《刘宝暨妻王氏墓志》《符盛暨妻胡氏墓志》《那卢妻元买得墓志》等。

图4-11 《张迁碑》
（《书法艺术欣赏》线装书局，2023）

图4-12 《太平寺碑》
（《书法艺术欣赏》线装书局，2023）

（4）宋元明时期的隶书。

宋元明时期的隶书又似乎进入了"昏睡期"。此时，楷书虽仍为通行书体，但却难以和唐楷相比了，何论隶书。然而，在金石学和复古书风下，隶书的生命一息尚存，并未消亡。宋代帖刻成风，开创了书法史上的"帖学"，行书盛行，崇尚禅意，隶书成了绝唱。元代书坛以赵孟頫为主将，倡导复古，隶书作品较为罕见，大多是楷、行、草三体。现今所能见到的元代隶书，有不少散见于书画题跋间。明代隶书十分低迷，按理说明代隶书有条件承接元代的复古书风，并取得较可观的作为，但明代中晚期的书坛却兴起了一股反复古的潮流，在行草书中张扬个性。

（5）隶书的复兴时期

清至近现代是隶书的复兴时期，隶体终于摆脱了长期徘徊不振的状态，在众多书家的努力下超迈晋唐、直追汉隶，形成了蔚为大观的清隶气象。近现代的隶书创作也有不俗的表现，风格纷呈，各显个性，特别又受秦汉简牍隶书的启迪，在取法汉碑之外，另辟蹊径，使隶体艺术获得了新的生命力；隶书终于由沉睡而苏醒，由苏醒而再现青春活力。隶书复兴的元气得力于清代的金石学、考据学、文字学等朴学文化的滋养，一些汉学家以其深厚的学术修养提笔书写隶书，具有学者风范。后兴起的碑学思潮推波助澜，开拓了书法家们的审美视野，形成了新的隶书审美观，不断有新的金石碑刻简牍出土。清隶的代表性书家是邓石如（见图4-13）和伊秉绶（见图4-14）。邓石如，字石如，后改字顽伯，号完白山人。他对篆书有创造性的发展，对隶书也深有研究，广泛临习汉碑，并将篆、隶笔法互相参用，碑学倡导者包世臣、康有为对其推崇备至。伊秉绶，号墨卿，他的隶书以平直之笔为主，不在蚕头燕尾上作矫饰，体势宽博，笔力拙质，有大气势，康有为推其为集分书之大成者。当时与伊秉绶齐名的桂馥，也擅长隶书，但风格迥异。桂馥以深厚的金石小字之力，使他的隶书精绝过人，而且字越小越精；伊秉绶则以才气为底蕴，字越大越壮，因此桂馥的隶书为学者型风格，伊秉绶的隶书为艺术型风格。这两大风格类型是清隶复兴的主导性特征，影响很大。

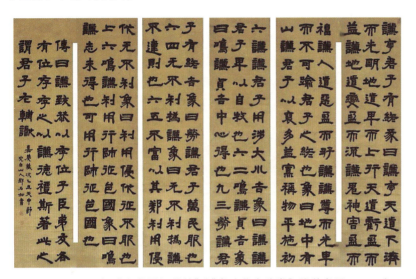

图4-13 邓石如《隶书易经谦卦》（《书法艺术欣赏》线装书局，2023）　图4-14 伊秉绶《隶书五言联》（《书法艺术欣赏》线装书局，2023）

清朝前期的书法艺术实践，包括清隶风格的形成，为清朝后期碑学理论的确立提供了坚实的实践基础。清朝后期的隶书是在碑学思潮中发展的。阮元、包世臣、康有为的碑学，从南北朝碑版到汉碑的艺术渊源和风格流派进行了深入探讨，对复兴的清隶给予了高度评价，从而在理论上进一步促进了清隶的发展，直至近现代还深受其影响。此时期的隶书家，并不以专门的隶书家出现，均兼擅诸体，近现代也如此。甚至可以说，自此之后的书法家都有隶书艺术的底蕴，有的创作隶体多一些，成为显性表现，有的创作少一些，是其隐性表现，但都有特色。他们的其他书体创作也无不受到其隶书修养的支撑，或隐或显，有迹可察。有些隶书作品或许并非出自以擅隶而著称的书家之手，但也令人十分惊奇，使人们感到其作品不同于凡俗。这是隶书复兴的另一大标志。

3. 隶书的书写特点

横平竖直：笔画粗细均匀，形态端庄稳重。
结构规范：字形结构紧凑，笔画之间的安排严谨有序，每个字的内部空间分布合理。
点画分明：每个笔画都有明显的起笔和收笔，笔画之间界限清晰。
蚕头燕尾：起笔时藏锋逆入，形成蚕头；收笔时笔画渐细，形成燕尾。

撇捺伸展：撇捺笔画通常较为伸展，具有一定的弧度，字形舒展大方。

横向扁方：字形整体呈现横向扁方的特点，字的宽度和高度比例较大，给人稳重宽敞的感觉。

笔势流畅：笔画流畅自然，笔画之间的连接圆滑，整体给人一种优美流畅的感觉。

这些特点使得隶书在中国书法史上具有重要的地位。

4. 隶书的结构特点

隶书字形扁方左右分伸展，一反篆字纵向取势的常态，而改以横向（左右）取势，造成字形尚偏方，笔画收缩纵向笔势而强化横向分展。起笔蚕头收笔燕尾，这是隶书用笔上的典型特征，特别是隶字中的主笔横、捺画几乎都用此法。所谓"起笔蚕头"，即在起笔藏（逆）锋的用笔过程中，同时将起笔过程所形成的笔画外形写成一种近似蚕头的形状。"收笔燕尾"，即在收笔处按笔后向右上方斜向挑笔出锋。化圆为方、化弧为直，是隶书简化篆书的两条基本路子。不过如果不了解篆书的圆，就不易掌握好隶书的方。因为隶笔中的直画或方折，还包藏着篆字的弧势，所以隶笔的直往往有明显的波动性，富有生命力。实际上隶书的笔意，是建立在笔画运动方式基础上的。变画为点、变连为断，我们知道篆字不用点，即使用点也只是一种浑圆点。而隶书中"点"已独立出来，而且点法也日益丰富，有平点、竖点、左右点、三连点（水旁）、四连点（火旁）等。此外，隶书还将篆字中许多一笔盘旋连绵写成的笔画断开来写，大开了书写的方便之门。后来楷书更发挥了这种方式，更允许笔与笔间出现衔接痕迹，甚至笔断意连，强化提按粗细变化。写篆书时用笔的纵向提按要求不现痕迹，而隶书则有意强调提按动作，形成笔画轨迹显著的粗细、转承变化，起、行、收用笔的三过程都有了明确的体现，这与后来的楷书已很相近。隶书点画的写法与篆书有明显不同，篆书的点画可概括为点、直、弧三种，而发展到隶书已经具备了永字八法中的八种笔画。在用笔上，篆书多为圆笔，而隶书已有方圆并用之笔，并且笔画有了粗细变化。隶书的点与篆书的点不同的是，已有倚侧的变化。隶书的点有中点、上点、左点、右点和横点的不同。中点的写法是落笔后，提笔逆锋向上，转笔回锋向右，顿笔向下，继回笔收锋于点内。上点的写法略同中点，只是末笔不向点内回笔收锋，而想向下渐提出锋。左点和右点及横点的写法与上点的写法相同，但起步的位置和出锋的方向各不相同。隶书中的左下挑、右下挑的写法与左点、右点写法相似，不同之处是末笔出锋较长。隶书竖的写法与篆书相同。隶书的横有短横和长横两种，短横起笔逆入平出，横末护尾，略似篆书。长横起笔藏锋向上逆入，继之用方笔折下转向右，使之成蚕头的起笔，继而向右行笔，笔稍涩，不可浮滑，至横的三分之二处，按笔带出一向下的波凹，继之提笔稍向上翘出锋，形成燕尾。这一运笔又称为波磔。捺与长横的写法相似，只是笔势向右下，较横更舒展。撇的写法，与写左下挑相同，起笔后用过笔向左下行笔，行中略增曲势，至全画三分之二以下处用力顿笔，到画的末端捻笔外转，略提向左上，回笔收锋于线中。另外，隶书的书写还应注意以下几点。如一字中有数横时，一般是最末一横写成带蚕头燕尾，其余都是短横；如一字中既有长横又有长捺，一般是长捺用蚕头燕尾，长横不用，如"大"的写法就是；如横在别的笔画包围之中，横的写法也不用蚕头燕尾。也就是说，蚕头燕尾在一个字中只能出现一次，否则就会影响字的美观，所以前人说蚕无二色，燕不双飞。

（三）楷书常识

1. 楷书的沿革

楷书是从隶书衍化而来的。东汉时期，隶书已进入鼎盛时期，到了东汉末年，隶书用笔已颇多楷意，除了挑笔和波笔以外，又分化出其他不同的点画，开始向楷书转化。从已经发掘的简牍材料来看，已有楷书的萌芽。这一时期，楷书基本上处于形成阶段。它的特征略方而带斜势，不同部位的点画已具有各自的特殊的态势，波笔或收缩或消失。

随着时代的发展，楷书也逐渐成熟起来。魏晋南北朝时期是书法艺术发展的高潮之一，书法得到了社会上的普遍欢迎。楷书也从隶书中独立出来成为新的字体，三国两晋的钟繇、王羲之等人不仅在艺术创作方面，而且在字体变革方面也做了不少工作（见图4-15）。南北朝时期，碑、铭、墓志和造像记极多，因此，楷书也得到了广泛应用。这一时期楷书虽然多种多样，但其基本上有共同的格调，大家习惯把这一时期的字称为"魏碑"。

魏碑的资料极为丰富。其早期代表作如《魏灵藏造像》《高树造像》《杨大眼造像》《孙秋生造像》《始平公造像》等，这些刻石都是河南龙门石窟的造像记，数量众多。这些作品的书写者往往率意任性，用笔大起大落，结构也随势而变，许多著名寺庙中也存有魏碑石刻。山东云峰山一带以郑文公摩崖为主的石刻群也是魏碑的名作，其他如《瘗鹤铭》《石门铭》等也是极有价值的摩崖刻石。此外，《爨宝子》书体在隶楷之间，为目前所见由隶书过渡到楷书的典型实物，其用笔结体酷似《中岳嵩高灵庙碑》。

图4-15　钟繇《宣示表》
（《书法艺术欣赏》线装书局，2023）

隋朝统一了南北，结束了两晋以来近三百年的动乱局面。国家政治统一，南北文化得到了进一步交流。隋朝短短的三十余年间，书风逐渐南北合流。楷书的成熟充分表现在笔法方面，提出了楷书要遵守"八法"的原则，使楷书在法度方面作了推进。从隋大业年间开始，兴起了科举制度，除了文章的好坏之外，书写的优劣也是必须考虑的一个重要项目。这一时期比较有代表性的有《龙藏寺碑》《董美人墓志》《心经》（图4-16）等。

唐代的楷书处于峰巅状态。楷书的发展与官方的重视与提倡分不开，唐代诸帝大多善书，其中不乏在书法艺术上造诣浓厚者，其重臣也多工书、善书。唐制国子监下设书学，开设书法专门课程，培养书学人才，并由著名书家执教。同时，书法又是唐代取仕的标准，在官府的大力提倡下，进取仕途者无不尽心书学，大批士人奋起学习楷书，注意规范，讲究法度。于是唐代出现了一大批著名的书家，如欧阳询、虞世南、褚遂良、颜真卿、柳公权等。

宋代书法艺术有了一个较大的质变，开始了"尚意"的要求，苏轼、黄庭坚、米芾、蔡襄（"宋四家"）皆善行草，楷书的成就虽不如行草的成就，但在台阁中，"院派"的严谨楷书尚仍占据一方领域（图4-17）。

图4-16 欧阳询《心经》
（《书法艺术欣赏》线装书局，2023）

图4-17 苏轼《小楷黄庭经》
（《书法艺术欣赏》线装书局，2023）

元代赵孟頫于楷书颇有建树，但其已不是工楷，而是于楷书中揉进了行书笔法的行楷。明代文徵明的小楷也非常出色。然而，此后于楷书而自创风格的就更少了。

清代300年间，书法艺术基本被"馆阁体"控制，僵化的科举制度束缚了艺术的发展。到了后期，以康有为为首的一派主张"尊魏卑唐"、打破"馆阁"，对推进书法艺术的发展起了积极的作用。赵之谦、张裕钊的楷书都在魏碑的基础上进行创新，取得了一定的成绩。

2. 楷书的基本规范

楷书可以有各家各体，各体势也可以有各自的风格，但是归纳起来，有一些共有的基本规范，具体如下。

（1）字形规范。字形规范是指每个字基本形状为方形，即"方块汉字"。虽然绝对方型者极少，长、扁、圆、斜者居多，但都以方形为基本字形。从字体结构来说，也是定型的，如有独体字、合体字。合体字又有上下结构的、左右结构的、上中下结构的、左中右结构的、包围的、半包围的、品字形的、反品字形的。这些固定的结构，不能随便改变。"字形规范"，还要求每个字都有规范的写法，不允许有错字。我们见字帖上常有一些增笔缺画变形的字，如碑（卑字上少一撇）、就（就字，见《爨龙颜碑》）等，在当时都可以作为标准字来用。当然那时的标准未必统一，会稍有出入。但从要求上来说，楷书必须有标准的写法，这是明确的。

（2）笔画标准。笔画标准是指组成一个字的各种笔画都有自己的标准，不能任意改变。

楷书的各种笔画都有自己的名称、形势。如横有横的写法，竖有竖的写法。撇、点、捺、横钩、竖钩、横折弯钩、竖弯钩、弯钩、横折、竖折提、点、撇点、横折折撇，等等。"到"字的右部立刀旁后一笔，必须作钩，而绝不能写作"悬针"。"亡"字最后一笔是竖弯，就不能写成竖、横或竖、折。而且各种笔画的书写，都不是随便地涂抹，要求"笔笔不苟"，每一笔画的起、落、转、折都有依据，都有归结，都有交代。

（3）结字有法。结字有法是指笔顺的先后有序合理，笔画和各种结构单位的安放组合适度得体，笔画的轻重和整个字的布白合乎法度。

楷书是一种标准通行的规范字体。各家各体虽有风格的不同，但以上数则对各体都适应，可能有的极为严谨，有的稍有变化，但基本要求应该如此。正因为楷书是标准通行的规范字体，所以一般都从楷书学起，即使其他字体一时不能兼得，也必须先把楷书学好。在书法艺术中一个字的美主要通过它的整体结构来实现，个别点画形态写得再好，倘若离开了整体结构，也将变得毫无意义。元代书家赵孟頫说："书法以用笔为上，而结字亦须用工。"结字与用笔在书法中相互依存，相辅相成，可谓同等重要。

（四）行书常识

1. 行书的起源与发展

行书的形成始于在东汉末年，据唐张怀瓘在《书断》中记载："行书者，后汉颍川刘德升所造也，即正书（楷书）之小讹，务从简易。"虽然字体的创始归功于一人很不公平，但至少说明刘德升是当时的一位行书代表。他的行书虽属草创，但据说其用笔飘逸妍美，风流婉约，独步当时，可惜其书作没有保存下来。刘德升的书迹虽不得见，但安徽亳县出土的东汉曹氏宗族墓的砖刻行书与刘德升时代相当，作于东汉延熹七年（164年）至建宁三年（170年）之间的《了忽焉》《当奈何》《为汉所炽砖文》《一日持书砖铭》等显然都属行书的范畴，是在新隶体的基础上，受草书的影响而产生的早期行书。这为我们想象刘德升行书的风格提供了一个基点。钟繇和胡昭是刘德升的得意弟子，胡书肥钝、钟书瘦妙，钟繇在书法史上声名远扬。传说钟繇的书信以行书签押署名，所以古人又把行书称为"行押书"（行狎书）。行书字体特征的基本确立是在东晋时期。行书虽然有很多特点类似于草书，但保留着隶书基本的字形结构，不仅书写快速，而且容易辨认，这使它在起草文稿或书信往来时更为实用。东晋以前的行书虽在体势、点画方面初具规模，但书风朴质，殊乏妍美流便。经东晋王廙、王洽、王羲之、王献之等人的努力，出现了清新简易的新体，将传统书法的古质之风变成所创新体"今妍"。在东晋南朝，家人朋友之间的吊问手札时兴采用妍美流便的行书，这种"亲狎不端肃"之"行押书"颇能传达书写者的风采情怀。所谓"千里相闻，迹乃含情；虽则不面，其若面焉"，这样的应用促进了行书的跃进式发展。王焕之的《二嫂帖》就是这一时期代表作品之一。行书作为介于草书和楷书之间的一种字体，比楷书简洁，经常运用连笔和省笔，以提高书写速度，但又比草书规整，不用草化的符号，所以既快捷又有很好的可识性，魏晋时期极为流行。王羲之在张芝、钟繇的基础上大胆创新，创造出一种不同于汉魏质朴书风的新书体，妍美流便，自然清新，为后世树立了一种具有高度艺术典范性的行书风格。南北朝至初唐的书坛，完全笼罩在二王行书艺术风格氛围之中。唐朝中期，颜真卿行书开一代新风，宋代的苏东坡、黄庭坚、米芾、蔡襄均受其影响。元至明中叶，无论是赵孟頫还是祝允明、文徵明、董其昌，均在书坛中占据一席之地，而明代晚期至清代则是行书发展的飞跃阶段。行书的特点在于笔毫的使转，这在点画的各种形态上表现得较为明显。这种笔毫的运动往往在点画之间，或字与字之间留下了相互牵连、细若游丝的痕迹。由于行书是介于楷书与草书之间的一种书体，大约出现于东汉末年。行书的名称始见于西晋卫恒《四体书势》一文："魏初，有钟（繇）、胡（昭）二家为行书法，俱学之于刘德升。"唐代张怀瓘《书断》记载："行书者，刘德升所作也。即正书之小伪，务从简易，相间流行，故谓之行书。"张怀瓘在其《书议》又云："夫行书非草非真，离方遁圆，在乎季孟之间，兼真者谓之真行，带草者谓之行草。"明代丰坊在《书诀》中则有更为形象的描述："行笔而不停，著纸而不刻，轻转重按，如水流云行，无少间断，永存乎生意也。"行书正因其行云流水、书写快捷、飘逸易识的特有艺术表现力和宽广的实用性，从产生起便受到欢迎，广泛传播。行书字体特征的基本确立是在东晋时期，行书历经魏晋的黄金期、唐代的发展期后，在宋代达到了新的高峰，于各种书体中逐渐占据主流地位。纵观漫长的书史，篆书、隶书、楷书的发展都存在盛衰的变化，而行书则长盛不衰，始终是书法领域的显学。历代书法大家共同书写了行书发展辉煌灿烂的历史。随着当代书法艺术的蓬勃发展，行书创作的探索与创新掀起了一波又一波热潮，呈现出多元激荡的繁荣景象。在浩如烟海的书法艺术宝库中，行书无疑是一座最为绚烂多姿、丰富厚重的宝藏。其中王羲之创作了被誉为"天下第一行书"的《兰亭序》，颜真卿创作了"天下第二行书"《祭侄文稿》，苏轼创作了"天下第三行书"《寒食帖》，王珣创作了《伯远帖》，王献之创作了《鸭头丸帖》等。这些照亮书法艺术星空的经典之作，是历经漫长岁月淘洗留下的艺术精髓，是中华民族对人类审美领域的独特贡献。

2. 行书的书写特点

（1）用笔特点。

行书是介于楷、草间的一种书体。写得比较放纵流动，近于草书的称行草；写得比较端正平稳，近于楷书的称行楷。在书写过程中，笔毫的使转在点画的各种形态上都表现得较为明显，这种笔毫的运动往往在点画之间，字与字之间留下了相互牵连、细若游丝的痕迹，这就是丝连。因此，行书是楷书的快写。经过对几组楷书与行书逐字的分析，发现楷书与行书书写时，点画的写法，用笔需遵循的准则，如中锋、铺毫、逆入平出，提按起主，藏锋等都是一致的，只是行书书写时比较舒展，流动。行书的用笔有以下几个特点：点画以露锋入纸的写法居多；以欹侧代替平整；以简省的笔画代替繁复的点画；以勾、挑、牵丝来加强点与画的呼应；以圆转代替方折。

（2）结构特点。

大小相兼。就是每个字呈现大小不同，存在着一个字的笔与笔相连，字与字之间的连带，既有实连，也有意连，有断有连，顾盼呼应。收放结合。一般是线条短的为收，线条长的为放；回锋为收，侧锋为放；多数是左收右放，上收下放，但也可以互相转换，不排除左放右收，上放下收。疏密得体。一般是上密下疏，左密右疏，内密外疏。中宫紧结，凡是框进去的留白越小越好，画圈的笔画留白也是越小越好。布局上字距紧压，行距拉开，跌扑纵跃，苍劲多姿。浓淡相融。行书书写应轻松、活泼、迅捷，掌握好疾与迟、动与静的结合。墨色安排上应首字为浓，末字为枯。线条长细短粗，轻重适宜，浓淡相间，和草书差不多，但没那么草。

3. 行书的类别

行书是一种书法统称，分为行楷和行草两种。它在楷书的基础上发展起源的，是介于楷书、草书之间的一种字体，是为了弥补楷书的书写速度太慢和草书的难以辨认而产生的。"行"是"行走"的意思，因此它不像草书那样潦草，也不像楷书那样端正。实质上它是楷书的草化或草书的楷化。楷法多于草法的叫"行楷"，草法多于楷法的叫"行草"。行书实用性和艺术性皆高，而楷书是文字符号，实用性高且见功夫；相比较而言，草书则是艺术性高，但是实用性显得相对不足。

（1）行楷。

行楷介于楷书和行书之间，兼具两者的特点。行楷是中国传统书法中一种非常优雅流畅的书写风格，以其独特的书写风格和艺术魅力在当代书法中占据着重要地位。无论是从实用性还是艺术性角度来看，它都具有很高的价值。

以下是行楷的几大特点。

结构严谨：行楷在结构上继承了楷书的严谨性，每个笔画都有明确的起笔、转笔和收笔，字形规整，比例协调。这种严谨的结构使得行楷在书写时能够保持整体的稳定性和平衡感。

用笔灵活：与楷书相比，行楷在用笔上更加灵活多变。它借鉴了行书的流畅性，使得笔画之间有一定的连绵和呼应。这种灵活性不仅提高了书写速度，还使得整体看起来既有楷书的稳重，又有行书的飘逸。

线条流畅：行楷的线条流畅自然，既具有楷书的力度，又兼具行书的速度。这种流畅的线条给人以舒适、美观的视觉体验，使得行楷成为书法爱好者青睐的一种书体。

气韵生动：行楷在书写过程中非常注重气韵的把握，每个字都充满生机和活力。这种生动的气韵使得整体作品显得生动有趣，富有艺术感染力。

易于辨认：尽管行楷在用笔和线条上相对灵活，但其字形仍然保持了一定的规整性。这使得行楷在保持艺术美感的同时，也具有较高的可读性。

风格多样：行楷的风格并非一成不变，它可以根据书写者的个性和情感进行灵活调整。有的行楷端庄大气，笔画遒劲有力；有的则自然飘逸，线条流畅自如。这种多样性为书写者提供了广阔的创作空间。

行楷的书写技巧：①变长为短，缩短行笔量度楷书笔画，特别是一些行笔距离较长的长横、长竖、长捺，均要求书写到位，而书烈军属行楷，为节省时间，则可把楷书中的长笔画简化缩短；②变慢为捷，调整书写笔顺书写楷书中，要遵循"先横后竖，先撇后捺，先内后外"等笔顺规则，而书写行楷，为了连写的便捷，有时可适当改变楷书的笔顺，但不可生造笔顺；③变大为小，改造笔画形态书写楷书，点、横、竖、撇、捺等笔画均要完整地表现出来，而书写行楷，则可对一些笔画进行合理的变形，以点等形体较小的笔画代替形体较大的笔画。如以点代横，以点代撇，以点代捺等，变化丰富多彩；④变直为弧，减少方折顿挫书书写楷书，对于有些方折笔画，要求有一定的顿挫，做到棱角分明，而书写行楷，则常将一些折笔画用弧线表现出来，显得更为流动；⑤变多为少，连写相邻笔画书写楷书，每个笔画各自独立，而书写行楷，往往将相邻的笔画连写，以减少起、收笔的频率，有的字一笔便可写成，简洁明快。

因此，行楷还具有笔画连绵、点画灵动、字形多变、简化笔画等特点。这些特点使得行楷在书写时能够表现出丰富的变化和动感，增强了作品的视觉冲击力。

（2）行草。

行草是介于行书和草书之间的一种书法字体，具有行书和草书特点的并称。

行草书法特点包括行笔增速、楷草相间、附钩增多。画与笔画相连接的地方，能带出一个小小的附钩，使笔画更为流畅、活泼，互相映带照应，气势也更加连贯。行草是一种具有独特魅力和艺术价值的书法字体，代表人物有王献之、张旭、怀素等。

4. 行书的代表人物及作品

"天下第一行书"《兰亭序》（图4-18）。行书代表作中最著名的是东晋书法家王羲之的《兰亭序》，前人以"龙跳天门，虎卧凤阙"形容其字雄强俊秀，赞誉其为"天下第一行书"。

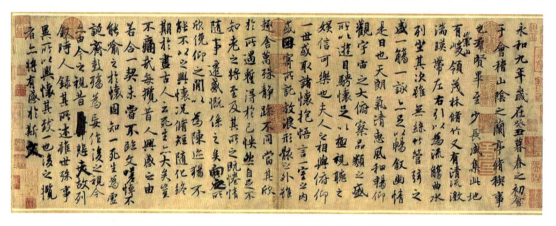

图4-18　第一行书《兰亭序》（《书法艺术欣赏》线装书局，2023）

5. 行书在当代书坛的地位

行书在当代书坛的地位十分重要，具体表现在以下几点。

雅俗共赏：行书在各种综合性的书法展览中，作品数量往往占有绝对优势。它不仅是历代书法家所兼擅的书体，也得到广大书写者的普遍喜爱。

实用性强：在各种实用书写场合，行书都占有重要地位。其辨识性能优于篆书和草书，书写效率又高于楷书，因此成为日常生活中广泛使用的书体。

艺术价值高：行书风格多姿多彩，是衡量书家成就的标尺之一。历史上许多著名的书法家，如王羲之、颜真卿、苏轼等，都是行书的大师。他们的行书作品被誉为经典，为后世所敬仰和学习。

以近期国展为例，行书作品基本反映了当代行书发展水平和现状，体现了入展书家的传统艺术功力及综合素养，呈现出普遍开花、书风纯正、取法多元、形式各样的特点。大部分取法对象是魏晋二王和宋四家，较为常见的取法还有唐代颜真卿、宋代米芾、明代王铎、清代何绍基。总体而言，学二王和米字的最多，入展率也最高。入展作品中有很多风格不明显或多种取法混合，这种现象值得肯定，说明大家在帖学行书的临习中，不仅是风格的延续，更是综合性发展。在学习条件日益丰富便捷的情况下，行书将成为学习、研究、普及中最适宜直接运用的书体。追求精致，典雅抒情。从入展作品来看，很多作者书法功底有很大提高，重视传统，讲究有来历，有发展，有创新，追求精致、典雅、抒情，各个时期传统的路子都有探索呈现。无论是对古典的继承，还是布局经营、章法构成，都能看出倾注智慧、动心用情，富有激情诗意，投入了很大心血。作品用笔精到，经得起细看，耐得住推敲，具有风度优雅、品位高致的文人气息的精品有所呈现。形式创新，勇于突破。行书作品除了册页、手卷、条幅、对联、六尺屏、八尺屏等能想到的常用形式外，还有不少作者在材料、章法、构成上做了非常好的尝试。现代科技发展也在书法领域有所体现，包括采用了新型纸张、墨汁等书写工具，新工艺、新材料的运用推动了书写工具的创新，拓展了作品表现空间，富于时代气息。大胆的寻求艺术表现力的突破，也为作品效果增光添彩。

综上所述，行书在当代书坛具有不可替代的地位，无论是从实用性还是艺术性角度来看，它都是最有群众基础且最富生命力的书体之一。因此，行书或将一直是最热门的书体之一，也将会有更多的人才涌现。

（五）草书常识

1. 草书的由来

书体的发展源于应用的快捷方便，草书亦是如此。关于草书的起源历来说法不一。汉代赵壹在《非草书》中云："盖秦之末，刑峻网密，官书烦冗，战功并非，军书交驰，羽檄纷飞，故为隶草，趋急速耳。"梁武帝萧衍在《草书状》中称："昔秦之时，诸侯争长，简檄相传，望烽走驿，以篆、隶之难不能救速，遂作赴急之书，盖今草书是也。"许慎在《说文解字》中出指出："汉兴有草书。"从现在出土的汉简和有关实物资料来看，秦末汉初之际，一种简便的草书即已流行。草书是汉字的一种字体，特点是结构简省，笔画连绵，是为了书写简便在隶书基础上演变出来的，有章草、今草、狂草之分。草书的特点为存字之梗概，损隶之规矩，纵任奔逸赴速急就，因草创之意，谓之草书。为了便捷书写，经过漫长的约定俗成的过程，尤其是在篆书向隶书转化的时期，民间流行的草字的数量逐渐增多，写法逐渐统一，经过由量变到质变的过程，终于产生了具有法度的草书，那便是章草，之后进一步发展成今草。狭义的草书就是指章草和今草。章草笔画省变有章法可循，代表作如三国时期皇象《急就章》（图4-19）。今草不拘章法，笔势流畅，代表作如王羲之《初月》《得示》等帖。狂草出现于唐代，以张旭、怀素为代表，笔势狂放不羁，成为完全脱离实用的艺术创作，狂草代表作如张旭《肚痛帖》和怀素《自叙帖》等。草书艺术是书法艺术中情感色彩最浓、内涵最丰富、艺术境界最高，同时也是书法技巧最难的一种艺术。

图4-19 皇象《急就章》
（《书法艺术欣赏》线装书局，2023）

2. 草书的类别

(1) 章草。

章草是篆书演进到隶书阶段相应派生出来的一种书体，早期草书是跟隶书平行的书体，一般称为隶草。初期的草书，打破隶书的方整、规矩、严谨，是隶书一种草率的写法，称为"章草"。章草字体具隶书形式，字字区别，不相纠连，章草是隶书快写的结果，其特征仍然保持隶意，结体扁平、端庄、稳健，字字独立，上下呼应，行气贯通；用笔波磔明显，雁尾强烈，大脚捺更是突出别致；章法上字距接近，行距较远，上下茂密，左右疏朗。章草之流行至汉代、西晋、唐宋后无人问津，几成绝迹。元代赵孟頫、明代宋克重新拾起，使章草得以复苏。近代王世镗、王蘧常终生研习章草，在传统章草的基础上掺以时代气息，减弱波磔雁尾，用笔追求古朴，结字由原来之偏平向方形甚至长形转化，时人多有仿者。

自章草起，草法就基本形成了约定俗成的草法，既具有法度的规范性，又具有书写的灵活性，其基本特征包括三个方面：一是笔画省略，结构简便；二是以点画作为基本符号来代替偏旁和字的某个部分，具有符号化特征；三是笔画之间、字与字之间相互连带呼应，便于快捷书写和表达书者情感。任何书体在使用中都有简便易写的要求，产生省简笔画和潦草的趋势，是文字演变的主要原因之一。每当社会变革和文化大发展的时期，文字应用频繁，个人随手省简，异体字出现的速度加快，为了使文字更加利于应用，势必要加以纠正。例如，甲骨文时期即有草写的痕迹，周宣王太史作籀书，李斯作小篆，程邈作隶书及蔡邕以八分书写《熹平石经》等，都是两周、秦、汉各自对当时流行的字加以规范化而颁定的标准字样，也是公认已形成的新的书体为正体字的开端。尽管如此，要求简易的趋势并未停止。早在记录帝王公卿大事的商代甲骨文、周代金文里就有简笔和潦草的字迹，史籍中"屈原属草藁""董仲舒藁书未上"，说明战国古文和西汉隶书在急速书写时也非正体。据魏晋人记载，北海敬王刘睦"善史书，当世以为楷则"，刘睦死前，明帝派驿马"令作草书尺牍十首"。章帝时，齐相杜度善作习字的范本，章帝曾诏令杜度草书奏事。可见公元1世纪中叶以来，草字已经不仅是用于匆促书写的存在，而是被珍视和仿习的字体了。

从近世出土的汉简可以看到，西汉武帝时字画省简的隶书已经通行。到新莽时期，有更多省画和连笔的字。东汉光武帝建武二十二年（46年）简就已经完全是草书。但是从周代到新莽时期都不曾把草书列为一种书体。许慎在《说文解字》里说"汉兴有草书"，是以草书为一种书体之始。东汉末期，张芝以及稍晚的锺繇等名家辈出，各成流派。当时赵壹有《非草书》之文，蔡邕有类似之议，以维护正体字的地位，这反映出草书已极一时之盛。汉末直到唐代，草书从带有隶书笔意的章草发展成韵秀婉转的今草，乃至奔放不羁、气势万千的狂草。

(2) 今草

今草较之章草更简，彻底省减了代表隶书、章草的雁尾，去掉了章草的笔画波磔及隶书的挑势、捺脚，加强了笔画之间的萦带、连绵，又进一步提高了书写速度，加强了书写的简便与快捷。如张芝的《冠军帖》（图4-20）。

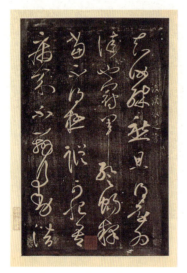

图4-20 张芝《冠军帖》
（《书法艺术欣赏》线装书局，2023）

今草在结体上打破了章草的横向扁平趋势，变成了纵向竖长趋势，上下连贯，灵活多变，随势生形，姿致流畅。同时，由原来章草的字字独立的相对静态形式，变为互有呼应、流贯通畅的动态形式；用笔由于摆脱了雁尾而洒脱自如，绚丽多姿，流便优美，情感丰富；章法较章草自由夸张，疏密起伏，整体联系紧密。如王羲之的《初月帖》（图4-21）。

今草的形成一般认为是由东汉张芝集众家之长而创今草。唐代张怀瓘《书断》中说张芝"学崔、杜之法，因而变之，以成今草"，又说"章草之书，字字区别。张芝变成今草加其流速。"后经王羲之父子变古创新，使今草完善成熟。"二王"书法笔姿娇逸，体态秀婉，完善了一整套今草书体的形式法则，形成了唯美主义的书法风范，千百年来一直规范和影响着中国书坛。后来的小草大家如智永、孙过庭、米芾、赵孟頫、王宠、董其昌、王铎、傅山等继承"二王"遗风，尽得晋人笔意，而又各有创新，各具特色，使今草不断丰富发展。如王献之的《中秋帖》（图4-22）。

图4-21　王羲之《初月帖》
（《书法艺术欣赏》线装书局，2023）

（3）狂草。

唐代出现了以张旭、怀素为代表的狂草，成为完全脱离实用的艺术创作。据传狂草初由张芝"一笔书"蜕变而来，至张旭承今草之法，扬"一笔书"之意，始成狂草风范。后经怀素推波助澜，使狂草成熟，达到了新的境界。旭、素之后，善狂草者有宋代的黄庭坚、明代的祝允明、明末清初的王铎傅山等。笔意奔放，体势连绵，如张旭的《古诗四帖》（图4-23），怀素的《自叙帖》等。狂草对情感的需求最高，情感可谓狂草的生命。由于完全的精神投入，狂草书家往往近于癫狂，有时借助醉酒来进入狂草之精神境界。在书法的众多书体中，草书最难学习，尤其是狂草非一般人所能为。学习狂草除了方法得当、勤奋刻苦外，还须有先天禀赋，否则，狂草将难以涉足。

图4-22　王献之《中秋帖》
（《书法艺术欣赏》线装书局，2023）

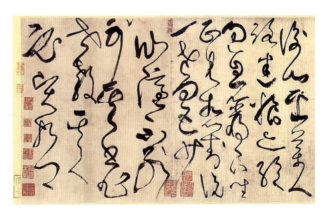

图4-23　张旭《古诗四帖》
（《书法艺术欣赏》线装书局，2023）

(4) 结论。

近常见隶书笔法中带草笔飘逸之体,谓隶草,有些像章草,这与平时善写隶书精熟有关,故书隶草能独树风格。"破草"是现代书家中最常见的,它的特点是点画结体,使转和用笔多为从古到今各书家中的结体演变成自己风格,王羲之书体中学一些,王铎法帖中取一些,祝允明、孙过庭等历代名家中取其长处,集自己之品貌,任意发挥,洒脱自如,这种写法和今草相似。行草有"草行"之说,书体中带有许多楷法,即近于草书的行书,笔法比较流动,行书有"真行"、有"草行"。"真行"近似真书而纵于真;"草行"近于草书而敛于草。唐朝张怀瓘在《书议》中云:"兼真者谓之真行,带草者谓之行草。"行草出现较早,从汉代初期,是"草率"书写隶书而形成的,是一种隶书草写。章草字字独立,接近于行草,但对于难写之字简化不多,书写不变。后来楷书出现,又演变成"今草",即楷书草写,写字迅速,往往上下字连写,末笔与起笔相呼应,每个字一般也有简化的规律,但不太熟悉的人有时不易辨认。今草简化的基本方法是对楷书的部首采用简单的草书符号代用,代入繁体楷书中,尽管草书出现得不比楷书晚,往往许多楷书部首可以用一个草书符号代用,为了方便,字的结构也有所变化。草书成为一种书法艺术,作为传递信息工具的功能已经减弱,成为一种艺术作品,讲究间架、纸的黑白布置,是否能让人认清写的是什么已经不重要了。在狂草中,有"词联"符号,就是把两个字(常见词组)写成一个符号。由于当时书写多是从上到下的竖行书写,词联符号的设计也类似。现代人学习草书一般以今草为起点。

草书艺术最能表现书如其人。刘熙载在《艺概》中说:"书,如也,如其学,如其志,总之曰如其人而已。"书如其人,道出了书法艺术创作的个性特征。书家的思想性格,表现为作品的创作个性,又常称为"书法风格"。为什么会说"书如其人"呢?首先,草书作品风格的形成与书家的思想性格有密切联系,因为其思想性格对形成他独特的审美情趣、表现手法、艺术语言起决定作用。其次,草书作品风格的形成与书家的生活阅历紧密相关。最后,作为表情艺术的草书,书家的思想感情亦是作品风格形成的另一因素,作品能显现书者的修养、才干、性格、爱好。性情不同造成书法形质的不同:拘谨稳熟写字亦拘谨而乏新奇;纵逸豪爽写字常剽勇而超越常则;捷思敏行往往写字快速然底蕴欠深;老成持重则字显羞怯而乏飞动之态;简峻之人,写字挺倔而不遒劲;缜密之人,字迹不能超逸;温润过于妍媚,雄伟缺少媚动,流丽多偏浮华,婉畅常欠端厚。对书家思想性情的了解,有助于在更高层次上欣赏作品的个性美、人格美,更深一步地领略作品的意境美(图4-24)。

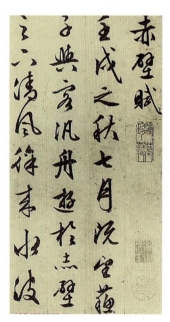

图4-24 祝允明《赤壁赋》
(《书法艺术欣赏》线装书局,2023)

例如,颜真卿的《刘中使帖》的内容是说书者得悉两处军事胜利,感到非常欣慰。全帖笔画纵横奔放,苍劲矫健,有龙腾虎跃之势。前段最后一"耳"字独占一行,末画的一竖以渴笔贯串全行,不禁令人想起杜甫在听说收复河南、河北的著名诗句。此帖和《祭侄文稿》

一样都是"英风烈气,见于笔端。"书法的风格因人而贵,因人而传,历史上正面例子很多。王献之身上有其父羲之"骨鲠"遗传,拒为丞相谢安新建的太极殿题榜,被传为佳话。虞世南供职朝廷,曾谏劝唐太宗"二勿、二不",太宗称"虞有五绝曰德行;二曰忠直;三曰博学;四曰文辞;五曰书翰"。后人评论他的书法气秀色润,意和笔调,柔而不渎,如其为人。岳飞雄健酣畅的草书《诸葛亮出师表》,鲜明地体现了他精忠报国、收复山河、横扫千军的抱负与豪情。书以人贵,也可以从反面事例得到印证。宋代四大书法家"苏黄米蔡"的蔡原是蔡京。蔡京写得一手姿媚的字,却因是大奸臣,后人耻其为人,而以蔡襄取而代之。明末张瑞图的草书独具魅力,惜其品行可鄙,为后世所不齿。近人汪精卫字迹秀丽,孙中山的遗嘱即由汪楷书记录,但后来失节,人们看到其墨迹就对其投敌献媚的品行感到厌恶。书法与人品紧密相关,此提醒、勉励治书艺者宜不断净化心灵、砥砺情操,把自己塑造成品德高尚的人。

3. 草书的基本笔法

所谓笔法主要的就是怎样创造理想线条(点画)的用笔方法。学写字应先从楷书或隶书入手。掌握各种笔法后再学其他书体就有了基础。学写毛笔字一定要有恒心与毅力,要持之以恒,戒骄戒躁,不能一曝十寒。人们常说:"只要功夫深,铁杵磨成针。"只要按学习规律坚持临池不辍,必然学有所成。而草书是利用字形为基本,将线的动态、质感融入书法的艺术,是最能显现个人风格与特色。草书是点线的省略,本不能明确区分一点一画的基本用笔法。但大体上,草书可分为单体及连续体两种。单体是指各字分开不连续,而连续体则是二字或数字连续书写,且要把这些连续体的字当作一整体处理。可以说,草书的生命是基于运笔的节奏,有缓、急、迟、速四种。所以学习草书要先能明白运笔的要领,然后掌握运笔快慢轻重的技巧,字形连笔的巧妙变化,墨色润渴妙趣或是渗汁清沽的巧态,还有大字小字排列的美感,空间的和谐。总之,要能充分表现书写者的艺术性。

五、总结

总的来看,篆、隶、楷、行、草的起源和兴盛时期主要集中在汉代和唐代,可见一个朝代的开放程度对文化发展的重要性。它们的演变也都是环环相扣、层层递进的;同时这几种书体也构成了中华书法文化的精髓,它们的发展也展示了中华书法文化传承演变的脉络,由此也可看出中华文化的博大精深。

检测评价

单项选择题

1. 书法的主要特点是( )。
   A. 书法是一种数字化技术
   B. 书法强调书写速度和可读性
   C. 书法是文字的艺术表达,与文化传统和艺术有关
   D. 书法仅在中国有发展,与其他文化无关
2. ( )被认为是行书的代表人物,其著名的作品有( )。

A. 李清照，以其草书而著名，创作了《兰亭序》。
B. 王褒，他是草书的代表，以其行书作品《洛神赋》著称。
C. 王羲之，被誉为行书之巅峰，其著名作品包括《兰亭序》。
D. 怀素，他是行书的代表，创作了《快雪时晴帖》。

任务实施

【任务1】书法的文化传承

一名中职学生对书法产生了浓厚兴趣，但他生长在一个现代数字化社会中，书法似乎与现代生活格格不入。他的父母鼓励他学习计算机技能，而学校也注重数字化教育。学生因此犹豫，不知道书法是否值得学习。

问题：如何向这名学生解释书法在现代社会中的价值，以及书法作品如何传承文化传统？

【任务2】书法作品的装饰价值

一家人决定装饰他们的客厅，他们想要一件特别的艺术品。母亲提议购买一幅书法作品，但孩子们对此提出疑问，认为书法可能过于传统和无趣。

问题：如何向这家人解释书法作品的装饰价值，以及如何选择一幅适合他们家的书法作品？

任务实施评价表

小组编号：　　　　　　　　　任务序号：

项　目	评 价 依 据	优秀	良好	及格	继续努力
任务准备	是否认真阅读了材料案例，并按照书法教学内容作了细致梳理				
知识理解	对案例中的问题解决依据是否充分、论述是否正确				
分析讨论	对案例问题的分析是否体现书法概论的相关内容、讨论的主题是否鲜明				
合作学习	小组成员讨论是否积极主动、发言是否充分、观点补充是否完整				

任务二　文房雅趣

情景导入

你正在参加一次校园文化活动，其中有一个书法展览摊位。你走近摊位，看到有一位书法家正在现场挥毫泼墨，创作一幅华丽的书法作品。你被他的技巧和毛笔在纸上舞动的优美线条所吸引，被书法的魅力深深打动。书法家向你介绍了书法作品的文化背景和美感，你开始明白书法不仅仅是文字的书写，还是一门艺术，是中国传统文化的珍贵遗产。你决定深入了解书法的奥秘，从中探索中国文化的深厚底蕴，以及如何通过书法作品的装饰和美感来展现文房雅趣的独特魅力。

从此，开启你的文房雅趣之旅，探索书法与文化传统的交融，以及它如何在装饰中展现出美感的艺术之美。

 知识积累

一、书法作品的装饰

（一）装裱

装裱是将书法作品用纸或绢布包裹，使其更牢固、更易保存和展示的过程。装裱不仅有保护作品的作用，还可以选择不同的装裱材料、颜色和风格，以增加作品的装饰性。装裱是艺术品保护和展示的重要环节，有助于其长期保存和美观展示。

（二）题款和印章

书法作品通常会配以题款，这是为了表达作者的情感、主题或寓意。印章也常常用于书法作品的装饰，它们是作者的个人印鉴，可以增添作品的独特性。

1. 题款

题款是指艺术家在绘画、书法或其他艺术作品上写下的文字，通常包括以下内容。

作者的姓名：艺术家的姓名通常会被写在作品的上方或旁边。

作品的名称：作品的名称或题目描述通常会在作者的姓名下面。

日期：创作作品的日期也经常被包括在题款中。

作品的评价或赞誉：有时艺术家会在题款中加入对作品的评价或赞誉性的文字。

题款有助于标识作品的来源和作者，以及提供背景信息，使观众更好地理解和欣赏艺术作品。

2. 印章

印章是用印章墨或印泥制作的图案或文字，通常用于标识作者或艺术家。印章可以分为姓名印章和收藏印章两种类型。

姓名印章：这种印章通常包括艺术家的姓名或笔名。姓名印章可以是方印（正方形）或圆印（圆形），通常位于作品的一角。

收藏印章：一些人会在其作品上加上他们的收藏印章，以表示这是他们的私人收藏。

印章在中国艺术和文化中占有重要地位，它们不仅被用来验证真伪，还可以增添作品的审美价值。一些艺术家还会为他们的作品创作专门的印章，这些印章可以成为他们风格的一部分，标志着其独特性。

（三）装饰性图案和图画

有时，在书法作品中可以添加一些装饰性的图案、花鸟或山水画，以丰富作品的内容和视觉吸引力。这些图案可以与书法内容相呼应或形成对比。

（四）颜色和水墨效果

在书法作品中使用颜色和水墨效果，如渐变、晕染和湿墨溅洒，可以增添作品的装饰性和艺术效果。不仅黑白的书法作品，彩色书法也可以呈现出独特的装饰效果。

颜色书法是一种在书法作品中使用彩色墨水或颜料的风格。它与传统的黑色水墨书法不同，它允许书法家在作品中使用各种颜色，以增加表现力和创意。颜色书法可以采用不同的颜色组合，以传达不同的情感和主题。这种书法风格通常更富有现代感和创新性，适合那些希望突破传统书法的艺术家。

水墨效果书法是一种传统的书法风格，通常使用黑色水墨或深灰色墨水。这种书法风格注重线条、形状和墨汁的流动，强调文字的笔画和意境。水墨效果书法通常更加朴素和抽象，注重文字的表现力和意境，而不太注重颜色的运用。这是中国传统书法的一种主要形式，强调平衡、和谐和氛围。

在书法中，书法家可以根据自己的喜好和创作目的选择使用的颜色或水墨效果。每种风格都有其独特的美感和表现力，可以用来传达不同的情感和主题。颜色书法强调多样性和创新性，而水墨效果书法则强调传统和意境。

二、书法与文化传统的关系

书法与文化传统之间有着密切的关系，它在文化传统中扮演了重要角色，具有深远影响。

传统文学引用。书法作品常常引用古代文学经典，如《诗经》《论语》《道德经》等。这些引用不仅赋予作品更深层次的文化内涵，还表现出对文学传统的尊重。

历史典故和人物。书法作品中经常包括历史典故和著名历史人物的引用，如孟子、曹操、李白等。这些引用可以让观众回顾历史，感受文化传统的底蕴。

经典书法作品的模仿。书法家常常通过模仿经典书法作品来继承和传承文化传统。这种模仿不仅是对前辈书法家的敬意，也是为了汲取传统技法和风格。

传统诗句的创作。书法作品中的文字通常包括诗句或自创诗作。这些诗句可以是对古典文学的赞美，也可以是表达个人情感的方式。

经典文学作品的书写。书法家经常书写经典文学作品的片段或整篇文章，如《红楼梦》《三字经》等。这些作品的书写不仅传承了文学传统，还体现了对文学的热爱。

文学赏析的引导。书法作品中的注释、解读和赏析常常与文学传统相关，可以帮助观众更好地理解作品的文化内涵和背景。

文化传统的仪式感。书法作品常与传统文化仪式和节庆有关，如春节对联、中秋赏月诗等。这些作品不仅为庆祝传统节日增色，还表现出文化传统的活力。

通过这些内容，书法作品与文化传统形成紧密的联系，弘扬和传承着中国悠久的文化传统，让观众在欣赏书法的同时也更好地理解和感受文化的价值和深度。

三、书法工具——文房四宝

中国书法之所以能成为一门艺术，能立于世界艺术之林，越来越被世界各国所重视，与其独特的书写工具有密切的关系。这些工具主要指笔、墨、纸、砚，俗称"文房四宝"，这也是中国传统文人在书房使用的四种重要文具和材料，它们在中国书法、绘画和文学创作中具有特殊的地位。

（一）毛笔

毛笔是书法中至关重要的工具，其美感体现在毛笔的形状、毛发的质地、笔杆的工艺等方面（图 4-25）。不同的毛笔可以带来不同的书写风格和线条质感，其笔触之美常令人赞叹。

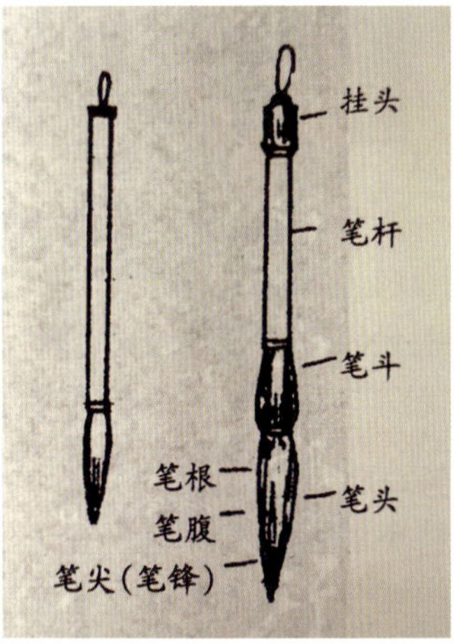

毛笔是一种传统的书写和绘画工具，根据不同的用途和需求，存在多种不同种类的毛笔。以下是一些常见的毛笔种类。

毛笔（软毛笔）：这是最常见的毛笔类型，适用于书法、绘画和水墨画等用途。它有软而灵活的毛尖，适合绘制粗细不同的线条。

硬毛笔（硬笔）：硬毛笔的毛尖相对坚硬，通常用于细节和线条的工作，特别适用于绘制精细的图案。

图 4-25　毛笔
（《书法艺术欣赏》线装书局，2023）

细毛笔：细毛笔有非常细的毛尖，适合细致的工作，如细节描绘、签名和精细线条的书写。

扇子毛笔：扇子毛笔的毛尖呈扇形，适用于绘制扇子、花卉、叶子等具有宽度变化的图案。

医学毛笔：这种毛笔通常用于书写医学方剂和医学记录。它有特殊的毛尖形状，可以用于书写中药名称。

彩绘毛笔：彩绘毛笔适用于彩色绘画，它们通常有多个颜色的毛笔头，用于调色和绘制多彩的画作。

特殊用途毛笔：有一些毛笔被设计用于特殊用途，如写毛笔字的宣纸、针对特定绘画技法的毛笔等。

钢笔毛笔（钢笔毛笔嘴）：钢笔毛笔是一种结合了传统毛笔和现代钢笔技术的工具，它们通常使用墨水或钢笔墨水，具有毛笔的线条表现力和钢笔的便捷性。

数位毛笔：数位毛笔是一种电子绘画工具，模拟传统毛笔的感觉。它们通常与绘图板和绘图软件一起使用，使艺术家可以在数字环境中模拟毛笔绘画。

1. 毛笔的历史

毛笔的历史悠久。据有关考古材料，可追溯到六千年前的仰韶文化时期。在那时的彩陶上就有形象生动的几何纹样，这些花纹线条，显然是用毛笔绘制的。1954 年在湖南左家公山战国墓中出土了一支竹竿毛笔，还有完整的笔套。为现存最早的毛笔。1975 年在湖北云梦睡虎地一座秦墓中又出土了一支竹竿毛笔，距今已有 2500 多年了。我国毛笔产地很多，最负盛名的是浙江湖州善琏镇生产的湖笔。它以种类多、质量高、价格低廉而享誉海内外。

2. 毛笔的组成

毛笔分笔杆和笔头两部分。有的毛笔在笔杆上端镶有用于挂笔的"挂头",在下端镶有连接笔头的"笔斗"。笔杆一般用竹、木材料,也有用牙、角、骨、金属、塑料等材料的。笔头用禽兽羽毛制成。最尖部为笔锋,中部为笔腹,根部为笔根。

3. 毛笔的种类

毛笔种类繁多。按毛笔锋颖的大小分大楷笔、中楷笔和小楷笔三种;按毛笔的锋颖长短分为长锋笔、中锋笔、短锋笔三类,长锋笔锋颖长、锋腹细柔、提按幅度大,笔画变化多;短锋笔锋颖短,锋腹刚挺,宜写劲挺刚健的字;中锋笔,介于长锋与短锋之间,按笔毫还可分为硬毫笔、软毫笔、兼毫笔三大类。硬毫笔,主要用狼毫(黄鼠狼毛)紫毫(野兔毛)做原料,属刚性,弹性较强,吸墨性较弱,如狼毫笔、山兔毛笔等。软毫笔,主要用羊毛、鸡毛做原料,属柔性,吸墨量大,弹性较弱,书写时变化丰富,利练笔力。如羊毫笔、鸡毫笔等。兼毫笔,用软硬宅合制而成。刚性与弹性都介于软毫和硬毫之间,软硬适中,刚柔相济,常见的有七紫三羊、五紫五羊、七羊三紫等。

4. 毛笔的选用

毛笔质量的好坏,主要在笔头。"尖""齐""圆""健",是选用毛笔的标准。尖,指笔锋聚拢,尖锐不秃,无分叉,不散锋。齐,指组成锋尖的所有毛端平齐,成一条线。圆,是指笔头饱满呈圆锥状。健,指笔锋富有弹性,按之散,提之拢,劲健有力。在选用毛笔时,除注意毛笔本身质量外,一般写大字选用大楷笔,写小字选用小楷笔,初学对毛笔质量无须苛求,只要符合书写要求,适用即可。平时练字可用长锋羊毫大楷,有利于练腕力,掌握基本功,为学好书法打下坚实的基础。

(二)墨

墨汁是书法和绘画中使用的主要颜料。传统的墨汁通常是由研磨墨块得来的,墨块通常是研磨煤烟或松烟,然后与水混合制成墨汁(图4-26)。墨汁有浓淡之分,书法家和画家可以控制墨汁的浓度来产生不同的线条和阴影效果。

中国是世界上著名的墨汁产地之一,墨汁的制作在中国有着悠久的历史。中国的墨汁制作通常采用天然材料,主要包括以下产地。

山西省。山西省是中国墨汁的重要产地之一。山西的墨汁通常以浓郁的黑色和特殊的香气而著称。山西的墨汁工艺传承已久,世代相传。

安徽省。安徽省的徽墨是另一个著名的墨汁品牌,以其深色和光泽而著名。安徽省拥有丰富的松树资源,这些松树的树脂通常用于制作墨汁。

图4-26 墨块
(《书法艺术欣赏》线装书局,2023)

四川省。四川省也是墨汁的产地之一,这里的墨汁通常以浓郁的黑色和持久的特点而著名。四川的墨汁制作传统历史悠久,可追溯到数百年前。

墨汁制作通常使用植物树脂、炭灰、胶水等天然材料，这些材料在特定的工艺中混合、研磨和烘干，以制作出墨汁。不同产地的墨汁可能有不同的原料和工艺，因此产生了各种不同质地和色泽的墨汁。

中国的墨汁不仅用于书法和绘画，还用于印章制作、文化传统和艺术项目。墨汁的制作是一门重要的文化工艺，有助于传承中国的书法和绘画传统。

1. 墨的特点

墨是中国书画的材料。墨的历史悠久，早在甲骨文中就有墨书了，属于一种天然石墨。好的墨能保持运笔灵活，不粘、不涩、不滞。对树木、绸、纸、绢等物品都不发生腐蚀作用。墨色经久，遇日光或热仍保持墨色，有强韧的凝集附着力。

2. 墨的种类

墨的品种很多。主要分两大类：一类是油烟墨，另一类是松烟墨。油烟墨主要是用桐油烧烟，再加入胶、麝香、冰片等加工制成。具有质地坚细，颜色乌黑光亮的特点。松烟墨主要是用松枝烧烟，加胶和香料等配制而成，具有质松易化，色浓无光泽的特点。以上两种墨皆可用于写字，但用于书画创作，则选用有光泽的油烟墨更好。

3. 墨汁的使用

现在生产的液体墨汁（见图 4-27），因省时省力，使用方便而大受欢迎。墨汁以细匀、清香、浓黑、光亮为佳。凡沉淀发臭者则已腐败，不能再用。市面上北京生产的"一得阁"，天津生产的"书画墨汁"，上海生产的"曹素功"墨汁等都是质量上乘的墨汁，堪称书画佳品。使用时最好倒入墨盒，这样，既方便又节省。不要直接把笔插入瓶内，以免污染变质。

（三）宣纸

宣纸是一种特制的纸张，通常由山杉的皮层制成（图 4-28）。宣纸质地柔韧，表面吸墨性强，适合书法和绘画。不同类型的宣纸可以用于不同的书法风格和技巧，它们在书法和绘画作品的质感和效果上起着关键作用。

图 4-27　墨汁
（《书法艺术欣赏》线装书局，2023）

图 4-28　宣纸
（《书法艺术欣赏》线装书局，2023）

宣纸是一种著名的中国传统绘画和书法用纸，它有着悠久的历史和独特的质地，通常用于水墨画和毛笔书法。宣纸最著名的产地是安徽省的宣城市，因此得名"宣纸"。

安徽宣城的宣纸产地在中国古代就有制纸传统，宣纸的制作历史可以追溯到汉代。宣纸以其细腻、均匀的纹理和良好的吸墨性而著名。宣纸的制作工艺包括从高质量的桑树皮中提取纤维，将其制成糨糊，然后用水洗涤、晒干、平整等步骤，最终形成宣纸。这个过程需要工匠的精湛技艺和耐心，以确保宣纸的品质。

宣纸有不同种类，包括生宣、熟宣、绢宣等，每种类型的宣纸都有其特点和用途。生宣纸通常较薄，适用于水墨画；熟宣纸则较厚，适用于毛笔书法；而绢宣则更加坚韧，适合绘制精细的绢画。

宣纸是中国传统文化的珍贵遗产之一，被广泛用于绘画、书法、文人雅集、文化传承等领域。它的独特特点和制作工艺使其成为艺术家和书法家钟爱的纸张。虽然现代制纸技术已经十分成熟，但宣纸仍然保持其特殊地位，是中国文化传统的象征之一。

纸是用植物纤维加工制成的，供附着墨色的物品。上古无纸，曾将文字记载在甲骨、竹简、木牍、缣帛上，到了西汉产生了纸。东汉蔡伦发明了造纸术，使纸的生产趋向普及，对书法的发展起着非常重要的作用，而造纸术本身也成为我国古代四大发明之一，对世界文明做出了巨大贡献。毛笔书写用纸主要有宣纸、皮纸、元书纸等。①宣纸，原产于安徽宣城，泾县，简称徽宣，常以地名以示区别，如"夹江宣""富阳宣""广西富宣"等。主要原料是檀树皮，纤维较长，拉力较强，质地绵韧，纹理细致，洁白如玉，耐腐不蛀，吸水性强，能增强墨韵，保持光泽，经水不化，"有纸寿千年之誉"。宣纸按吸水性能可分生宣、熟宣、半生宣三类。生宣，纸地柔软、吸水性强、浸墨快、散度大，墨韵层次清晰，最宜书写大字和行草书体现行云流水的风韵。熟宣，吸水浸墨能力很弱，宜写小楷或画工笔画用。半生宣，介于生、熟宣之间，宜初学者练习用。宣纸按纸幅大小可分为二尺宣、三尺宣、四尺宣、五尺宣、六尺宣、丈六宣等。宣纸按厚薄还可分为单宣和夹宣。按原料配比的不同有绵连，净皮等区别。宣纸按色彩可分为有虎皮宣、洒金宣、仿古宣、珊瑚宣，还有带图案的专用宣等；②皮纸，主要原料是麻。纤维长，拉力很强，不如宣纸白，质地松而粗，但韧性比宣纸好；③元书纸，主要原料是稻草。纤维粗松，拉力很差，呈黄色，纸质粗，韧性差。以上几种纸均是书法用纸，其中宣纸最为理想，可用于书画创作。但宣纸价格较贵，一般练习，用纸不必太讲究，元书纸、毛边纸或各种旧报纸、包装纸等皆可用于练习。要注意养成爱纸、省纸、不随便撕纸、扔纸的好习惯。平时可用指书（以指代笔摹画）、空书（用笔或指在空中临写）、水书（用笔蘸水在桌上练写）等方法练写字。

（四）砚台

砚台是一种用来搅拌和研磨墨块的器具，通常由石材制成（见图4-29）。书法家和画家在砚台上研磨墨块，以制作墨汁。不同类型的砚台可以影响墨汁的质地和颜色。砚台在书房雅趣中也常作为装饰物。

中国是砚台的主要产地，其产地分布广泛，涵盖河北、河南、四川等地区。其中，四川峨眉山砚台被誉为"砚界第一奇石"。

图4-29　砚台
（《书法艺术欣赏》线装书局，2023）

峨眉山位于四川省乐山市境内,以其出产的砚台而闻名于世。峨眉山砚台的历史可以追溯到汉代,有着悠久的制作传统。峨眉山砚台以其独特的矿石和制作工艺而著称,其主要的矿石成分是云石,它具有细腻的质地和均匀的颜色。

峨眉山的砚台制作工艺非常精细,需要经验丰富的工匠来完成。制作砚台的过程包括开采、切割、打磨、雕刻和磨合等环节。峨眉山砚台通常分为朱文砚(红砚)、白文砚、黑文砚和黄文砚四大类,每种砚台都有不同的特点和用途。

砚台在中国传统文化中具有重要地位,被广泛用于书法、绘画、文人雅集、文化传承等领域。它不仅是书法家和画家的必备工具,也是文人雅士和学者的象征。峨眉山砚台以其独特的质地和艺术性而备受推崇,被视为高品质的文房用具。除峨眉山外,中国还有其他一些产砚的地方,如龙泉砚、临猗砚等,它们也因各自的特点而闻名。

砚是研墨和舔笔的工具,也称砚合、砚池、砚瓦等。砚和墨几乎是同时诞生的,砚的品种很多,按制作材料可分为石砚、砖砚、瓷砚等,其中石砚使用最普遍。一方好的砚台,应是质地坚实、细腻、滋润,使用起来发墨、不粘墨、不挫墨、汲水率低,不伤毫。在石砚中以"端砚"和"歙砚"最为著名。端砚产于广东肇庆的端溪,歙砚产于安徽歙县,山东的鲁砚、甘肃的洮砚等,历来也被称为名砚。砚的形状大小各异,有方形、长方形、圆形、椭圆形、不规则形等多种,考究的还镶嵌宝石、红珊瑚等饰物,其实用性和艺术性受到人们的普遍重视。优质石砚,一经名手精心雕琢,便成了既实用而又有很高欣赏价值的工艺品,随着墨汁的广泛应用,砚的研墨功能逐步被淡化。

同墨的使用一样,书法水平到一定的程度,就应考虑用砚的问题了,砚墨能使墨产生丰富的变化,表现出丰富的艺术风格。"文房四宝"是毛笔书法的主要工具,是学习书法必备的。除此之外,还应备置垫毡、压条、笔筒、笔架、笔洗、笔帘等工具。

四、书法的表现形式

中国书法的形式很多,主要都是因不同的用处而自然形成的。有许多形式是根据建筑器物的格局要求而形成的。最早因为质地的不同而随形布字,龟甲、兽骨形状不同,所以文字的章法、布局也各不一致。铭刻在青铜器上的"金文"大篆,也随着器物的形状空白而不同,在鼎上、尊上的格局也不一样。缣帛上的"帛书"多是书册,而竹简则只是窄窄的一条,只能独行,每字的横笔都不得左右任意延伸,只有竖笔可以向下拉去。至

书法的表现形式

于以后的立碑刻石,也以碑石的形制为依据,随制布字。开始用纸之后,则多为尺牍之类,虽然在纸张大小上限制较小,但也以纸的实际使用大小及内容多少而布局。尔后,根据建筑的需要决定了书法作品的形式。诸如楹联、门对、门披、中堂、对联、条幅(立轴、条山)、四扇屏(还可有六扇屏、八扇屏等)、横披、斗方、扇面、团扇、横匾、竖碑、长卷、手卷等。

(一)条幅

以长宣纸全开及对开(半截或半折),直书之作品为条幅(图4-30)。

条幅是竖行书写的长条作品。尺寸一般为一张整宣纸对裁。安排章法时,应能根据书体的特点,精心构思,立意要新。在创作时,要注意正文与落款的主次关系。落款要错落有致,

图 4-30　启功先生作品（《书法艺术欣赏》线装书局，2023）

自然生动。落款可写在末行正文的下方，布局时应留出余地。款的底端一般不以正文平齐，以避免形式的死板。也可在正文后面另占一行或两行，上下均不宜与正文平齐。印章要小于款字，盖印一般需离开一字以上位置，也可盖在款字左侧。条幅常见的格式有两种：一种是写成两行或三行的。两行的格式，左右两行均靠纸的左右两边写，中间留出较多空白。注意上下字的联系节奏，以及两行间的彼此呼应。落款通常写在第二行的末尾，位置应略高于第一行末一个字。款字可写一行或两行。三行的格式，需注意三行之间的相互关系，穿插映带及节奏变化。落款可在末行下端，底端略高于一、二两行正文的位置；也可另行写款，款字应短于正文，上下不宜与正文平行。另一种是居中写一行（少字数）的。书写内容一般为格言、警句或一句诗词等。字数较少，写时要注意字的开合及节奏变化，以求生动。落款可分单款、双款。单款一般写在左侧中间的位置。款字内容包括书写时间、作者的名号，也可只写作者名或号。印章盖在款字下方，一般以两方为宜，印与印之间要适当拉开距离。落双款，上款写在作品的右侧中间偏上的部分，一般写创作作品的时间，若是赠送作品，则需写明被赠者的名或号，称谓及雅正、惠存，清赏等字样。

（二）楹联

两张对开条幅，分别书写上下联语者，亦称对联、对子或楹帖，如图 4-31 所示。对联因古时多悬挂于楼堂宅殿的楹柱而得名，是一种对偶文学，起源于桃符，是写在纸、布上或刻在竹子、木头、柱子上的对偶语句。言简意深，对仗工整，平仄协调，字数相同，结构相同，是中文语言的独特的艺术形式。对联分为上下两联，右边的为上联，左边的为下联。上下联的尺寸可与条幅等同，也可大于或小于条幅。对联的书写内容规定极为严格，只能是对仗的句子（上下联字数相等、平仄相对、一般字不重复出现），包括对偶句（俗称对子）、律诗中的中间两联（颔联、颈联）。对偶句常见的有五言、七言，也有少到三字一联，多到数十字、上百字一联。律诗则分为五言、七言两种。五言、七言的对联，在安排章法时，上下联应单行居中竖写。十字以上的对偶句，则宜写成双行或多行（注意书写顺序，上联从右向左，下联则从左向右）。落双款，分别于上下联的末尾，款字略高于正文底端。

图 4-31　晚清重臣曾国藩所书对联（《书法艺术欣赏》线装书局，2023）

上下联字的位置一般要基本平行。处理好一联内上下字的大小、收放的变化，以及上下两联间的呼应，令上下两联成为一个整体。十字以下对联的落款分为上下款和单款两种。上下款，上款写在上联右边，下款写在下联左边。上款一般写诗句的作者、篇名等内容，如"黄庭坚登快阁诗句"；下款则写书者的姓名、号，以及书写地点、时间等内容，如"丙子闲堂书于北京"。单款一般写在下联左侧中间偏上的位置。款字内容包括书写时间、作者的名号，也可只写作者名或号。印章盖在款字下方，一般以两方为宜，印与印之间要适当拉开距离。

（三）中堂

中堂指将料纸全开或比全开稍小而单独或并挂于楹联间的条幅（图 4-32）。

中堂是国画装裱中直幅的一种体式，以悬挂在堂屋正中壁上得名。中国旧式房屋楼板很高，人们常在客厅（堂屋）中间墙壁上挂上一幅巨大的字画，称为中堂画。中堂画是竖行书写的长方形的作品，内容多为四尺整张的福、寿、龙、虎等吉祥寓意的大字，通常会在左右配上"对联"，也有悬挂祖训、格言、名句书法题字或者祖先肖像、山水、老虎画的。尺寸一般为一张整宣纸（分四尺、五尺、六尺、八尺等）。因为尺幅比较大，所以需要创作者具有精熟的技法和整体把握作品布局的能力。在创作时，要注意正文与落款的主次关系，使它们之间主次有别，相映生辉。落款切忌喧宾夺主。落款可写在末行正文的下方，布局时应留出余地。款的底端一般不与正文平齐，以避免形式的死板。也可在正文后面另占一行或数行，上下均不宜与正文平齐。印章要小于款字，盖印一般需离开一字以上位置，盖在款字的下方，也可盖在款字左侧。

（四）斗方

斗方是中国书画装裱样式之一（见图 4-33）。指一或二尺见方的书画或诗幅页。尺幅较小，一般指 25~50 厘米见方的书画作品。民间年画中，把这种尺寸和形式的作品也称作"斗方"。现年画中亦有斗方的体式。一尺见方的小斗方，又称为"斗方小品"或"小品斗

图 4-32　中堂书画作品
（《书法艺术欣赏》线装书局，2023）

图 4-33　欧楷名家卢中南斗方作品
（《书法艺术欣赏》线装书局，2023）

方"。斗方书写内容一般是四行至六行。因为行列多，篇章布局时应十分强调上下左右的大小、开合、呼应及节奏变化等。在创作时，要注意正文与落款的主次关系，款字一般小于正文，要自然生动。落款可写在末行正文的下方，布局时应留出余地。款的底端一般不以正文平齐，以避免形式的死板。也可在正文后面另占一行或两行，上下均不能与正文平齐。印章要小于款字，需离开一字以上位置。

（五）匾额

匾额又称横批，条幅横书装框或刻于木板悬挂于壁上。匾额一般挂在门上方、屋檐下（图4-34）。当建筑四面都有门时，四面都可以挂匾，但正面的门上是必须要有匾的，如皇家园林、殿宇以及一些名人府宅莫不如此。许多匾额的四周边框上，雕饰着各种龙凤、花卉、图案花纹。有的镶嵌珠玉，极尽华丽之能事。古代官府衙门一般都会悬挂匾额（图4-35）。

图4-34　名楼牌匾（岳阳楼）
（《书法艺术欣赏》线装书局，2023）

图4-35　古代官府衙门一般都会悬挂匾额
（《书法艺术欣赏》线装书局，2023）

（六）条屏

以中堂、条幅等尺幅相类之料纸，写成一组作品（图4-36），依诗文长短。其单独悬挂的称"条幅"，并挂的称"堂屏"或"条屏"，如"四条屏，八条屏，十二条、十六、十八，乃至二十六条屏"。

图4-36　吴昌硕书法四条屏作品（《书法艺术欣赏》线装书局，2023）

（七）扇面

尺寸如扇形，有纨扇（见图4-37）与折扇（见图4-38），亦可装裱或轴成册。

图4-37 瘦金体创始人宋徽宗赵佶《草书纨扇》（《书法艺术欣赏》线装书局，2023）　　图4-38 折扇扇面小楷书法作品《般若波罗蜜多心经》（《书法艺术欣赏》线装书局，2023）

扇面作为中国传统书法和绘画的一种特殊载体，其格式多种多样，但常见的扇面格式主要有以下三种，这些格式主要适用于折扇扇面。

1. 充分利用上端，下端不用

特点：这种格式充分利用扇面的上端空间，而下端则基本不用。

布局：以每行写两字为宜，从右至左依次安排。

落款：写在正文的左侧，款字宜长，可写一行至数行不等，印章通常小于正文。

2. 横排书写少数字

特点：利用扇面的宽度，横排书写二至四字，适合书写较少的文字内容。

布局：由右向左书写，要收放有度，保持整体的和谐与美感。

落款：可写数行小字，与正文相映成趣，增添扇面的艺术效果。

3. 上端依次书写，下端隔行书写

特点：上端依次书写，下端则隔行书写，形成长短错落的格局。

布局：先写长行，以五字左右为宜，短行则以一、二字为宜。这种布局可以避免上端疏朗而下端拥挤的情况，使扇面整体看起来更加和谐。

落款：一般写在正文后面，一行或数行均可，要求落款精彩，与正文相得益彰。印章应小于落款的字，以保持整体的平衡。

此外，对于扇面书法的创作，还需要注意以下几点。

字体选择：扇面书法通常选择行书、草书或楷书等字体，这些字体在扇面上能够展现出独特的韵味和美感。

墨色运用：墨色的浓淡干湿要适中，以表现出书法的韵律和节奏感。

留白处理：扇面书法中的留白也是一门艺术，适当的留白可以使扇面看起来更加空灵、透气。

扇面的格式多种多样，每种格式都有其独特的特点和美感。在创作扇面书法时，可以根据扇面的形状、大小以及个人喜好来选择合适的格式和字体，以展现出最佳的艺术效果。

（八）册页

将小幅作品装裱以便翻阅，合之成册，展开成册故名册页，其内容或相互连贯，或单独成立。册页是中国书画装裱体式之一，因画身不大，亦称"小品"，其形式丰富多样，具体如下。

1. 开板式

蝴蝶式：书画规格为横窄竖长，装裱成左右翻阅的竖式册页，形如蝴蝶展翅，故称"蝴蝶式"。

推篷式：书画规格为竖窄横宽，装裱成上下翻阅的横式册页，翻阅时如推开船篷，因此得名"推篷式"。

经折式：通册为一个整体，形式如同折扇，多用于装裱法帖和信札等，规格较小，背纸较前两种稍薄。在明清两代，大臣向皇帝奏事的文书常采用这种形式，故又称"奏折"。

2. 散装式（活册页）

散装式册页无须折连和装面，单幅装裱成页，集多页于一册，以盒收装。这种装裱形式便于展阅和收藏，既可随手开盒展阅，又可单幅取出镶于镜框内欣赏。

3. 其他形式

除了上述常见的形式外，册页（图4-39）还有集成册页和空白册页之分。集成册页是先有书画作品，后经装裱而成的册页；而空白册页则是预先制成的册页，可根据需要添加书画作品。此外，根据书画作品的大小和形状，册页的画幅也有所不同，如直长者像小轴，横长者像小卷，还有近于正方形、正圆、椭圆、葫芦腰等形状的扇面等集装成册。

图4-39 书法册页小楷作品《般若波罗蜜多心经》(《书法艺术欣赏》线装书局，2023）

（九）手卷

亦称横轴，不便悬挂，只适合在书桌上舒展，观后卷置之横幅作品（图4-40）。

项目四　书法之美

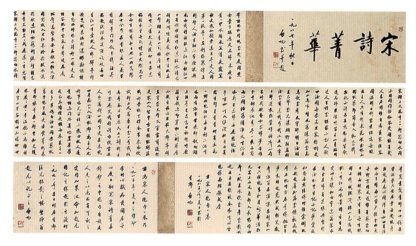

图4-40　启功书法手卷《宋词菁华》(《书法艺术欣赏》线装书局，2023)

　　手卷这种品式晋代就已经有了，它是由秦汉的"经卷""卷子本"演化而来的，手卷的内容可以有两种：一种是由多幅独立的字联结而成，如果是由独立的字、幅组成，字体可以是统一的，也可以是楷、行、草、隶、篆都有的。另一种是由多件各自独立的字混合穿插联结起来，这种类型的手卷既可以是多位书法家的共同创作，也可以是一位书法家的作品。如果是一位书画家，自己作诗，自己书写，自己根据诗的意思作画，这就是人们所说的"三绝"。关于中国书法的形式，大约有上述几种，其基本上分为两类，即竖的和横的。不管横、竖都须与室内或室外的环境布置协调起来。譬如，"中堂"配"对联"，原是悬挂在堂屋正面的，现在室内的布置已多不作如此的陈设，这种形式就不太适用。现在最常见的是在长沙发的上方或两沙发中间夹一茶几的上方，悬挂一个横批。总之，书法形式决定于陈设布置的需要，否则，不但不增风雅，反而失去了和谐。因此，布置的问题虽不是书写者的事，但书写者应当把陈设的要求考虑在内，根据陈设的要求决定作品的形式才好。

 检测评价

一、选择题

1. 文房雅趣的主要元素包括（　　）。(单选)
   A. 书法、绘画、摄影、音乐　　　　B. 毛笔、墨汁、宣纸、砚台
   C. 音乐、舞蹈、戏剧、电影　　　　D. 电子设备、计算机、网络技术、摄影
2. 文房雅趣中的装饰元素包括（　　）。(单选)
   A. 颜色、图案、印章、石材
   B. 纸边、墨汁、标题、电子设备
   C. 音乐、电影、舞蹈、绘画
   D. 数学、科学、体育、历史
3. 书法作为一门艺术形式，具有（　　）社会价值。(多选)
   A. 文化传承和弘扬　　　　　　　　B. 宗教仪式的载体
   C. 心理健康的促进　　　　　　　　D. 商业价值和收益

E. 音乐和舞蹈表演　　　　　　F. 社交互动和友谊
G. 国际政治协商

4. （　　）因素属于书法的审美魅力要素。（多选）
A. 墨迹的质感　　　　　　　　B. 字体的美感
C. 文化传统的故事　　　　　　D. 颜色的运用
E. 心理健康的提升　　　　　　F. 社交互动和友谊
G. 个性化创作风格

二、论述题

1. 书法装饰如何体现文房雅趣的美学和文化价值？
2. 书法的审美魅力主要包括哪些要素？请列举至少三个要素并简要解释它们如何影响书法的美感。

任务实施

【任务1】文房雅趣与个人表达

一名中职学生对文房雅趣产生了浓厚的兴趣，特别喜欢书法装饰和创作，但他的朋友认为这只是一种过时的传统艺术，不值得关注。学生开始犹豫，不知道如何表达自己的热情。

问题：如何向这名学生解释文房雅趣是一种个人表达和创造力的方式，以及如何应对朋友的质疑？

分析：讨论文房雅趣如何影响个人表达情感、思想和审美观，以及如何在面对质疑时建立自信和理解。

【任务2】文房雅趣与文化传承

一家人正在筹备春节庆祝活动，他们计划在家中展示一幅书法作品，以增添传统节庆的氛围。然而，他们不确定如何选择合适的书法作品和装饰元素。

问题：如何向这家人提供有关选择书法作品、装饰和解释作品的指导，以展示文房雅趣与文化传承的联系？

分析：讨论如何选择与传统节庆相关的书法作品，以及如何添加装饰元素和解释内容，以传达文化传承的意义。

任务实施评价表

小组编号：　　　　　　　　　　　任务序号：

项目	评价依据	优秀	良好	及格	继续努力
任务准备	是否认真阅读了材料案例，并按照书法概说内容作了细致梳理				
知识理解	对案例中的问题解决依据是否充分、论述是否正确				
分析讨论	对案例问题的分析是否体现文法雅趣的相关内容、讨论的主题是否鲜明				
合作学习	小组成员讨论是否积极主动、发言是否充分、观点补充是否完整				

项目四　书法之美

任务三　篆刻之美

 **情景导入**

你收到了一份特别的礼物，一封装在精美红色信封中的信。打开信封，看到了一张精致的纸张，上面刻有一个神秘的图案。信中内容说，这是一张特殊的印章，代表着你的名字和独特身份。这个印章是你的个人印章，具有独特的图案和意义。

你可能会想知道，为什么要用这个特殊的印章？你的好奇心引导你开始了解这个神秘的世界——篆刻之美。你发现，这个印章不仅仅是一种个性化的标志，还是中国传统艺术的一部分。你迫不及待地想要亲自尝试制作你的印章，刻下独特的名字，以及你所钟爱的图案。你相信这将是一个充满创造力和文化探索的旅程，因为你将在篆刻之美中找到属于自己的独特之处。

通过学习篆刻，我们将了解印章的历史、制作过程，以及它在中国文化中的重要性。

 知识积累

一、篆刻历史概述

（一）篆刻的历史渊源

篆刻的历史起源可以追溯到中国的古代文明，尤其是商朝和西周时期。最早的篆刻以甲骨文和金文的形式出现，这些文字常刻在龟甲和兽骨上，用于卜卦和记录。这些刻字古物显示出篆刻在古代社会中的重要性。

在秦汉时期，篆刻经历了一次显著的发展。隶书成为正式的书写字体，广泛用于文书和印章。秦朝统一了文字标准，使篆刻成为统一的书写规范。

魏晋南北朝时期是篆刻的黄金时期之一，书法家王羲之等创作了许多杰出的印章。这个时期的印章强调了书法的艺术性和个性化。在唐宋时期，书法与篆刻之美更加紧密地结合在一起，许多文人书法家创作了印章。印章不仅作为实用工具，还具有文人雅趣。元明清时期，篆刻技艺继续发展，形成了不同风格和流派。

随着中国现代历史的变迁，篆刻经历了一些变化。篆刻仍然保持其传统技艺，但也有艺术家探索了抽象篆刻和新颖的表现形式。篆刻逐渐走向国际舞台，得到了更广泛的认可。

总的来说，篆刻是中国书法的重要组成部分，它具有悠久的历史和文化传统。篆刻不仅是一种文字表达方式，还是一门艺术，它强调个性化、创造性和审美价值。篆刻的历史演变反映了中国文化和历史的发展，同时也体现了书法家和篆刻家的创作才华。

（二）印章的艺术价值

刻印章又名治印，因为自古治印多用篆字，故又称篆刻学，是我国优秀传统艺术之一，它和我国的书法、绘画、雕刻等一样，都具有独特的艺术风格。

印章的制作过程就是书法、绘画、雕刻三结合的艺术，其中书法是根本的，起主要作用。刻印工具主要依靠一刀一石。尽管印面仅方寸左右，但要求很高，要表现出既有豪壮飘逸的书法笔势，又含优美悦目的绘画构图，并具备刀法生动的雕刻特征。

（三）篆刻技术

篆刻技术是一种艺术和手工技艺，通常用于刻制印章。这种技术涉及使用特定的刻刀和材料，将文字、图案或图像刻在印章的表面上。篆刻技术在中国有着悠久的历史，它是书法和绘画之外的另一种艺术表现形式。

（四）印章的用途

（1）印章应和书法、国画风格协调，如大写意笔墨粗壮的画，应该用比较粗犷有力的印章。工笔画宜用比较秀丽柔挺的印章。半工笔半写意的画宜用苍秀兼备的印章。

（2）盖用印章的大小一般应和款字大小相等，比款字略小者也可，但不可比款字大，以免显得画面呆板。

二、印章材质与选择

（一）石印

篆刻家用的印章质料一般都喜用石章，因为乳石印章柔细易刻，并能刻出碑帖书法自然的韵味。

1. 青田石

青田石是篆刻较好的用石，优点是脆柔细腻而无砂钉等杂质，刻时比较得心应手，不会遭到意想不到的迸裂。青田石产于浙江省丽水市青田县，好青田石为半透明体，故名"灯光冻石"，通体晶莹细润，好像美玉一般。市上常有新青田石章出售，多为淡青绿色，其他如粉绿、酱紫、绿灰等，价值低廉，用这种石章最为合适（图4-41）。

图 4-41　青田石——篆刻常用石章

2. 寿山石

产于福建省福州市寿山县芙蓉峰下，山下田地里黄色半透明体的冻石最好，名"田黄"，为寿山石中珍品。黄、白、红、紫各色都有。是篆刻石章的上好材料，但价格较贵（图 4-42）。

图 4-42　寿山石——篆刻常用石章

3. 昌化石

产于浙江省杭州市昌化镇的深山中，石色斑斓多为五花色，常见的还有白、灰、红、紫等色。最好的红石鲜得像血色一般，故名"鸡血石"，是昌化石中的"珍品"。有的昌化石往往杂有铁质砂钉，而且石质一般都比青田石"干燥"和"涩"些（图 4-43）。

图 4-43　昌化石——篆刻常用石章

4. 巴林石（叶蜡石）

产于内蒙古，巴林石隶属叶蜡石，石质细润，通灵清亮，质地细洁，光彩灿烂，颜色妩媚温柔，似婴儿之肌肤，娇嫩无比。可以分为巴林鸡血石、巴林福黄石、巴林冻石、巴林彩石、巴林图案石五大类。巴林鸡血石是巴林石中的极品，其石质地温润坚实，石上斑斑血迹聚散有致，红光照人，犹如红霞映月，锦上添花。新近开采大块鸡血石，其色彩对比强烈，光彩可人，分外夺目。有人称巴林极品石是集"寿山田黄"之尊，溶"昌化鸡血石"之艳，蕴"青田封门青"之雅的印坛奇葩，其评价正可为巴林石之写照（图 4-44）。

5. 其他印章材料

如象牙、金、银、铜、牛角、陶、瓦、竹、树根、木等都可作为印章材料，不过要先学石章为基础，再刻上述印章。

图 4-44　巴林石——篆刻常用石章

（二）印章材料的选择

选印石主要从质地、色彩、体量三方面入手。质地以细、冻、实、纯为上。

细——即质地细腻，手感特别光滑，外观上有油腻感。

冻——即透明度好，山口一带的灯光冻、蓝花青田、封门青等都是"天生丽质"、淡雅纯净的印石珍品。

实——指结实而少裂纹。

纯——即质地纯净少杂质。

三、篆刻工具

（一）刻刀是篆刻家很重要的用具

初学者一般可备大小两种便可够用。刻刀和书法家的笔一样，根据"写大字用大笔，写小字用小笔"的要求，来决定刻印时用刀的大小。

刻刀是篆刻的基本工具，它包括刻刀头和刻刀柄。刻刀头有不同的形状和尖锐度，用于刻画不同类型的线条和图案。篆刻师需要熟练掌握刻刀的使用技巧，包括力度、倾斜度和方向。在篆刻中，刻刀是一种关键工具，用于雕刻印章或石刻等工作。

刻刀种类的选择取决于具体的雕刻需求，包括材料、线条风格、深浅、细节等因素。艺术家和篆刻家根据工作的特点和目标，选择适合的刻刀来实现他们的创意和设计。

（二）字书

常用的字书有《说文解字》《缪篆分韵》《汉印分韵》《读汉印分韵》《汉印文字类纂》等。

（三）籀书

研究籀书的书籍也很多，常用的有《说文古籀补》《说文古籀补补》《说文古籀三补》《古玺文字征》《金文编》《古籀汇编》等。另外可参考殷周青铜器的铭文，古玺、印谱等。

（四）毛笔、墨汁

篆印用的笔用普通小楷的毛笔即可。北京一得阁墨汁、上海的曹素功、中华墨汁、中国书画墨汁质量良好，宜书画，摹写印稿最佳。

（五）写印稿纸、拓印纸

写印稿纸、墨浓纸均可。拓印纸用薄宣纸等。

（六）印规

盖印用"印规"可以使盖的印不歪不偏，而且可以重盖（图4-45）。

图4-45　印规

（七）印泥

印泥以厚亮细腻、色彩鲜明苍老者为上品。有朱砂等数种。齐白石曾称赞紫红砂制印泥为最好。全国以杭州西泠印社和漳州出产的印泥最为著名。印泥只要细腻色鲜不渗油者即可应用。用印泥要经常拌搅，使印油和印色均匀，冬天怕冻，勿放在过冷的地方。

（八）其他工具

常用的用具还有砂纸板（粗、细砂纸）、磨石、小镜子、牙刷等。

四、印章的制作

（一）书画印章的三种形式

1. 朱文

白底红字。一般是笔画少的用朱文要圆润挺拔，忌瘦枯无肉（图4-46）。

2. 白文

红底白字。如汉印式，横竖画要在方正中带有圆意，笔画转角处要圆中带有方意（但不得有棱角）。要粗壮豪爽，忌虚弱臃肿（图4-47）。

印章的制作

图4-46　朱文　　　　　　　　　图4-47　白文

3. 朱白文相间

一般是笔画少的用朱文，笔画多的用白文，要匀称自然，忌牵强刺目（图4-48）。

（二）印章制作的步骤

1. 印文排列

章法的筹布即打稿，与作品的好坏息息相关。有人说，治印之难，不难于刻，而难于章法。为了在章法上实现疏密有致、虚实相生的艺术效果，印章制作首先要确定印文的排列方法。

印文排列的方法大致有以下三类。

（1）常用排列法。

从上至下，从右至左。因这种排列顺序与秦代开始通用的书写方向一样，也与习惯的识读顺序相同，所以一直被广泛采用至今（图4-49）。

图4-48　朱白文相间

图4-49　常用排列法

（2）间用排列法。

即逆时针方向的排列方式，也就是传统的姓名回文印的排列方式。前人的用意是使一个姓和两个字的姓名印中，两个字的名字排成一纵行，可顺向读识。用回文印的排列方式可求得章法上的疏密呼应。近现代印人为求章法上疏密、虚实呼应的需要，也有选择此排列法作为斋堂闲杂印。

（3）罕见排列法。

在创作中，应根据具体情况来选择使用何种章法，有时只需以一种章法为主，有时是二三种章法的自然结合，有时是多种章法的互相融会贯通。成功的章法艺术往往不拘一格，灵活化出。对章法艺术的探讨要反复推敲，苦心求索，具体处理时，有时按常规，有时可反常合道。如对笔画繁的印文更作密集处理；对笔画简的印文更作疏宽处理；对平稳文字更作不稳求稳处理；对欹斜文字更作欹中求正处理。这样一反常规，强化矛盾，追求更高的艺术境界的做法，能使作品匠心独运，别开蹊径，独具个性，并富有时代风貌。

2. 印石的整平

印石在裁割时有倾斜，或上蜡磨光时，印面留有蜡，这时要用砂纸整平，以利上石刻制。从磨章的方向不能前后或者左右移动，很有可能形成锅底状，要有规律地按顺时针或者是逆时针进行转动，为了不使章左右晃动，需要拇指与食指拿住章的下部平稳转动。每磨几圈就转动一下方向，保持底面的平整（见图4-50）。

图4-50　整平印石

3. 上石

通常上石有两种方法：一为把印稿用毛笔反写在印面刻制（图 4-51）；二是用耐水纸反拓上石（图 4-52）。

图 4-51　毛笔反写法

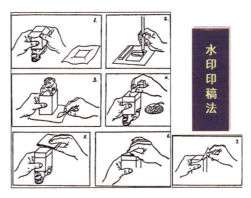

图 4-52　水印印稿法

4. 刻制与修整

依据印文选用合适的刀法来刻制，刀法可分切刀与冲刀二种（图 4-53）。

三指法是以大拇指、食指、中指执住刀杆，成三指鼎立之势，无名指、小指辅贴于中指，中指端离刀刃约 1 厘米，刀杆与印面成 30°夹角，似执钢笔式。由于石质有一定硬度，为防失控，中指端须顶住石章顶侧，以控制运刀速度，无名指、小指紧贴中指，做到五指齐力，由右向左推进（图 4-54）。

图 4-53　刻制与修整

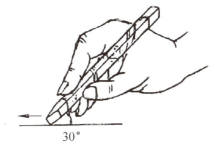

图 4-54　三指法

拳握法将虎口朝上，整把握住刀杆，刀杆略向前侧（向身外），与印面成 60°左右夹角。掌、腕、指、臂同时发力，向身内犁进。拳握法由于整把握刀，用臂、腕带动手，力强势足，运刀长驱直入，长冲短切均可（图 4-55）。

冲刀法是沿着笔画向前推进的犁割方法。三指和拳握法均可使用。三指法，左手执石，右手五指齐力，以刀的一角入石，以腕发力，刀杆横于胸前，与印面成 30°夹角，无名指顶住印石上侧端，用力从右至左推进，犁出一条"V"形沟（图 4-56）。

图 4-55 拳握法

图 4-56 冲刀法

切刀法是刀刃在印面一刀接一刀的切割运行的方法，执刀方法与冲刀相同，但角度有所改变，约成 65° 角（图 4-57）。切割方法：起刀刀锋一角入石，运刀方向三指法向左，拳握法向内（怀里），以入石的刀角做支点，用力往所刻方向推杆，刀刃徐徐入石，直至刀角全部入石，再前移第二刀，重复上一刀的运动过程，刀刀相接。切刀法是以刀刃的一部分依靠刀角一起一伏地运动切割，这种切法被称为细碎刀。

5. 边栏的处理

印文工整，边栏要工整，如印文斑驳，边栏也要写意自然。作边之法有刻、作、磨等法（图 4-58）。

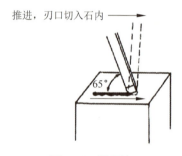

图 4-57 切刀法

图 4-58 处理边栏

6. 边款

刻印之后，在印章左边刻上作者字号、刻制年月等，谓之边款或具款（图 4-59）。

7. 边款的拓制

拓款的方法与古铜器的拓法相似。拓款的方法有湿拓、干拓、油墨拓等（图 4-60）。

图 4-59 边款

图 4-60 拓制边款

8. 印泥的使用

钤印时，左手持印泥盒，右手将印面轻轻击打在印泥上蘸匀，切忌把印面往印泥上挤压（图4-61）。

9. 钤印

将蘸好印泥的印章，对隼应钤盖部位轻轻落下，用力镇压（图4-62）。

10. 钤毕

印章用过后，应用棉花擦拭干净，收存起来备用，并小心勿磕碰（图4-63）。

图 4-61　使用印泥

图 4-62　钤印

图 4-63　钤毕

五、边款及拓印

边款也称"边跋""款识"。篆刻家在完成印面的创作之后，往往余兴未尽，就乘兴在印石的侧面挥刀雕刻文字，或自署姓名，或记录创作时间、地点或落款持赠，一般刻于印侧或印背，盖印的时候可以利用边轻松地辨认方向（图4-64）。

图 4-64　边款

古人刻边款都有一定的位置，这是为了盖印的方便，避免把印章的文字盖倒。边款字数少，只占一面的，要刻在印章的左侧；字数须占两个侧面的，从印章的前面（即对着自己的一面）开始，终结在左侧；刻三面边款，从印章的右面开始，终于左侧；四面边款，则始于印章的后面，经右侧、前面，终止于左侧；五面边款次序与四面相同而终于顶部。总之，刻边款的位置是以左侧为主，无论刻几个侧面，边款的结尾都要在印章的左侧。边款也有只刻在顶端的，大都是扁形无纽章。

刻带纽的印章边款，也有一定的位置。瓦纽、桥纽、鼻纽、覆斗纽、坛纽等，以穿孔的位置定左右；狮纽、虎纽、龟纽等兽纽，则以兽尾所在的位置为前面。

学刻边款，最主要的是掌握单刀法，只要单刀法掌握了，其他刻法自然就会掌握。而单刀法的基础又在于楷书、行书的书写基础，故书法学习必不可少。

初学单刀法刻款，应先将印侧打磨平整，用小号毛笔写款，然后操刀刻划。名贵石材，抛光很好，应保护其表面之天然美，不能打磨。待练习一段时间后，逐渐熟练，可直接操刀刻款。

初学刻款，需很长时间的实践，可先临摹几种名家经典印款，获取经验，方可臻其妙境。刻边款在刀具的选择上，一般应与印面大小相辅相成。刻大字，刀可厚些；刻细小文字，宜用薄刃小刀，如图 4-65 所示。

拓印边款步骤如下。

步骤 1：准备好拓印边款的工具：连史纸、复印纸、棕刷、印石、干净毛笔、白芨水或棒棒胶、拓包、墨汁、毛边纸，如图 4-66 所示。

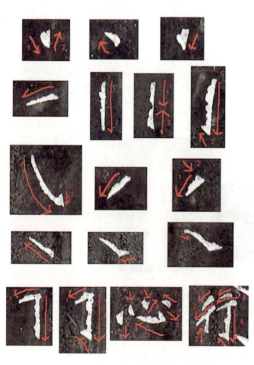

图 4-65　刻款

图 4-66　拓印边款所需的工具

步骤 2：用干净毛笔蘸白芨水或糨糊水均匀涂在边款面上。在石面上覆上连史纸，然后用毛笔蘸清水涂在纸上，使纸和石面粘在一起。

步骤3：使用毛边纸或宣纸将纸上多余的水分吸走，可以手拿毛边纸按压，吸走多余水分后，在拓纸上覆一层薄薄的复印纸。

步骤4：持棕刷在复印纸上来回平刷，力度要适中，不宜过重也不宜过轻。可以多换几张复印纸重复刷。

步骤5：棕刷刷过以后，复印纸上会出现明显字的凹槽，这时再把复印纸取下，然后持拓包在拓纸上拍打，建议先从没字的地方拓起，以试墨的浓度。全部拓好以后，稍等几分钟，等墨干以后慢慢揭下连史纸（图4-67），如揭不下，可以在纸上哈气增加湿度，以便揭下。

综合来看，篆刻技术包括刻刀的使用、印章的制作、线条和笔画的掌握、审美观察力的培养以及传统文化知识的理解。这些技术共同影响着印章的质量和价值。图4-68所示为篆刻作品。

图 4-67　揭下连史纸

图 4-68　篆刻作品

六、印屏制作

一幅制作精美的印屏不仅是对观赏者的尊重和负责，也是篆刻作者创作水平和创作态度的具体体现。然而我们在不少的展赛中都可以看到一些作者的篆刻作品已经有了较高水平，而印屏的制作却显得粗糙，使观赏性大打折扣。下面介绍一种简单实用的印屏制作方法，具体包括以下步骤（图4-69）。

 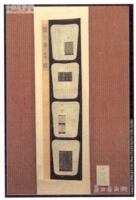  

图 4-69　制作流程

（1）选印。不宜过多或过少，应以方形印为主，另有少数其他形状印作点缀，以求变化，切忌形状各不相同，这就如同施粉过度，让人望而生厌。朱白文印数量也应大致平衡。

（2）钤印。一般认为用福建产连史纸为最佳，易见刀意。市面所售印泥以上海西泠印社产为最佳，然而其价甚贵，一般作者可以用较好的书画印泥代替，而办公印泥则绝不可用。垫纸不可过多，两三张即可，印泥也不是蘸得越多越好。最好在玻璃板上钤盖，以求其平整。垫纸过多、印泥过厚、用力过大都易使效果失真。当然印风不同，钤印方法也不可统一。

（3）拓款。拓款用纸据说以安徽产扎花纸为上品，普通薄熟宣纸也可。用墨不可过劣，尤其不可用宿墨。具体拓制过程不赘述。拓完后，在拓片未揭离石面之前，可薄薄涂上一层石蜡，要均匀，既可避免见水跑墨，又可使色泽发亮。边款要在制作印屏前几天拓好，以使其充分干燥。

（4）题签。选纸应与底纸有所区别，如用白宣纸为底纸，签条则可选颜色较淡的色宣或仿古宣，裁纸时注意要边角整齐。字可以自己题，当然前提是自己写得足够好，也可请人代题，但要和本人印风协调，如恣肆张扬的大写意书风便不适合题雅静秀润的印。题签也应提前几天做好备用。

（5）粘贴。先贴签条，将底纸上签条应在位置的左右上下边线折叠出来，注意要与对应的纸边平行。把签条正面向下放在一块玻璃上，用喷壶喷湿，稍干后取软刷蘸取稀释后的糨糊（浓度如牛奶，绝不可用胶水）均匀涂抹在签条上。翻过玻璃，将签条纸边与底纸对应的折痕对齐，从上向下扣在底纸上，轻轻取下玻璃，把纸垫在签条上用手轻轻擦平即可。

（6）贴印蜕边款。首先推敲印款要粘贴的位置，排布务求疏朗大方，最好朱白相间。小印在上，大印在下，以免头重脚轻。边款不宜过多，有几枚提神就行。确定完方案后逐一粘贴，粘贴时先把印稿反放在透明的硬塑料薄板上，然后均匀地涂上糨糊，再把塑料板翻过来（此时印稿可以稍稍粘在纸上不会掉下），对正位置后压到纸上即可。

七、篆刻的当代应用

篆刻有着悠久的历史，并且在当代仍然有广泛的应用和重要性，具体如下。

法律文件和公文。在我国以及东亚地区，篆刻仍然用于法律文件和官方公文的盖章，以证明文件的合法性和真实性。

艺术和收藏。篆刻作为一种艺术形式，仍然受到艺术家和收藏家的欢迎。许多篆刻家创作出精美的印章，这些印章常常成为艺术品的一部分，有时还具有很高的收藏价值。

印章设计和制作行业。有专门的印章设计和制作行业，提供个性化印章、公司印章和特殊用途的印章。这个行业在商业和个人领域都有市场。

文人雅趣。一些文人和书法家继续使用印章来签署他们的书法作品，这是中国文人雅趣的一部分。

文化传承和教育。学校和文化机构通过篆刻课程传承和教授这一传统技艺。篆刻成为文化教育的一部分，有助于传承文化遗产。

博物馆和展览。许多博物馆和文化展览中展示着古代和现代的印章作品，以展示篆刻的历史和艺术价值。

文化活动和庆典。篆刻可用于文化活动、庆典和宗教仪式，以增加仪式感和神圣性。

商业用途。一些企业在合同、证书、名片和信件上盖印章，以表达权威和正式。

个性化礼物。人们可以定制个性化的印章作为礼物，以表达祝愿和寄托情感。

总的来说，尽管现代技术和数字签名普及，篆刻仍然在各种领域中保持着其独特的价值和应用。它不仅代表着文化传统，还具有个性化和艺术性，因此在当代社会仍然有其独特之处。

 检测评价

一、单项选择题

1. 在篆刻中，刻刀的使用是至关重要的。以下选项（　　）描述了不同刻刀头形状的作用。

　　A. 平刀头用于创造粗犷的线条，而尖刀头用于细节。

　　B. 平刀头和尖刀头的作用是相同的，只是形状不同。

　　C. 平刀头和尖刀头分别用于不同类型的颜色。

　　D. 刻刀头的形状对篆刻没有影响。

2. 篆刻的可持续性和环保趋势是（　　）。

　　A. 它与环保和可持续性无关，篆刻不受这些因素影响。

　　B. 篆刻家越来越倾向于使用可持续材料和环保工艺来制作印章。

　　C. 篆刻的可持续性是指刻刀的使用方法。

　　D. 篆刻的可持续性仅在中国有重要性，国际上不受关注。

二、论述题

1. 简要解释篆刻家如何运用不同的刻刀和线条来创造印章中的不同效果，并提供一个示例。

2. 解释篆刻的文化传统如何在当代社会中保持其重要性。请列举两个例子。

 任务实施

【任务1】创新与传统

篆刻家A尝试将现代元素融入其印章设计中，创造了一系列充满创新的印章作品。然而，一些传统篆刻家认为这破坏了传统，应该坚守传统。

问题：讨论这种创新与传统之间的平衡，以及篆刻作为文化遗产如何适应现代社会。

【任务2】环保与可持续性

一位篆刻家B开始使用可持续材料和环保工艺来制作印章，以减少印章制作对环境的影响。

问题：分析这种环保和可持续性趋势在篆刻领域的应用，以及它对文化传统和市场的影响。

任务实施评价表

小组编号：　　　　　　　　　　任务序号：

项 目	评 价 依 据	优秀	良好	及格	继续努力
任务准备	是否认真阅读了材料案例，并按照书法教学内容作了细致梳理				
知识理解	对案例中的问题解决依据是否充分、论述是否正确				
分析讨论	对案例问题的分析是否体现篆刻之美的相关内容、讨论的主题是否鲜明				
合作学习	小组成员讨论是否积极主动、发言是否充分、观点补充是否完整				

要点梳理

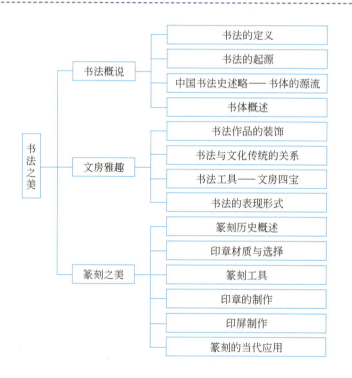

小结检测

一、案例分析：书法与现代社会

书法作为一门古老的艺术形式，在现代社会中仍然保持着重要的地位。下面让我们考虑一种情景，帮助我们思考书法在现代社会中的价值和应用。

情景描述：假设你是一名教育工作者，你的学校决定在校园内创建一个"书法之美展览",旨在向学生和社区展示书法的审美、文化传统和社会价值。你被指定为该展览的策展人,需要选择和展示书法作品,并组织相关活动。然而,你面临着挑战,因为许多学生和社区成员对书法的了解有限,很少与这一艺术形式互动。

问题:

1. 作为策展人,你将如何选择和展示书法作品,以便让学生和社区更好地理解和欣赏书法的审美、文化传统和社会价值?

2. 你将如何设计相关的活动,以提高学生和社区的参与度,并鼓励他们更深入地探讨书法之美?

3. 在展览和活动的过程中,你将如何强调书法与现代社会的关联,以展示它的现实价值和应用?

二、论述题

1. 请简要概括书法的定义及其包括的主要方面。
2. 书法的起源有哪些关键时期,它起源于哪个国家?
3. 请列举不同的书法风格,包括代表人物和作品。
4. 什么是文房四宝,它们在书法中的作用是什么?
5. 书法与文化传统的关联是什么,如何体现在书法作品中?
6. 简要解释书法的审美魅力、心灵愉悦和社会价值。
7. 篆刻是什么,它在现代社会中有哪些应用?
8. 请描述篆刻家如何使用不同的刻刀和线条来创造印章中的不同效果。
9. 简要解释篆刻的可持续性和环保趋势。

知识链接

1. 书法的定义

书法是一种独特的艺术形式,蕴含深厚的文化内涵和审美价值。从狭义上讲,书法特指用毛笔书写汉字的艺术,包括了一系列复杂的技艺和规则,如执笔、运笔、点画、结构、布局(分布、行次、章法)等;从广义上讲,书法是指文字符号的书写法则。这意味着书法不仅仅是汉字的书写艺术,还包括其他文字系统的书写艺术,如蒙古文书法、阿拉伯文书法和英文书法等。书法通过特定的笔法、结构和章法将文字书写成富有美感的艺术作品。

2. 书法的起源

书法产生于中国商代中后期的甲骨文,这些最早的汉字遗迹已具备了书法的三要素,分别为运笔、结字和章法,为书法艺术的发展奠定了基础。

3. 文房四宝

文房四宝即笔、墨、纸、砚,在书法中各自扮演着不可或缺的角色,共同构成了中国传统书法艺术的基石。

4. 书法与文化传统

(1)书法是文化传承的重要载体。书法在中国有着悠久的历史,从古代的甲骨文、金文，到篆、隶、楷、行、草等各种书体，每一种字体都承载着特定历史时期的文化风貌和社会变迁。

（2）书法体现文化传统的美学追求。书法在中国被视为一种高雅的艺术形式，被广泛地与中国的审美理念和美学追求联系在一起。

（3）书法蕴含文化传统的文字哲学。中国传统文化中的文字哲学与书法密不可分。汉字作为一种象形文字，蕴含着丰富的哲学思想和文化内涵。

（4）书法践行文化传统的修身养性。书法在中国传统文化中被看作是一种修身养性的方式。通过书写，人们可以培养专注力、耐心和自律的品质。

（5）书法是文化传统教育的重要组成部分。在教育领域，书法教育可以培养学生的观察力、记忆力、想象力和创造力，提高学生的综合素质。

5. 书法的魅力和社会价值

（1）书法的魅力

① 艺术之美：书法是文字的书写艺术，特别是用毛笔写汉字的艺术。

② 文化之韵：书法是民族文化的象征，以汉字为载体，与多种艺术相结合，承载着传统文化和民族精神。

③ 心灵之净：学习书法需要澄神静虑、心正气和，可以陶冶性情，达到健身养生的效果。

（2）书法的社会价值有传承文化、提升素养、促进交流和实用价值等方面。书法的魅力和社会价值不仅体现在其独特的艺术魅力和文化韵味上，还体现在其对社会发展的积极贡献上。

6. 篆刻及其应用

篆刻作为中国传统文化中的瑰宝，是一种在金属、象牙、犀角、玉、石等质材之上雕刻以篆体文字的艺术，又称印章艺术。

（1）篆刻的应用包括书法作品、绘画作品、艺术品收藏和文化交流等。

（2）篆刻的艺术价值包括以下三点。

① 审美价值：篆刻艺术以其独特的线条、形态和构图展现出极高的审美价值。

② 历史文化价值：篆刻作品往往蕴含着丰富的历史文化内涵和寓意。

③ 传承与创新价值：篆刻艺术在传承中不断创新和发展。

7. 篆刻的不同效果

篆刻作为一种独特的艺术形式，通过不同的技巧和手法可以产生多种不同的效果，这些效果各具特色，充分展现了篆刻艺术的丰富性和多样性。

项目五
绘 画 之 美

学习导语

在摄影技术出现之前,绘画承担着记录的功能。绘画是美术最主要的艺术形式,使用笔、刀等工具,墨、颜料等物质材料,通过线、色彩、明暗及透视、构图等手段,在纸、纺织品、木板、墙壁等物体上创造出可以直接看到的并具有一定的形状、体积、质感和空间感的艺术形象。这种艺术形象,既是生活的反映,又包含了作者对现实生活的感受,反映了其思想感情和世界观,同时具有一定的美感,使人从中获得启发和美的享受。

一笔一画,勾勒出心中的景象;一色一调,描绘出生活的色彩。本项目分为中国绘画和西方绘画两个任务,把绘画的基础概论、鉴赏与美学理论相联系,通过欣赏古今中外名作能够帮助同学们领略艺术的魅力,感受创作者的智慧与情感。我们不仅可以提升审美品位,还能拓宽视野,激发创造力。这里你会发现无尽的美与奥秘。现在,让我们开始这段奇妙的艺术之旅吧!

学习目标

- 了解中国绘画、西方绘画的基本知识。
- 能够说出不同绘画的形式、工具材料,会赏析绘画作品。
- 通过对东西方绘画作品的赏析和基础知识的学习,了解中国传统文化,增强学生文化自觉意识,树立文化自信,培养学生守正创新的意识。

任务一　中国绘画

情景导入

绘画之美重难点讲解

《逃出大英博物馆》短视频播出后,引起了人们对于文物保护的热烈讨论,越来越多的人去了解文物,中国的文物犹如银河般绚烂,而绘画、雕塑、瓷器等都是银河里一颗颗璀璨的明星。小刚作为一名艺术设计与制作的中职生,平时非常喜欢画画,并通过参与各种活动培养了团队意识、责任感和奉献精神。此时的他也加入这场讨论,强烈的责任感使他也想为文物宣传做些什么,他想通过学习,为大家讲解中国绘画的知识,让更多的人了解中国绘画。中国画作为中国传统文化的代表之一，具有悠久的历史和独特的艺术魅力。它不仅是一种绘画形式，更是一种文化符号和情感的表达方式。

同学们，那么我们能够帮助小刚去做点什么呢？这就需要我们了解一些基本知识，包括中国画的形式、工具材料、历史发展和特点等。通过对中国画的深入了解和研究，我们可以更好地欣赏和理解这种独特的艺术形式。

知识积累

一、中国画基础知识

（一）中国画简述

中国画又称为国画，是现代人为了区别西方绘画而对中国传统绘画的泛称。中国画具有鲜明的民族形式和民族风格，是一种源于中国传统文化的艺术形式，它以毛笔、宣纸、纺织品、水墨等为主要工具，通过描绘物体的形态、色彩和质感来表达情感和意境。中国画注重笔墨和气韵的表现，追求画面的意境和神韵。

中国绘画史可以上溯到新石器时代。石器时代是我国美术的萌芽时期，其主要特征是实用性与艺术性相统一。最初的中国画是画在陶器、地面和岩壁上的，渐而发展到画在墙壁、绢和纸上。在无数画家不断探索、创新的努力之下，逐渐形成了鲜明的民族风格，并有着自己独立审美的绘画美学体系。

中国画的形式有很多，其中比较常见的有卷轴画、壁画、折扇画等。卷轴画（图 5-1）是常见的一种中国画形式，它通常由纸或丝绸等材料制成，画面的内容可以是山水、花鸟、人物等。壁画（图 5-2）通常画在宫殿、寺庙、墓室等建筑物的墙壁上，画面内容主要反映当时的宗教信仰、历史事件、社会生活等。在中国的古代壁画中，有大量的佛教壁画，包括佛像、佛教故事、佛教史迹等，这些壁画不仅展示了佛教的信仰和传说，还反映了古代社会的各个方面。此外，还有许多描绘历史事件和人物的壁画，如三国演义、水浒传等历史题材的壁画。壁画不仅具有艺术价值，还具有重要的历史价值和文化价值。它们不仅是古代艺术的瑰宝，还是研究古代社会、历史、文化的重要资料。折扇画（图 5-3）则是在扇面上绘制，这些图案或画面可以是山水、花鸟、人物等。既可以用来装饰，又可以用

图 5-1 卷轴画（图片来自 360 网站）

来表达画家的情感。折扇画不仅具有艺术价值，还具有很高的文化价值和社会价值，它反映了中国传统文化和社会的特点，也是传承和弘扬中华文化的重要载体之一。

图 5-2　壁画（中华人民共和国中央人民政府驻香港特别行政区维护国家安全公署）

图 5-3　折扇画（刘五华《中外美术简史》北京师范大学出版社）

中国画按照题材，主要分为山水画、人物画、花鸟画等。山水画主要描绘自然风景，注重山川、河流、树木等自然元素的描绘，以表达自然美和意境为主，追求意境和神韵；人物画主要描绘人物形象和情感，注重人物性格、外貌、服饰等细节的描绘，以表达人的希望、幻想和各种感情；花鸟画则以花卉、鸟兽、昆虫、动物等自然元素为主，注重色彩和形态的描绘，以表达自然美和生命力为主，表达情感和意境。

中国画从表现技法上可分为工笔画、写意和兼工带写三种形式。工笔就是用画笔工整细致，敷色层层渲染，细节明澈入微，用极其细腻的笔触描绘物象。工笔画则是以描绘被画对象的准确形象为准则，注重细节的刻画和色彩的运用。写意则相对"工笔"而言，用豪放简练的笔墨描绘物象的形神，抒发作者的感情。兼工带写的形式则是把工笔和写意这两种方法进行综合运用。

中国画从画家的身份来划分还可以分为院体画、民间画、文人画等类型。院体画是中国古代宫廷画的一种，主要服务于皇室宫廷，以描绘人物、山水、花鸟等为主题，追求精细、华丽的表现手法；民间画则是在民间流行的一种绘画形式，多以表现民间传说和故事为主题，具有鲜明的民族特色和地方风格。

中国画的分类方式有很多，还有一些比较特殊的画种，如泥金画、织锦画等。中国画的分类方式多种多样，不同的分类方式可以展现出中国绘画不同的特点和风格。这些分法都有各自的依据，它们既相互独立又相互影响，促进了中国画完整艺术体系的形成。

（二）中国画的特征

文人性。中国画强调"外师造化，中得心源"，要求"意存笔先，画尽意在"，强调人景融合，达到以形写神、形神兼备、气韵生动的意境。传统中国画通常以自然风景、人物形象为描绘对象，通过展现自然与人的和谐关系来传达作者的情感和思想。

诗意性。中国画注重诗意的表现，通过画面中的元素和情感表达来传达作者的情感和思想。中国画常常以题诗的方式来增加画面的意境和情感表达。

笔墨性。中国画注重笔墨的表现，通过不同的笔法和墨色运用来表现画面中的形态和质感。中国画的笔墨不仅是一种表现手法，还是一种审美标准。

散点透视。中国画不讲焦点透视，不强调自然界对于物体的光色变化，不拘泥于物体外表的相似，而多强调抒发作者的主观情趣。

以形写神。中国画讲求"以形写神"，追求一种"妙在似与不似之间"的感觉。在表现人物形象时，注重表现人物的精神气质和个性特征，而不是单纯地追求外表的相似。

构图特点。中国画的构图一般不遵循西方绘画的黄金规律，而是或作长卷，或作立轴，长宽比例是"失调"的，但它能够很好地表现特殊的意境和画者的主观情趣。

总的来说，中国画在表现主题、构图、用笔、用墨等方面都有自己的独特之处，反映了中国文化的精神内涵和审美特点。

（三）中国画绘画材料和工具

中国画常用的绘画工具和材料包括毛笔、宣纸、纺织品、水墨等，其他工具还包括砚台、色碟、笔洗、毛毡、镇纸、印泥、印章等。毛笔又分为硬毫、软毫和兼毫，分别有各自的用途和特点。墨汁和颜料也是中国画中必不可少的材料。宣纸是常用的绘画纸张，有生宣、熟宣和半熟宣之分。还会用到矿物质和植物质颜料，分别有不同的特点和用途。除此之外，中国画还会用到一些其他的辅助性工具，比如用来卷毛笔的笔帘、用来压纸的镇尺、用来洗笔的笔洗和用来挂毛笔的笔架等（图5-4）。这些材料和工具的使用，使得中国画在绘画

图5-4　绘画工具（刘五华《中外美术简史》北京师范大学出版社）

过程中有着独特的技法和效果。

（四）中国画发展历程

中国画的发展历程漫长而丰富。早在周代，我国就有人物画像。春秋时期出现了大型壁画。秦汉时期的绘画作品构图饱满，题材多样，造型生动，颜色华丽厚重，笔法简括，善于以动态传情。魏晋南北朝是一个承上启下的变革时代，出现了中国古代第一批确有历史记载而又以绘画著称的画家，且其绘画技艺各具特色。这一时期的绘画艺术呈现出丰富多彩的风貌，带来了新的绘画艺术，标志着中国绘画进入了一个新阶段。佛教艺术的传入从内容到形式都给中国画注入了新的血液。佛教壁画空前兴盛，其中敦煌莫高窟的壁画数量之多、内容之精彩令人叹为观止。隋唐时期更是名家辈出，人物、山水、花鸟画都趋于成熟，为后世所敬仰。阎立本是隋唐时期画坛的代表，他的《步辇图》等作品一直为后人所推崇。中唐是中国绘画史上空前繁荣的时期，人物画达到了一个新高潮，绘面注重心理刻画与细节描写，代表人物有吴道子、张萱等。牛马题材也开始盛行，以韩滉的《五牛图》为代表，为绘画注入了清新的田园气息。晚唐绘画又有了新的发展，以周昉为代表的人物画达到完美的境界，疏淡简洁的花鸟画也开始形成。中国画在唐代呈现出五彩缤纷、绚丽多姿的局面。五代两宋时期的绘画达到了中国古代绘画艺术的顶峰。文人画家的大量出现使绘画从诗歌中汲取营养，以诗入画的风尚更加明显，同时注重写生和技法的探索，也是在这时文人画大量涌现。到了元代，崇尚以书入画，强调笔墨情趣的形式感，出现了像赵孟頫、黄公望这样的一代宗师。明清两代山水花鸟画成为大宗，宗教画、人物画衰落。明代出现了以地区为中心的名家和流派，如以戴进为代表的浙派；以沈周、文徵明为代表的吴门派；以董其昌、赵左为代表的松江派等。清代形成了以"扬州八怪"为代表的扬州画派，对近现代花鸟画产生了深远的影响。

二、经典国画作品赏析

中国画源远流长，历经数千年的发展，形成了独特的艺术风格和特点。它不仅是中国传统文化的重要组成部分，还是世界艺术宝库中的瑰宝。中国画以其独特的绘画材料和工具、精湛的绘画技艺、丰富的文化内涵和审美价值，赢得了世人的赞誉和珍视。

（一）工笔画

工笔画指的是运用工整、细致、缜密的技法来描绘对象。从表现对象上来说，无论是人物画、山水画还是花鸟画都可以用工笔的方式进行表现；从表现技法上来说，工笔画可分为工笔白描、工笔淡彩画和工笔重彩画，工笔白描指的是只用线条勾勒而不着色的画法，工笔重彩和工笔液的区别只在于颜色的厚薄与浓淡。

1. 工笔人物画

工笔人物画是以线描为骨干，精细入微地表现人物对象的绘画手法。在中国的传统绘画中，人物画是发展最早、历史最为悠久的画种，而工笔人物画又是最先趋于成熟的。战国时期帛画《人物龙凤帛画》和《人物御龙帛画》（图5-5）是迄今我们所见到的最早的具有独立意义的主题性中国绘画作品。

图 5-5 《人物龙凤帛画》和《人物御龙帛画》（图片来自 360 网站）

到了魏晋南北朝时期，工笔人物画发展到了相对成熟的程度。顾恺之（348—409 年），字长康，小字虎头，汉族，晋陵无锡人（今江苏省无锡市）。他是东晋的杰出画家、绘画理论家和诗人。顾恺之博学多才，擅长诗赋、书法，尤其精通绘画。他的画作以人像、佛像、禽兽、山水等为主，被人们称为"画绝、才绝、痴绝"。顾恺之的画作注重传神，他提出的"迁想妙得"和"以形写神"等论点，为中国传统绘画的发展奠定了基础。他与曹不兴、陆探微、张僧繇合称"六朝四大家"。

顾恺之的《洛神赋图》（图 5-6）就是这一时期出现的作品，这幅画作以曹植的《洛神赋》为题材，描绘了人神之间的爱恋故事。画作的背景是古代中国，当时的人们相信神仙和精灵的存在，因此人神之间的爱恋也是当时文化的一部分。画作的主题则是以一个男子和一个女子之间的情感为主线，通过描绘他们的相遇、相知、相爱以及分别的过程，展现了人神之间的差异和无法跨越的鸿沟。这幅画作的色彩非常精美，运用了大量的蓝色和绿色，营造出一种神秘而宁静的氛围。画作的构图也非常巧妙，通过男子的视角和女子的视角交替出现，使得画面更加生动和有趣。此外，画作还运用了大量的细节和符号，如云朵、水波、花鸟等，寓意着神仙的世界和人类的现实之间的对比和联系。

《洛神赋图》是一幅非常精美的艺术品，它以独特的视角和深刻的内涵，展现了人神之间的爱恋故事和人类面对命运的无奈和悲哀。同时，它也提醒我们珍惜眼前的幸福和美好，不要追求不切实际的梦想和欲望。后人对这种绘画表现方式也有所发展，如五代时期顾闳中所画的《韩熙载夜宴图》。从早期的这些绘画作品中，可以看出中国人物画的基本形态，即以线造型，再辅以颜色。

图 5-6 《洛神赋图》局部（刘五华《中外美术简史》北京师范大学出版社）

　　唐朝时期，工笔人物画发展到一个高峰时期，当时出现了阎立本、吴道子、张萱、周昉等一批卓越的人物画大家。工笔人物画的造型较成熟，对线条的运用也达到了很高的境界。吴道子（约680—759年），又名道玄，是唐代著名的画家，被誉为"画圣"。吴道子的画作题材广泛，包括佛道、神鬼、人物、山水、鸟兽、草木、楼阁等，尤其擅长佛道和人物画。他的画作风格独特，有"吴带当风"之称，开创了"兰叶描"的技法。吴道子的绘画成就极高，对中国传统绘画的发展产生了深远的影响，被后人尊称为画圣。他的绘画风格被称为"吴家样"，《送子天王图》（图5-7）是其典型作品之一，这幅作品又名《释迦牟尼降生图》，取材于佛典《瑞应本起经》，描写的是佛祖释迦牟尼降生于净饭王家的故事。前段描写天王居中端坐，神情自若雍容而略带沉思；后段则表现了净饭王抱着初生的释迦牟尼缓步而持重地往回走，后妃神情虔诚的情景。画中跪拜在地上的孔武有力的天神，张皇失措、惶恐万状的神态表现出了天神从内在到外在的完全臣服的状态，所有的这些人物形象的刻画都有力地烘托出了襁褓中的婴儿是多么的超凡脱俗。吴道子的画与阎立本的画相比，在设色上要淡许多，在用线上，吴道子创立了宽容、轻重、快慢有致的兰叶描，这样的线条粗细变化很大，线条中间较粗，两端较细，在用笔上难度很大。

图 5-7 《送子天王图》（《美术鉴赏》湖南师范大学出版社）

　　张萱是唐朝著名的宫廷画师，以擅长画仕女和宫廷题材而著称。他的画作注重细节和人物形象的刻画，在表现贵族妇女的生活和情感方面非常出色。他的作品在唐代宫廷中备受赞誉,并影响了许多后来的画家。北宋《宣和画谱》中记载张萱画作47幅,其中确有30余幅为仕女画,这些画面的内容大多是记录当时身在后宫的宫廷贵妇的日常活动,比如"整装""鼓瑟""夜游""踏青"等,至今流传于世的只有《捣练图》和《虢国夫人游春图》(图5-8),且是宋代的摹本。该画作描绘了唐玄宗时期虢国夫人和她的随从们骑马游春的场景。画中人物神态各异,雍容华贵,反映出盛唐时期人们的精神风貌和生活方式。画面中只出现了骑马的人物,并没有相关背景的描绘,但是通过人物的衣着、动态都能够让观者感受到那份悠然与自在。在技法上,张萱运用了细腻的线条和柔和的色彩,表现出了人物和马匹的细节和质感。画面中的构图和色彩也富有层次感,使得整个画面更加生动和立体。这幅画作还反映了唐代社会的风俗习惯和审美观念。从画中可以看出,女性在当时的社会地位相对较高,也有一定的自由度。同时,画面中的自然元素和人文景观也展示了唐代社会的繁荣和开放。《虢国夫人游春图》是一幅具有历史价值和艺术价值的作品,它为我们了解唐代社会和文化提供了重要的参考。

图5-8 《虢国夫人游春图》(《美术鉴赏》湖南师范大学出版社)

周昉是唐代著名的画家,字仲朗、景玄,京兆(今陕西西安)人。他擅长画人物、佛像,尤其擅长画贵族妇女,其画作以端庄、丰肥、色彩柔丽为特点,受到当时宫廷士大夫的喜爱。周昉创造的最著名的佛教形象是"水月观音"。他的画作曾成为长期流行的标准,被称为"周家样"。传世作品有《簪花仕女图》卷、《挥扇仕女图》卷、《调琴啜茗图》卷等。周昉在中唐时期是继吴道子之后而起的重要人物画家,是当时著名的宗教画家兼人物画家。周昉的画作流传于世的有《簪花仕女图》(图5-9)《挥扇仕女图》等,也是以贵族女性的日常生活为主要表现对象,《簪花仕女图》中女性形象服饰华丽、妆容精致,她们或矗立、或凝思、或赏花,后宫嫔妃的形象跃然纸上。

工笔人物画尤其是工笔仕女画自唐代发展至顶峰,之后逐渐式微,原因是多方面的,主要是时代的变迁,后世再没有那种悠然华贵、富丽绚烂的时代审美趣味,后世的人物画设色比较清淡,较少用重彩去表现。

2. 工笔花鸟画

花鸟是中国绘画中很重要的题材之一,花鸟画所描

图5-9 《簪花仕女图》局部
(《美术鉴赏》湖南师范大学出版社)

绘的对象，不仅仅是花和鸟，此处"花鸟"泛指各种动植物，具体可分为花卉、果蔬、翎毛、草虫和畜兽等。中国花鸟画通常不单单是为了准确地描绘现实中的花鸟虫鱼，而是借此抒发画家的情感，间接反映社会生活。花鸟画中的描绘对象通常具有一定的象征意义，这些都体现了中国人特有的观察世界、表达情感的思维方式。花和鸟出现在绘画作品中具有悠久的历史。早在远古的新石器时代，在一些彩陶器皿上就出现了鱼、鸟、蛙等动物形象以及花草图案。之后花鸟画发展至唐代则已经形成了专门的画科。经五代至清代，花鸟画与山水画一样逐渐成为中国绘画的主流，这在世界其他国家的绘画发展中是很少见的。花鸟画与人物画、山水画相比，具有自己独特的艺术传统——写生。

五代后蜀时期的黄筌是一名宫廷画家，他擅长画花鸟，多描绘宫廷中的奇花异草、珍禽异兽，绘制时先用淡墨勾勒，再用重彩渲染。后人将他与江南的徐熙并称为"徐黄"，有"黄家富贵，徐熙野逸"之说。

黄筌的《写生珍禽图》是五代时期的著名花鸟画作品，现藏于北京故宫博物院。此图卷长为70.8厘米，宽为41.5厘米，用细密的线条和饱满的色彩描绘了大自然中的众多生灵，在画幅不大的素绢上画上了各类鸟雀、昆虫、龟类共24只。画面极其强调真实感的表达，重视形似和质感，龟壳的坚硬、蝉翼的透明、鸟雀的翎毛都表现得栩栩如生，极富质感。这也体现了花鸟画早期重视写生、重视真实表达的特点。画面左下角署有"付子居宝习"一行小字，说明这幅画是黄筌为其子黄居宝所做的习画稿本。

此画的特点在于其精细入微的笔法和生动的表现力。黄筌采用了工笔重彩的技法，线条细劲有力，设色艳丽，具有极高的写实能力。他通过细致入微的笔触，将动物们的羽毛、肌肤、骨骼等细节表现得淋漓尽致，栩栩如生。同时，他通过巧妙的构图和色彩搭配，使得画面层次分明，富有立体感。

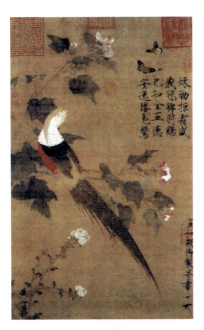

图5-10 《芙蓉锦鸡图》
（刘五华《中外美术简史》
北京师范大学出版社）

此外，这幅画还反映了黄筌对生活的仔细观察和深入理解。他通过对动物的神态、动作和习性的描绘，表现出了它们的生活习性和性格特征。例如，麻雀的活泼好动、鸠鸟的温文尔雅、乌龟的慢条斯理等，都表现得惟妙惟肖，妙趣横生。

黄筌的《写生珍禽图》不仅是一幅高水平的绘画作品，同时也反映了五代时期中国花鸟画的绘画技艺和审美观念。这幅画对后世的绘画艺术产生了深远的影响，被视为中国花鸟画的经典之作。

花鸟画虽重视写生，却并不是简单的客观模仿，而是以写生为基础，借物抒情、托物言志。宋朝是工笔花鸟画发展的顶峰，皇帝宋徽宗参与绘画创作并亲创瘦金体，让工笔花鸟画的整个艺术表现力更上一层楼。

《芙蓉锦鸡图》（图5-10）是宋徽宗赵佶的作品，现藏于北京故宫博物院。全图设色艳丽，此图以芙蓉、锦鸡、蝴蝶、丛菊为题材，画中芙蓉枝头微微下垂，枝上栖一五彩锦鸡，扭首与正面的彩蝶对视，栩栩如生。画中锦鸡、蝴蝶、芙蓉、菊花等形象都惟妙惟肖，栩栩如生，显示了极高的写生技巧。整个画面构图均衡稳定、宾主分明、舒密相间、鸟蝶相应，布局呈现出"S"形，将画面自然分割。画面设色艳丽，用笔精细，又以金丝勾出鸟羽等细微处，富有"皇家富贵"的气派。在画面上题诗，也是中国绘画的一种特有现象，诗书画印相映生辉。在技法上，赵佶注重线条的疏密有致和设色的明丽，使得画面既艳丽又不失高贵典雅。他运用精细的笔法，刻画出了锦鸡羽毛的细腻和蝴蝶轻盈的姿态，使得画面形象栩栩如生。此外，他运用巧妙的构图和色彩搭配，使得画面层次分明，富有立体感。

在寓意上，《芙蓉锦鸡图》具有多重的寓意。芙蓉在中国文化中象征着纯洁和高雅，锦鸡则象征着富贵和吉祥，蝴蝶则寓意着变化和自由。这些元素的组合，表达了对美好生活的向往和对吉祥的祈愿。

《芙蓉锦鸡图》是一幅具有极高的艺术价值和历史价值的绘画作品。它不仅反映了宋徽宗高超的绘画技艺和审美观念，也反映了宋代花鸟画的繁荣和发展。同时，它也是一幅寓意深远的绘画作品，表达了对美好生活和吉祥的追求和祈愿。

3. 工笔山水画

中国人认为万物有灵，很早的时候就开始了对山神水神的崇拜，但是表现这一崇拜对象的时候，人们还是选择了具象的神的形象，后来为了表现画面的丰富性，就在这些神的背后画上了山水的背景，这就是山水画最直接的起源，山水画是以自然风景为主要表现对象的中国画科。

展子虔是北齐至隋朝时期的一位大画家，擅长画山水人物画，更以传世之《游春图》而名标百代，成为晋唐间艺术传承之津梁、承前启后的艺术大师。展子虔擅长道释、人物、鞍马，尤长于宫殿台阁、山水画的创作。绘画技法承前人之余泽，在魏、晋、南北朝艺术成就的基础上加以创新，注重对自然的客观表现。"触物留情，备皆妙绝，尤善台阁人马，山川咫尺千里"是当时人对其绘画的评价。在绘画创作中注重对真山水的细致观察并赋之于笔墨，处理山水、人物等比例关系已达到了相当高的水平，对魏、晋以来的绘画理论进行了深入的实践，这一点在《游春图》上得到了很好的体现。隋唐之前，山水都是作为背景出现的，那时的山水画人大于山，水不容泛，还处在发展的早期。《游春图》（图5-11）的出现标志着独立山水画的出现。这幅《游春图》描绘了江南二月桃杏争艳时人们游春

图5-11 《游春图》（刘五华《中外美术简史》北京师范大学出版社）

的情景，是目前存世最久的山水画卷，也是展子虔唯一的传世之作。此图长为 80.5 厘米，宽为 43 厘米，现藏于北京故宫博物院。以绢本、青绿设色，图中展现了水天相接的情形，上有青山叠翠，湖水融融，也有士人策马山径或驻足湖边，还有美丽的仕女泛舟水上，熏风和煦，水面上微波粼粼，岸上桃杏绽开，绿草如茵。画家用青绿重着山水，用泥金描绘山脚，用赭石填染树干，遥摄全景，人物布局得当，开唐代金碧山水之先河，在早期的山水画中非常具有代表性。画面中的山峦树石全用细笔勾勒，不加皴擦；人物以细线勾描，纤如毫发，树叶虽多，却类似"介""个"字点画；树木虽多，树干形态却高度相似，体现出山水画早期那种稚拙的山水图式。

《千里江山图》（图 5-12）的作者是北宋画家王希孟。王希孟是一位名垂画史的艺术大师，他的生平充满了传奇色彩。他出生于一个书香门第，自幼酷爱书画，尤其擅长山水画。他的才华得到了当地名士的赞誉，被誉为"神童"。然而，他的命运却并不平坦。他的父亲因得罪权臣而被陷害致死，这使得王希孟的早年生活充满了艰辛。仅管如此，他也没有被困境击垮，反而更加坚定了自己对艺术的追求。

图 5-12 《千里江山图》（刘五华《中外美术简史》北京师范大学出版社）

在宋徽宗赵佶时期，王希孟进入了皇宫的画学，成为宫廷画师。他得到了宋徽宗的赏识，并亲自传授他笔墨技法。经过不懈地努力，王希孟的画技迅速提升，最终创作出了名垂千古的鸿篇杰作《千里江山图》卷。这幅画作以青绿山水为表现形式，展现了中国传统绘画的独特魅力。

《千里江山图》是王希孟 18 岁时的作品，也是其唯一的传世作品。纵高为 51.5 厘米，横长为 1191.5 厘米，为大青绿设色绢本，中国十大传世名画之一。这幅画以长卷形式，生动地表现了北宋时期江山的雄伟壮丽和浩渺辽阔。

这幅画在技法上具有很高的艺术价值。画家运用了传统青绿山水画的技法，但又有所创新。他以精细的笔法，描绘了山水、草木、建筑、人物等各种元素，将画面表现得栩栩如生，极具立体感。同时，画家在设色上也有独到之处，以石青、石绿为主色调，辅以赭石、朱砂等色彩，使画面层次分明，色彩丰富，展现出青山绿水的独特魅力。

这幅画在构图上也非常出色。画家采用高远、平远、深远的构图方式，将山峰、江河、楼阁、船只等元素有机地组合在一起，形成了一幅完整而和谐的画面。画面中的山峰起伏跌宕，江河纵横交错，楼阁亭台错落有致，人物舟车生动逼真，展现出画家精湛的构图技巧和丰富的想象力。

这幅画还具有深刻的文化内涵。它不仅表现了北宋时期社会的繁荣昌盛和人民的安居乐业，还反映了中国古代文人对自然和社会的深刻思考和认识。同时，它也体现了中国古代绘画艺术的独特魅力和卓越成就。

总的来说，《千里江山图》是一幅具有极高艺术价值和历史价值的绘画作品。它展现了宋代青绿山水画的独特风格和技巧，也展现了王希孟这位天才画家的卓越才华和创造力。这幅画不仅仅是一幅气势辽阔超凡的山水画，更是一幅反映宋代社会风貌和历史变迁的艺术珍品。

（二）写意画

写意画是与工笔画相对应的一种中国画表现方式。与工笔画不同，写意画注重笔墨情趣，注重画家情感的表达。宋元之后，文人参与绘事，对绘画的发展起到了积极的作用，主要体现在对写意的发展上。

1. 写意人物画

梁楷被称为大写意人物画的开山鼻祖，《泼墨仙人图》（图5-13）是其代表作，是现存最早的一幅泼墨写意人物画。梁楷独辟蹊径，开创了减笔大写意人物画的先河。画面上的仙人袒胸露怀，宽衣大肚，除了面部、胸部用细笔勾勒出神态外，其余部位都用阔笔横涂竖扫，用笔酣畅，墨色淋漓。在绘制人物的头部时画家使用了夸张的手法，有意将其额头部分夸大，额头占去了面部的一半还多，五官则挤压在一起，垂眉细眼，扁鼻撇嘴，诙谐滑稽，让人忍俊不禁。画面中几乎没有对人物做严谨工致的细节刻画，通体都以泼洒般的淋水墨抒写，那浑重而清秀、粗犷而含蓄的大片泼墨，可谓笔简神具、自然潇洒，绝妙地表现出仙人既洞察世事又难得糊涂的精神状态和性格特征。画上有题诗云："地行不识名和姓，大似高阳一酒徒，应是琼台仙宴罢，淋漓襟袖尚模糊。"据画史记载，梁楷为人不拘小节、放荡不羁、好酒高傲，在艺术上有自己的追求和见解，不肯人云亦云、随波逐流，因而有梁疯子之称。从他这幅作品上也能窥得一二，或者说这个"仙人"就是他自己。

图5-13 《泼墨仙人图》
（《美术鉴赏》湖南师范大学出版社）

2. 写意花鸟画

花鸟画在宋朝之前，更多地强调写生，抒情、言志的成分并不明显，宋元之后则更注重抒情言志的部分，尤其在明朝以徐渭为代表的大泼墨写意花鸟画兴起之后，中国花鸟画在造型上就不再拘泥于物象的形似。墨梅的创始和文学的发展有密切的关系。北宋时期，苏轼、林和靖等诗人热情地歌颂梅花的风骨，使人们对梅花产生了无限珍爱的感情，梅花成为盛极一时的绘画题材，人们对梅花的赞颂，也让梅花位列四君子及岁寒三友之一。

王冕是元朝著名画家、诗人，擅长画梅花、竹石。王冕传世的《墨梅图》不止一幅，本书选用的《墨梅图》（图5-14）画的是横出一枝梅花，枝干挺秀，穿插有致，枝干与花蕊的分布，主次分明、疏密得当。它以墨色为主，通过深浅、浓淡、干湿等不同层次的墨色表现梅花的质感和形态。整幅画作充满了淡雅、清新、高洁的氛围，展现出王冕独特的审美情趣。

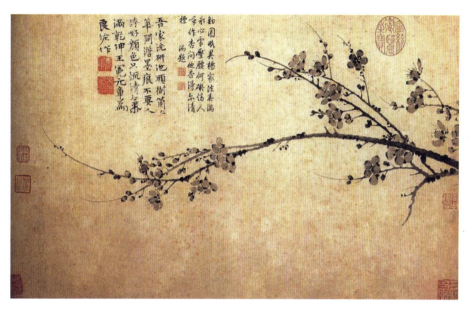

图5-14 《墨梅图》(《莫奈》江苏凤凰美术出版社)

从构图上来看，《墨梅图》的构图非常简洁，画面中只有一株梅树，没有其他任何多余的元素。这种简洁的构图使得画面更加集中，突出了梅树的主题。同时，画面中的梅树以斜线构图，形成了一种动感，使画面更加生动。

从笔墨上来看，王冕运用了丰富的笔墨技巧。他用笔有力，线条流畅，表现出梅树的枝干苍劲有力。在表现梅花时，他运用了浓淡相间的墨色，使得梅花看起来层次分明，形态各异。同时，他还运用了一些特殊的笔墨技巧，比如在表现梅花的花蕊时，他运用了浓墨点染的方式，使得花蕊看起来更加立体。

从画面的意境上来看，《墨梅图》充满了淡雅、清新、高洁的氛围。画面中的梅树虽然只有一株，但是它却能够表现出一种傲骨铮铮的气质。这种气质与王冕的个性相呼应，使得画面更加具有思想性和情感性。

王冕的《墨梅图》是一幅非常精美的画作，它以墨色为主，通过丰富的笔墨技巧和简洁的构图表现出了梅花的质感和形态。同时，它还充满了淡雅、清新、高洁的氛围，展现出王冕独特的审美情趣和思想情感。本画作有题画诗"吾家洗砚池头树，朵朵花开淡墨痕。不要人夸好颜色，只留清气满乾坤。"诗画相配，表达了画家淡泊名利的高尚情操。王冕笔下的墨梅对明代画风影响深远，特别是对徐渭的影响巨大。

徐渭是明代杰出的书画家、文学家，他完成了大写意花鸟画的变革。《墨葡萄图》

图 5-15 《墨葡萄图》（图片来自 360 网站）

（图 5-15）是徐渭的代表作之一，充分展现了他的水墨大写意风格和独特的艺术表现力。徐渭的《墨葡萄图》是中国绘画史上的经典之作，它以其独特的风格和深邃的内涵，成为中国文人画的代表之一。

从构图上来看，徐渭采用了斜向构图，使得画面显得更加生动、自然。画面中的葡萄藤错落有致，富有节奏感，给人一种动态的美感。而在画面的左侧，徐渭自题画诗"半生落魄已成翁，独立书斋啸晚风。笔底明珠无处卖，闲抛闲掷野藤中。"这是徐渭对自己一生的写照，表达了他怀才不遇的苦闷和放浪形骸的狂放个性。诗文占据了较大部分的空间，这种以诗配画的做法也是文人画的一种典型特征。

从笔墨上来看，徐渭的用笔极为洒脱、豪放，充满了个性化的特点。他用笔有力，线条流畅，表现出葡萄藤的柔韧和生命力。而在用墨上，他则采用了泼墨法，使得画面显得更加自然、生动。同时，他还在画面中运用了一些特殊的技巧，比如在表现葡萄时，他运用了浓墨点染的方式，使得葡萄看起来更加立体、富有质感。

从画面的内涵上来看，徐渭的《墨葡萄图》表现出了他内心深处的情感和思想。画面中的葡萄藤象征着生命的力量和坚韧的品质，而徐渭的自题诗则表现出了他对人生的感慨和思考。整幅画作表达了徐渭对人生和自然的深深敬仰和感慨，同时也展现出了他独特的个性和艺术风格。

总之，徐渭的《墨葡萄图》是一幅充满着生命力和思想内涵的画作。徐渭是第一个大量使用生纸作画的画家，以狂草入画，纵横恣意，把纸本水墨画的笔墨效果发挥到空前的高度。他以简洁的构图、个性化的笔墨和深邃的内涵表现出了内心深处的情感和思想。他纵横自如的运笔技巧、高度概括的造型意识、激越悲愤的情感表达，给中国写意画的发展立下了一座里程碑，给后世以无法估量的影响。同时，该画作也展现出了中国文人画的特点和魅力，成为中国绘画史上的经典之作。

3. 写意山水画

倪瓒，元代著名画家、诗人，他的作品具有强烈的个人特点，在构图、用笔方面都有其独到的表现。《渔庄秋霁图》（图 5-16）是倪瓒的代表画作，以其简洁的构图、淡雅的色彩和深远的意境，展现了倪瓒的个人品性和艺术追求。此图是纸本的水墨，纵长 96 厘米，横宽 46 厘米。

图 5-16 《渔庄秋霁图》（图片来自 360 网站）

从构图上来看，倪瓒采用了简洁的三段式构图，将画面分为远、中、近三景。远景是几片山峦，中景是开阔的湖面，近景则是坡石和树木。这种构图方式使得画面层次分明，同时也突出了倪瓒的个人风格。

从笔墨上来看，倪瓒的用笔简洁而有力，线条流畅而自然。他用淡墨勾勒出山石的轮廓，再用浓墨点出山石上的苔藓和树木的枝叶。这种用墨方式使得画面显得清新自然，同时也表现出倪瓒对自然景色的敏锐观察和深刻理解。

从意境上来看，倪瓒的《渔庄秋霁图》展现了一种深远而宁静的意境。画面中的景色是秋天的湖光山色，没有飞鸟、帆影和人物，只有空旷的湖面和寂静的山峦。这种空灵的境界传达了倪瓒对自然的热爱和敬畏，同时也表现出他对人生和世界的思考和感悟。

倪瓒的《渔庄秋霁图》是一幅具有鲜明个人风格和深刻内涵的文人画。它以简洁的构图、淡雅的色彩和深远的意境，展现了倪瓒的艺术追求和思想境界。同时，它也为中国传统绘画的发展做出了重要的贡献。

检测评价

一、填空题

1. 中国绘画的形式有很多，其中比较常见的有_____、_____、_____等。
2. 中国绘画按照题材，主要分为_____、_____、_____等。

二、单项选择题

1. 中国绘画史可以上溯到（　　）。
   A. 石器时代　　　B. 夏朝　　　C. 商朝　　　D. 周朝
2. 中国画常用的绘画工具和材料包括（　　）、（　　）、（　　）、（　　）等。
   A. 毛笔　　　B. 宣纸　　　C. 纺织品　　　D. 水墨

任务实施

请从时代背景、作品内容、艺术价值、作品影响等方面赏析中国画《五牛图》。

任务实施评价表

小组编号：　　　　　　　　　　任务序号：

项　目	评 价 依 据	优秀	良好	及格	继续努力
任务准备	是否认真阅读了材料案例，并按照教学内容作了细致梳理				
知识理解	从作者生平、作品设色、艺术价值、作品意境等方面赏析中国画《五牛图》				
分析讨论	鉴赏画作的成果				
合作学习	小组成员讨论是否积极主动、发言是否充分，观点补充是否完整				

任务二　西方绘画

情景导入

小刚作为一名艺术设计与制作专业的中职生平时非常喜欢画画，他通过观看《逃出大英博物馆》短视频萌生宣传中国绘画的想法后，制作了一期《中国绘画之美》的短视频，在校园里引起了轰动，此时的他又想到在大英博物馆里不仅仅有中国的文物，也有很多西方国家的文物，不如再做一期关于西方绘画的短视频，让更多的人对绘画这种艺术形式了解得更为全面，同时也让更多的人用开放包容的眼光看待世界。

同学们，上一个任务我们通过帮助小刚从中国画的形式、工具材料、历史发展和特点等出发对中国画的深入了解和研究，那么这一次我们是否能够通过这种形式再次帮助小刚去做点什么呢？

知识积累

一、西方绘画基础知识

（一）西方绘画简述

西方绘画，包括油画、水彩画、水粉画、版画、铅笔画等多种画种。传统的西方绘画注重写实，以透视和明暗方法表现物象的体积、质感和空间感，并要求表现物体在一定光源照射下所呈现的色彩效果。油画是西方绘画的主要画种之一，使用快干性的植物油调和颜料，在画布、纸板或者木板上进行制作。画面所附着的颜料有较强的硬度，当画面干燥后，能够长期保持光泽。油画是西方绘画史中的主体绘画方式，现在存世的西方绘画作品主要是油画作品。

西方绘画的分类可以从多个角度进行，以下是一些常见的分类方式。

根据绘画的内容，可以分为肖像画、静物画、风景画、历史画等。根据绘画的材料和媒介，可以分为油画、水彩画、素描、版画等。根据绘画技巧和风格，可以分为印象派绘画、现实主义绘画、浪漫主义绘画、超现实主义绘画等。

印象派绘画。印象派绘画是19世纪后期在法国产生的一种艺术思潮和流派，其特点在于重视对自然清新生动的感观，强调在绘画中把握瞬间印象，以色彩和光线的变化为主，表现自然景色的瞬息万变。印象派绘画的代表人物有莫奈、雷诺阿、德加等，他们的作品注重对光影变化的捕捉和表现，以明亮的色彩和柔和的笔触展现出自然的美。印象派绘画的出现不仅对传统绘画产生了巨大冲击，也影响了后来的现代艺术发展。他们注重在画布上捕捉光线和色彩的变化，以及不同颜色之间的相互作用。例如，莫奈的《睡莲》和凡·高的《星夜》（图5-17）。

项目五　绘画之美

图 5-17　《星夜》(图片来自 360 网站)

现实主义绘画。现实主义绘画是一种以真实表现生活为主要目标的美术风格,起源于 19 世纪的欧洲。它的特点是通过细腻的笔触和写实的技法,反映社会生活和人民的精神风貌,强调对生活的深入观察和体验。现实主义绘画的代表人物包括米勒、库尔贝等,他们的作品通常具有深刻的主题和鲜明的个性特征。在中国,现实主义绘画也有着广泛的影响,许多中国画家在表现手法和主题上都有现实主义的倾向。这种类型的绘画作品通常以非常写实的方式表现夕阳,注重细节和色彩的准确性。

浪漫主义绘画。浪漫主义绘画是 19 世纪初欧洲的一种艺术思潮,强调情感和想象力的自由表达,反对当时占主导地位的新古典主义绘画的规则和约束。浪漫主义绘画的代表人物包括籍里柯、德拉克洛瓦等,他们的作品通常具有强烈的感情色彩和激动人心的艺术魅力。浪漫主义绘画的主题常常是英雄主义和个人主义,强调对自然美的追求和对个人情感的表达。在技法上,浪漫主义绘画注重笔触的自由运用和色彩的强烈对比,以突出画面的情感和气氛。浪漫主义绘画对后来的艺术发展产生了深远的影响,成为艺术史上的重要一章。这种类型的绘画作品通常以富有激情和想象力的方式表现夕阳,强调情感和个人感受。例如,德拉克洛瓦的《自由引导人民》就是一幅以夕阳为背景的浪漫主义作品。

超现实主义绘画。超现实主义绘画是一种强调梦幻与现实统一的艺术风格,起源于 20 世纪初的法国。它的代表人物包括米罗、达利、恩斯特等,这些画家的作品通常具有神秘、恐怖、怪诞等特点,力图将生与死、梦境与现实统一起来。超现实主义绘画的技法常常是非理性的,通过超越时间和空间的永恒感来表现内在的真实。在中国,也有一些画家受到超现实主义的影响,创作出具有超现实主义特点的作品。这种类型的绘画作品通常以梦幻和超现实的方式表现夕阳,强调现实和想象之间的对比和交融。例如,达利的《记忆的永恒》就是一幅以夕阳为主题的超现实主义作品。

(二)西方绘画的特征

西方绘画的特点表现在形式法则、透视原理、色彩运用、强调描述和情感表达等方面,这些特点使得西方绘画具有独特的艺术魅力。

透视原理。西方绘画中透视原理是非常重要的一个方面。透视原理是指通过绘画作品中的人物、物体、场景等元素，来表现其空间关系和深度感。

形式法则。西方绘画强调形式法则，即构图、线条、颜色和光影等元素的组合和运用。这些形式元素可以被艺术家们巧妙地组合和运用，创造出独特的视觉效果。

色彩运用。西方绘画中的色彩运用非常丰富多样，包括色彩对比、色彩渐变、色彩混合等。西方绘画中常用的色彩包括红色、蓝色、黄色、绿色等。

强调描述。西方传统绘画强调描述，画家们通常会把有效地表现故事和传说，描绘具体的情节，以表达某种寓意或象征当作自己的任务。这种描述性在杨·凡·爱克的《阿尔诺芬尼夫妇像》上也得到了充分反映。

情感表达。西方传统绘画的另一个特点是情感表达。古典的趣味偏重理性，在形式上的特点尤其表现在重视素描而轻视色彩之上，反古典则热衷于情感，它不像古典主义那样追求庄严、静穆、单纯、和谐的古典意蕴，而是强调自由、放纵的精神和富丽、壮观的气势。

（三）西方绘画的材料和工具

西方绘画所使用的工具和材料主要包括笔、纸（布）、颜料、画刀等。这些工具和材料的选择和使用，对于西方绘画的表现形式和特点有着重要影响。

西方绘画的笔通常为平头笔，这种笔头的形状使得画家能够一笔下来就绘制出一个较大的色块。此外，西方绘画中还常常使用到画刀，画刀可以用来涂抹厚重的颜料或者进行刻画和塑造。

西方绘画所用的纸张或布料也是特定的，一般选择吸水性好、质地粗糙的纸张或布料，这样能够更好地吸附颜料并呈现出纹理效果。

西方绘画的颜料通常为油性颜料，如油画颜料、丙烯颜料等。这些颜料具有较好的遮盖力和持久性，可以呈现出丰富的色彩和层次感。

西方绘画所使用的工具和材料的特点是多样化的，它们能够为画家提供丰富的表现手段和可能性，从而创作出独特而精美的艺术作品。

（四）西方绘画发展历程

西方绘画的起源可以追溯到古希腊和罗马时期，这个时期的绘画主要是为了装饰建筑和雕塑，绘画技巧和材料相对简单。人类最早的绘画产生于旧石器时代晚期，这时期的艺术持续约有一万年之久，几乎所有的图画都集中在旧石器时代的最后五千年里，这些被绘制在原始洞窟岩壁上的最古老的图画，气势恢宏，栩栩如生，堪称自然主义杰作。法国拉斯科洞窟和西班牙阿尔塔米拉洞窟的壁画，是其杰出代表。中世纪时期的绘画主要是为了宗教目的，绘画成了一种宗教艺术的形式，主要描绘圣经故事和宗教场景。大约从14世纪到17世纪，绘画开始注重空间、透视、人体比例等要素，形成了独立的艺术形式。达·芬奇、米开朗琪罗和拉斐尔等艺术家在这一时期做出了重大贡献，他们推动了绘画技巧和表现力的创新，并称为"艺术三杰"。18世纪的西方绘画，洛可可风格兴盛一时。与此同时，写实主义也得到发展。洛可可特点包括华丽、纤巧、追求雅致、珍奇、轻艳、细腻的感官愉悦。19世纪时法国绘画在欧洲起着主导性作用。法国绘画的发展大致分为新古典主义、浪漫主义、写实主义、印象主义、新印象主义和后印象主义等阶段。

20世纪出现了众多现代主义的思潮,在艺术理论与观念上与传统绘画分道扬镳。现代主义强调主观情感的抒发,强调艺术的纯粹性及绘画语言自身的价值,他们排斥功利性,对描述性和再现性的因素也不以为意,他们认为最重要的是组织画面结构,表达内在情感,营造神秘梦境。主要有野兽主义、立体主义、表现主义、超现实主义、抽象表现主义、波谱艺术、新超现实主义等。西方绘画的发展历程是一个不断创新和变革的过程。各个时期的艺术家们都在探索新的表现方式和技巧,为后人留下了丰富的艺术遗产。

二、经典油画作品赏析

(一)人物画

达·芬奇(Leonardo da Vinci)是文艺复兴时期最杰出的艺术家和科学家之一,他的画作具有强烈的深度和空间感,他运用透视和明暗对比等手法,创造出逼真的三维效果。画作中的人物常常呈现出强烈的动态和生命力,他通过对肌肉、骨骼、皮肤的细致刻画,表现出人物的情感和内心世界。他非常注重光影效果的处理,通过细致的光影渲染,使画面呈现出一种神秘而优雅的氛围。达·芬奇的画作常常充满了各种细节,这些细节的处理不仅增加了画面的层次感和复杂性,同时也展现了达·芬奇卓越的观察力和表现力。展现了其卓越的绘画技巧和深厚的科学素养。他的作品在艺术和科学方面都具有非常重要的地位,对后世产生了深远的影响。

达·芬奇的代表画作包括《蒙娜丽莎》(图5-18)《最后的晚餐》《岩间圣母》等。这些画作在绘画技巧和表现手法上都具有很高的艺术价值,对后世的艺术发展产生了深远的影响。达·芬奇的《蒙娜丽莎》是一幅享有盛誉的肖像画作品,它成功地塑造了资本主义上升时期一位城市有产阶级妇女的形象。据记载,蒙娜丽莎原是佛罗伦萨一位皮货商的妻子,当时她年仅24岁。画面中的蒙娜丽莎呈现着微妙的笑容,眉宇间透出内心的欢愉。画家以高超的绘画技巧,表现了这位女性脸上掠过的微笑,特别是微翘的嘴角和舒展的笑肌,使蒙娜丽莎的笑容平静安详而又意味深长。

图5-18 《蒙娜丽莎》(图片来自360网站)

蒙娜丽莎的微笑之谜一直是人们津津乐道的话题,不同的观者或在不同的时间去看,感受似乎都不同。有时觉得她笑得舒畅温柔;有时又显得严肃;有时像是略含哀伤;有时甚至显出讥嘲和揶揄。这正是达·芬奇高超的绘画技巧所表现出的微妙表情,使人们无法确定蒙娜丽莎微笑的含义。

达·芬奇的《蒙娜丽莎》是一幅充满神秘和魅力的肖像画作品,它展现了画家高超的绘画技巧和独特的艺术风格。无论是从技巧、内容还是历史背景来看,这幅画都是西方绘画史上不可多得的珍品之一。

康定斯基（Kandinsky）是抽象艺术的先驱之一。其作品以抽象和富有动感的特质而著称。他通过颜色、线条和形状的自由组合，表达出一种内在的节奏和情感。他的作品往往超越了具象的描绘，直接触及观者的心灵。

除了他的绘画实践，康定斯基也是一位重要的美术理论家。他的著作《论艺术的精神》和《点、线、面》等，对抽象艺术的理论基础进行了深入的探讨和阐述。他的理论观点对后来的艺术家和设计师产生了深远的影响，其作品曾在多个国家和地区的博物馆和美术馆展出，并被广泛收藏。

《蓝骑士》是康定斯基创作中极具代表性的一幅作品，它不仅展示了康定斯基在色彩运用上的精湛技艺，同时也揭示了其深邃的内心世界和对现代社会的独到见解（图5-19）。

图5-19 《蓝骑士》（图片来自360网站）

画作的背景设定在一个广袤无垠的山地牧场，一个骑士身披蓝色的斗篷，跨骑在白马上，急速穿越这片宁静而神秘的场地。值得注意的是，这幅画作并没有过多地关注细节，骑士和马匹都只是色彩的组合，这种简化手法恰恰是康定斯基所追求的抽象艺术的特点。

蓝色的运用在这幅作品中尤为重要。骑士的斗篷、马匹以及草地上的阴影都是深蓝色，这种色调的选择不仅赋予了画面一种神秘和静谧的氛围，也反映了康定斯基对色彩的敏锐洞察和巧妙运用。此外，画面前方散乱的蓝色阴影，给观者留下了丰富的想象空间，它们可能是未画完整的树影，也可能是其他未知的元素。

这幅画作中骑士的身份和目的也成为人们热议的话题。有人认为骑士身上携带着一个孩子，也有人认为骑士本身还有一个深色的阴影。这些解读都为这幅画作增添了更多的神秘感和层次感。

与同时代的画家相比，康定斯基的作品并未停留在表面的细节描绘，而是渗入人的潜意识深处。他通过色彩和形状，探索了现代社会中人们内心的迷茫和无助。这种对现代社会的深刻反思，使他的作品具有了超越时代的意义。

《蓝骑士》是康定斯基创作生涯中的一座里程碑。它不仅展现了康定斯基在抽象艺术上的创新和突破，还呈现了他对现代社会的独到见解。这幅作品无疑为我们提供了一个深入了解康定斯基及其艺术理念的窗口，让我们更深入地感受到现代社会的复杂性和人性的深邃。

（二）风景画

霍贝玛（Hobbema）是一位荷兰的风景画家，他的作品以精细的细节和透视效果而著称，是荷兰黄金时代绘画的代表之一。霍贝玛的绘画风格深受荷兰传统风景画的影响，同时也吸收了意大利和法国的绘画技巧。他的作品多以乡村和森林为题材，通过细腻的笔触和光影效果，展现出一种宁静而优美的自然风光。他的作品在当时受到了广泛的赞誉和收藏，对后世的风景画发展也产生了深远的影响。

霍贝玛的《林间小道》是一幅充满诗意和乡土气息的风景画，以其独特的视角和表现手法，成为荷兰风景画中的名作（图5-20）。

图5-20 《林间小道》（图片来自360网站）

画面展现了一条乡间的小路，它蜿蜒穿越郁郁葱葱的树林，深邃而神秘。整幅画面充满了自然的生机与宁静的美感。值得注意的是，画面中的树木并非以写实手法描绘，而是以简洁的线条勾勒出其轮廓，这种抽象的表现手法使得画面更具艺术感。

这幅画的构图十分巧妙。画面中的道路由近及远，逐渐消失在视线的尽头，这种透视感给人一种深远的感觉。同时，画面中的树木和草丛也以渐变的方式从近至远排列，使得整个画面层次分明，立体感十足。

除了画面构图，色彩的运用也是这幅画的一大亮点。霍贝玛运用丰富的色调，描绘出大自然的美丽与宁静。画面中的天空是明亮的蓝色，与树林的绿色形成鲜明对比，增强了画面的视觉效果。同时，地面上的泥土和草丛也以暖色调呈现，给人一种温馨而亲切的感觉。

这幅画所表现的主题也值得深思。在17世纪的荷兰，随着经济的繁荣和社会的安定，人们对大自然的向往和对乡间生活的憧憬愈发强烈。霍贝玛敏锐地捕捉到了这一社会现象，并通过《林间小道》这幅作品表现出来。这幅画不仅展示了荷兰乡村的美丽风光，也反映了人们对美好生活的向往和追求。

此外，这幅画在美术技法上也有很高的价值。由于成功地表现了焦点透视的技法，这幅画在美术教学上一直被用作古典的示范作品。这种技法使得画面具有强烈的空间感，使观者仿佛置身于画中的乡间小路，感受大自然的美丽与宁静。

《林间小道》以其独特的构图、色彩和主题，展现了荷兰乡村的美丽风光和人们对美好生活的向往。这幅画的价值不仅在于其艺术表现，更在于它所反映的社会现象和人们对自然与生活的态度。

克劳德·莫奈（Claude Monet）是法国画家，被誉为"印象派领导者"，是印象派代表人物和创始人之一。莫奈擅长光与影的实验与表现技法。他改变了阴影和轮廓线的画法，使得在莫奈的画作中看不到非常明确的阴影，也看不到突显或平涂式的轮廓线。光和影的色彩描绘是莫奈绘画的最大特色。

莫奈的《睡莲》系列油画作品是印象派画作的代表之作，也是艺术史上最著名的系列画作之一。这组作品以其独特的风格和卓越的艺术技巧，展现了莫奈对自然和光影的深刻理解（图5-21）。

图 5-21 《睡莲》（图片来自 360 网站）

这组作品创作于莫奈的晚年，是在他长期居住的自家庭院中完成的。画中的池塘、睡莲以及倒影，都是他生活的一部分，也是他创作灵感的源泉。莫奈通过这组作品，将池塘的色彩、光线和纹理表现得淋漓尽致，展现了他对自然景观的敏锐观察和深刻理解。

在《睡莲》系列中，莫奈运用了丰富的色彩和细腻的笔触，将池塘中的睡莲和水面上的倒影表现得栩栩如生。他通过色彩的渐变和光影的交织，营造出一种梦幻般的效果，仿佛将观者带入了一个宁静而又神秘的境界。

此外，莫奈在《睡莲》系列中运用了大量的短笔触，这些笔触既表现了睡莲的纹理和质感，又展现了水面的波纹和光影的变化。这种笔触的运用，使得画面更加生动和自然，也更加富有表现力。

此作品的构图也极具特色。莫奈以池塘为中心，将画面分为近、中、远三个层次，通过色彩和光影的变化，营造出一种空间感。这种构图方式使得画面更加立体和层次分明，也更加具有视觉冲击力。

莫奈的《睡莲》系列油画作品是充满诗意和美感的画作。我们可以看到莫奈对自然和光影的深刻理解以及对艺术的独特见解。这幅画作不仅展现了莫奈卓越的艺术技巧和才华，也为我们提供了一个了解和欣赏印象派画作的绝佳范例。

（三）静物画

保罗·塞尚（Paul Cézanne）是法国著名画家，被尊为"现代艺术之父"，是后印象派的杰出代表之一。他以其对物体体积感的独特追求和表现，以及重视色彩视觉真实性的画法，对后来的立体派及现代艺术产生了深远的影响。他早期以写实手法描绘难度较高的真实情景，而晚年的画风有所改变，作品温和、光明并富含古典主义庄严气息。

塞尚非常认真地寻求每个物体的体积和面的结构，色彩严谨，笔触浑厚浓重。他通过白色桌布与鲜艳水果的强烈对比，反衬出冷暖的色彩对比。圆形、半圆形、方形和棱形相互衬托，弧线、竖线、斜线互为交错，这些色和线的交响构成了统一和谐的布局。

图 5-22 《水果盘、酒杯和苹果》
（图片来自 360 网站）

塞尚的《水果盘、酒杯和苹果》（图 5-22）是 19 世纪末的一幅经典静物油画，以其独特的画风和深刻的内涵，成为艺术史上的杰作。通过对这幅作品的赏析，我们可以深入了解塞尚的创作理念和艺术风格。

这幅画作展现了塞尚对细节的精湛刻画。画面中的水果和酒杯都被赋予了极高的真实感，每一个细节都经过精心描绘。这种对细节的关注，使得画面中的每一个元素都栩栩如生，仿佛触手可及。

塞尚在画面中运用了强烈的色彩对比。鲜艳的红色、黄色和绿色与深色的背景形成鲜明的对比，增强了画面的视觉冲击力。这种色彩运用手法，不仅使得画面更加生动，也凸显了塞尚对色彩的独特理解。

这幅画作还展现了塞尚对画面结构的深刻思考。画面中的水果和酒杯以巧妙的排列方式组合在一起，形成了一个稳定的构图。这种构图方式使得画面既有动态感，又不失平衡感，充分展现了塞尚对画面的掌控力，体现了塞尚对自然和现实的独特见解。他通过静物画的形式，表达了自己对世界的理解和对美的追求。他强调画面的真实感和稳定性，同时也追求画面的情感表达和内在精神。这种追求使得他的作品既有深厚的内涵，又有强烈的艺术感染力。

塞尚的《水果盘、酒杯和苹果》是一幅充满生命力和艺术感染力的画作。通过对这幅作品的赏析，我们可以深入了解塞尚的艺术理念和创作风格，以及他对自然和现实的独特见解。

蒙德里安（Piet Mondrian）是几何抽象画派的先驱，他以几何图形为绘画的基本元素，认为艺术应根本脱离自然的外在形式，以表现抽象精神为目的，追求人与神统一的绝对境界，他通过对画面巧妙地分割与组合，使其抽象成为一个有节奏、有动感的画面，从而实现了他的几何抽象原则。

蒙德里安的油画作品《红、黄、蓝的构成》是他的代表作之一，也是几何抽象画派的杰出代表（图 5-23）。该作品创作于 1930 年，以几何图形为基本元素，通过红、黄、蓝三种颜色的运用，展现了蒙德里安对色彩和形式的独特思考。

首先，从色彩的角度来看，蒙德里安在这幅作品中运用了红、黄、蓝三种颜色，每种颜色都有其独特的象征意义。红色代表生命、热情和激情；黄色代表阳光、希望和乐观；蓝色代表和平、宁静和沉思。这三种颜色通过几何图形的组合和搭配，形成了一种简洁而有力的视觉效果，给人留下深刻的印象。

图 5-23 《红、黄、蓝的构成》(图片来自 360 网站)

其次，从形式的角度来看，蒙德里安在这幅作品中运用了简单的几何图形。通过这些几何图形的组合和搭配，蒙德里安创造了一种独特的视觉语言，这种语言简洁有力，能够直接传达他的思想和感情。这种视觉语言不仅具有美学价值，还具有哲学意义，它提醒人们去关注事物的本质，去寻找真正重要的东西。

蒙德里安的创作理念也值得我们关注。他认为，真正的艺术应该超越个人的情感和主观意识，去表现普遍的、客观的存在。因此，他的作品往往是抽象的，通过简化提炼到极致的几何图形和原色，他试图创造出一种能够表达世界本质的艺术形式。这种追求不仅体现在他的艺术创作中，也贯穿了他的一生。

蒙德里安的油画作品《红、黄、蓝的构成》是一幅具有深刻内涵和美学价值的杰作。它提醒我们要关注事物的本质，去寻找真正重要的东西，同时也展现了蒙德里安对色彩和形式的独特思考和追求。

检测评价

一、填空题

1. 西方绘画的形式有很多，其中比较常见的有_____、_____、_____、_____、_____等。
2. 西方绘画的材料和工具，主要分为_____、_____、_____、_____等。

二、简答题

简述西方绘画的特征。

任务实施

请从作者生平、作品设色、艺术价值、作品意境等方面赏析俄罗斯画家列宾的油画作品《伏尔加河的纤夫》。

项目五　绘画之美

任务实施评价表

小组编号：　　　　　　　　　　　任务序号：

项　目	评　价　依　据	优秀	良好	及格	继续努力
任务准备	是否认真阅读了材料案例，并按照教学内容作了细致梳理				
知识理解	从作者简介、作品设色、艺术价值、作品意境等方面赏析油画作品《伏尔加河的纤夫》				
分析讨论	鉴赏画作的成果				
合作学习	小组成员讨论是否积极主动、发言是否充分，观点补充是否完整				

要点梳理

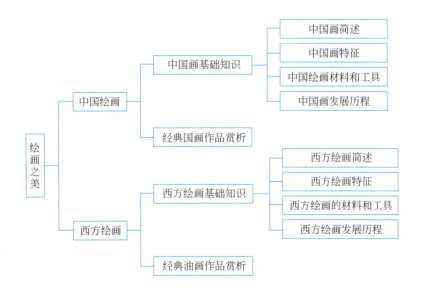

小结检测

绘画作为美术的最主要艺术形式，其有什么主要特点？

绘画名家绘画小故事

古代绘画名家有很多故事，都能展现他们才华横溢、刻苦努力的精神面貌。这些故事不仅在当时广为流传，而且对后世的艺术家和爱好者产生了深远的影响。

唐伯虎的故事：唐伯虎是中国明朝时期的一位著名画家，他曾拜当时有名的画家沈周为师，因天资聪慧，画艺进步神速，沈周非常欣赏他，多次夸赞他的才华。然而唐伯虎却因此而自鸣得意，不再虚心学画。有一次，沈周与唐伯虎一起吃饭，让唐伯虎去关一下屋中的窗户。唐伯虎伸手去关，才发现这竟是沈周老师的一幅画！他大为惊叹，顿时感到惭愧无比，自此摒弃浮躁，勤奋学画。唐伯虎的画生动逼真，出神入化。有传说称，曾有一位书生拿着唐伯虎画的《对虾图》过桥，一不小心将画掉到水中，画上的对虾居然爬了出来，又落到水里。另有一户人家墙壁上挂着唐伯虎画的一幅《竹枝图》，竹枝上趴着一只纺织娘（一种植食性昆虫）。到了晚上，家里人听见虫鸣的声音，找了半天才发现是画上的纺织娘在叫。

张大千的故事：张大千是20世纪中国著名的画家之一，他的绘画风格独具特色，深受人们喜爱。他曾创作了大量的山水、花鸟、人物画，并多次在国内外举办展览，获得广泛赞誉。张大千的绘画故事有很多，其中最有名的莫过于他与徐悲鸿的交往。徐悲鸿是20世纪中国著名的画家之一，他的绘画风格以写实为主，注重光影效果和细节表现。他曾多次邀请张大千与他一起创作，两人因此结下了深厚的友谊。有一次，徐悲鸿请张大千到家中作客，并请他为自己画一幅画。张大千画了一幅《荷花图》，画面上是一朵盛开的荷花，花瓣洁白如玉，给人以清新脱俗的感觉。徐悲鸿看了非常满意，当场表示要买下这幅画。然而，张大千却说："徐先生，我很感谢您的赞赏，但这幅画我不想卖，而是要送给您。"徐悲鸿听了非常感动，从此两人成为更加亲密的朋友。张大千还曾创作过一幅名为《乔木高士》的画作。这幅画以高大的乔木为背景，描绘了一位高士在树下抚琴的场景。画面上高士的神态悠然自得，与乔木、琴声融为一体，给人以清雅脱俗的感觉。这幅画也成为张大千的代表作之一，深受人们喜爱。这些故事反映了张大千的绘画风格和人格魅力，也展现了他与友人的深厚友谊。

项目六
舞 蹈 之 美

 学习导语

舞蹈是一种人体艺术，具有愉悦身心的双重美育功能。对于中职学生来说，舞蹈美育可以增强他们对美好事物的感知力、鉴赏力和创作力。通过身体形态的美学练习，实现精神和身体的和谐统一，并在遵循美丽规则的过程中得到内心的净化，进而塑造出优美的身姿和举止。本文将学习舞蹈之美的五大任务，我们用全新的舞蹈分类方法，把舞蹈鉴赏美理论与舞蹈学理论融为一体，这对于舞蹈表演、赏析、创作都有一定学习价值。

我们会学习到不同风格的舞蹈、分析中外经典舞蹈作品，结合中职学生专业特点，培养学生自身的艺术修养和综合素质。在学习过程中学生可以感受舞蹈作品的精神内涵，以"情感带动舞感"，领悟艺术的魅力，提升学生舞蹈的想象力和创造力。

 学习目标

➢ 初步理解舞蹈的基本含义、舞蹈起源、舞蹈分类等。
➢ 准确识别各民族民间舞蹈的风格特点，以及具有标志性的舞蹈动作。
➢ 增强职业信念，用艺术美充盈精神的内涵，对其他领域也有很大益处。

任务一　舞　蹈　认　知

 情景导入

学校组织学生观摩了一节舞蹈课，观看时学生们目不转睛，似乎陶醉在舞蹈肢体美、姿态美、表情美中。舞蹈演员的一颦一笑、一动一静，就像高山流水一般丝滑流畅，似乎每个肢体动作都传递着肢体语言，每个肢体语言都有特定的舞蹈语汇。观看后学生们感叹，舞蹈如此唯美。

请根据情境导入思考舞蹈之美的原因，以及舞蹈的基本要素是什么。

知识积累

一、舞蹈的含义

舞蹈是一种艺术形式,它通过连续的身体动作、简洁的表情和不断变化的队列图像在特定的时空,结合音乐和舞台美术(包括服装、背景、灯光、道具)来展示角色的内心世界。

作为一种情感传达手段,舞蹈能生动描绘人们的内心世界与思维方式,区别于日常生活中的情绪反应,也不仅限于面部的微妙变化,而是更依赖于肢体的姿势和节拍的力量来展现。舞蹈的三种基本元素包括身体姿势、节奏感和情感。这三种因素相互融合并产生影响,共同构成了舞蹈艺术独有的呈现模式。尽管任何一项都无法缺少,但它们在各种舞种中的重要程度各异。舞蹈是一门以时间空间为基础的表演艺术,拥有特定的人体运动能力,可以深入反映人类的情感和人文精神,最大程度上彰显了它的艺术价值。

二、舞蹈的起源

舞蹈是人类古老的艺术形式之一,充当着人们交流思想和感情的工具。随着人类生产劳动而产生的,动作和节奏与劳动是紧密联系的,不管是哪一种劳动,人的手脚都要活动,手用来拍打,脚用来踩踏,在某种动作连续重复过程中,就产生有规律的节奏,再伴以呼喊或打击石块和木棍的声音,最原始的舞蹈就出现了。在人类原始部落里,舞蹈具有社会性,在组织散漫和生活不安定的状况下,需要有一种社会感应力使人们团结在一起,舞蹈就是产生这种感应力的重要手段。不论是狩猎还是战争,都是整个部落一起行动,所以原始舞蹈是集体性的。部落产生共同标志就出现了图腾,图腾作为部落区别的标志,同时也是一种最原始的宗教信仰,每逢祷告或庆贺,人们都会对着图腾跳舞,即图腾舞蹈。

中华民族古老的乐舞文化,是在各族乐舞文化不断地交流融合中形成的。这种交流在夏代就已经有了。《竹书纪年》中记载:"少康即位,方夷来宾,献其乐舞""后发即位,元年,再保庸会于上池,诸夷入舞"。

六代舞是周代整理后的宫廷乐舞,也是各族乐舞的集中体现和交流融合。随着西域文化的东传,秦汉之际,汉初宫中便已有《于阗乐》。以《于阗乐》《龟兹乐》为代表的西域音乐也"西风东渐"传入宫廷。当时汉宫就收入了《于阗乐》作为宫廷乐曲。据载,汉高祖常在未央宫以管弦歌舞为乐。

汉武帝派张骞通西域,传入《摩诃兜勒》之曲,协律都尉李延年因胡乐更造新声二十八解。在接受外来乐舞影响下,加以创造发展。班固《东都赋》描写了汉代四夷乐舞齐聚洛阳的盛况,包括东夷的《矛舞》、西南夷的《羽舞》、西夷的《戟舞》和北夷的《干舞》。东汉灵帝好胡乐胡舞,京都贵戚皆相效尤。在汉画像石上有胡人表演杂技、幻术和鼓舞的形象。

汉代的《盘鼓舞》将中原的优美典雅与西域的热烈奔放相互融合,形成了汉代舞蹈的审美特征。这个舞蹈在六朝时期就已湮没无闻,直到现代才在安徽、陕西的民间发现其流传。

中原和西域乐舞交流的另一成果,产生于北朝的征战时代。西晋时期,关中人士纷纷避难凉州,带去了汉魏传统乐舞。西域的《龟兹乐》与中原的旧乐融合,产生了新型乐舞

《西凉乐》。甘肃敦煌是西凉国都，敦煌石窟壁画记录了《西凉乐舞》的韵律与神采。

自南北朝以来，北方最重视胡舞。隋朝大业年间的九部伎中，西域乐部占有六部。到了唐朝贞观十六年，十部伎中又增《高昌乐》。盛唐的《胡腾舞》和《胡旋舞》更是风靡一时。宋代的《柘枝舞》与中原的大曲歌舞形式相融合，改变了胡舞的原貌，发展成一种新的民族舞蹈形式。《柘枝舞》是继汉代《盘鼓舞》、北朝《西凉乐》之后的中西乐舞结合的典型艺术，丰富了中国传统舞蹈的宝库。

三、舞蹈的特点

（一）动态性

舞蹈艺术最基本的特性之一是动态性。动态性是指舞蹈以人体的躯干和四肢做主要工具，并通过各种动作姿态和造型来形象地反映客观事物和人物的精神世界、塑造舞蹈形象。这种人体有节律的动作，并不是一般的动作堆砌和罗列，而是作为一种形象化的舞蹈语言呈现在人们的眼前。舞蹈创作者的形象思维和艺术构思，主要是通过这些动态性的语言来得到充分体现，艺术家们利用这类运动元素去实现他们的想象力和创意，进而产生清晰且活力的舞蹈图像。所以有些人将其称为"动感之艺"。

（二）强烈的抒情性

人类的身体运动能够传达最为激动的情绪，并展现了深厚的情感内涵。中国近代杰出学者闻一多曾言："舞蹈是最直接、最具冲击力、最纯粹且充实的生命精神表述方式。"通过对古老文物与历史纪录的研究，我们可以了解到，早期人类的舞蹈形态及风格主要用于释放内心的热情，展示生活的无尽能量。这一特性完美地诠释了舞蹈所具有的高度抒情特质。

（三）虚拟、象征性

舞蹈与其他表演艺术的不同在于虚拟和象征性手法。中国古典舞蹈中的动作如骑马、划船、坐轿、刺绣、扬鞭等都体现着舞蹈的虚拟性和象征性。实际上舞蹈中的马、船、轿、针等都是虚拟的，只是用一根马鞭、一支船桨等作象征性的示意，但这种假设性的舞蹈动作却被观众承认和接受。在环境的表现上，既无山的模型，又无河的布景，但是双手示意攀登，向高抬腿示意爬山，人们就知道这是在上山；从一连串的大跳、旋转和翻滚等表现战斗的动作，观众就能知道这是硝烟弥漫的战场。

（四）造型性

舞蹈并非对现实生活的模仿，而是一种根据舞蹈艺术法则来提取、优化并修饰的舞蹈元素的基础单位。通过这些舞蹈动作构成的舞蹈系列或舞蹈表达方式会在人们眼中迅速消散，若无法为观众留有深刻记忆，就无法展现舞蹈艺术的力量与作用。舞蹈的美感在于使其动作能在持续运动过程中产生清晰的美感体验，并在短暂的暂停和静止状态下揭示出舞蹈深层意义及风味。

四、舞蹈的分类

（一）舞蹈类别

1. 生活舞蹈

人们通过生活舞蹈满足生活需求，其中包括习俗舞蹈、宗教舞蹈、祭祀舞蹈、社交舞蹈、自娱舞蹈以及体育舞蹈等各类舞蹈活动。

我国的许多民族会在婚嫁事宜、丧葬仪式、农作物栽培收获等方面的庆典和其他节日活动中进行各种形式的大众舞蹈，这种舞蹈被称为习俗舞蹈。

宗教和祭祀的舞蹈是用来进行宗教和祭祀活动的一种表演形式。在宗教舞蹈中，人们祈求神明的保佑、消除灾难、化解凶险、求得人畜兴旺和丰收，或者是以舞蹈来感谢神明的恩赐；而祭祀舞蹈则是一种礼仪性的舞蹈形式，用于祭奠祖先。

社交舞蹈是一种用于人们进行社交互动、加深友谊和联系情感的舞蹈形式。例如，各类社交舞；以及在各类节日期间，许多少数民族所展示的大众舞蹈。

自娱舞蹈是一种以满足个人快乐为主要目标的舞蹈形式，通过这种方式，人们能够释放和表达内心深处的情感，从而得到审美上的完全满足。

结合了舞蹈与运动的新颖形式——体育舞蹈，通过艺术性的方式来提升身体健康水平，并促进身心的全方位发展。例如，各类健身舞、节奏感强烈的韵律操、适合中年人的迪斯科、冰场上的舞蹈表演、水中舞蹈秀以及街头风格的舞蹈等。我们从古代文物和历史资料中得知，原始人的舞蹈状态和形式，主要是抒发他们的内心激情，表现生命的无限活力。舞蹈的这种特点，充分体现出它的强烈抒情性。

2. 艺术舞蹈

艺术家们通过从生活和社会中汲取灵感并加以提炼与总结后形成独特的创意构思，进而塑造富有深刻内涵且完整的视觉表现力及典型人物角色，最终呈现在观众面前的是一幕精彩纷呈而又引人入胜的作品，即我们所说的"艺体之作"，它包括了诸如民俗文化中的传统歌舞剧；经典戏剧里的华丽演出等各种类型的文艺活动。

民间舞蹈是一种源于民众并在民间广为流传的独特表演形式，它揭示了各个地域和族群所具有的劳动、习俗以及爱情等元素。

古代民族舞蹈经过世代专业舞者的提炼、整理和改进，在长期的艺术实践中被验证并传承下来，因此被视为具备典范意义和独具古典风格特点的舞蹈。

现代舞蹈是19世纪末20世纪初在欧美兴起的一种舞蹈类型，倡导超越古典芭蕾僵化的动作规范，以自然运动法则为基础的舞蹈动作来表达人类真实情感，并强调通过舞蹈艺术反映现代社会生活的重要性。

为了呈现当代社会的生活，塑造出现代人物的形象，现代舞蹈家们根据实际情况进行创作，并有选择地吸纳、融合和运用各种舞蹈的表演方式和技巧，从而产生了具备独特新风格的舞蹈。

"Ballet"这个词源于法语，代表着一种表演艺术——即所谓的"跳舞"或者"跳跃"。这种由多种因素构成的混合型演出被称为"芭蕾"，包括了各种欧洲古代舞蹈风格，如舞蹈技巧、无声的手势、脸部表情、戏剧化的服饰、配乐、剧本内容、舞台照明及背景设计等。

（二）舞蹈表演形式

独舞。一个人独白完成的主题性舞蹈，通常用于直接表达角色的情感和揭示角色的心理世界。

两人舞。指一种主题的舞蹈，由两个人共同完成。这种方式通常用于直接表达角色之间的思想和情感交流，以及展示角色之间的关系。

三人舞。一种由三个人共同完成的主题舞蹈。根据其表现形式，可以分为单一情绪的展示和特定情节的呈现，还有人物间的戏剧冲突等三类不同的类型。

大型团体舞。通常被定义为任何超过四个人的舞蹈形式。这类作品往往旨在传达一种普遍的心绪或者描绘集体的肖像。借助不断变换的舞蹈阵型、画面及各种动态元素（如不同的节奏、力量与幅度），可以构建富有深度且引人入胜的诗歌氛围，从而增强其艺术吸引力。

歌舞。一种将歌唱和舞蹈融为一体的艺术表演方式。其特色在于既擅长抒发情感，又能够讲述故事，能够展现人物的思想情绪和生活的广泛内容。

舞剧。一种以舞蹈为主的艺术展示方式，结合音乐、舞美、服装、布景、灯光和道具等元素，呈现特定戏剧主题的舞蹈作品。

检测评价

选择题

1. 舞蹈指在一定的空间时间内，通过连续的（　　　）过程、凝练的姿态表情和不断流动变化的队形画面，结合音乐、舞台美术等诠释角色的内在心态，反映社会现实生活的一种艺术。（单选）
   A. 人体艺术　　　B. 抽象艺术　　　C. 形象艺术　　　D. 行为艺术
2. 舞蹈的类别包括（　　　）。（多选）
   A. 生活舞蹈　　　B. 艺术舞蹈　　　C. 原始舞蹈　　　D. 现代舞蹈
3. 舞蹈的三要素是动作姿态、（　　　）、感情。（单选）
   A. 鼓点　　　　　B. 节拍　　　　　C. 旋律　　　　　D. 声音
4. 舞蹈表现有独舞、双人舞和（　　　）的形式。（多选）
   A. 三人舞　　　　B. 大型团体舞　　C. 歌舞　　　　　D. 舞剧

任务实施

【任务 1】舞蹈的含义

一名中职生选择了一门学前教育专业，因为专业课中有舞蹈，这名男生很羞涩，不敢走进舞蹈教室，他认为舞蹈是女孩接触的，一个男子汉怎么能去跳舞呢，他很迷茫，也很疑惑。

问题：如何向这个男生介绍并说明舞蹈艺术不分男女，不分老少。

【任务 2】舞蹈审美教育

中职学校组织学生观看舞剧，老师要求同学们着装大方、端庄。当天老师着装礼服，非常优雅地走进舞剧大厅,同学们看到都很惊讶,有一名学生问:"我们又不是演员,有必要穿正装吗?"

问题:如何引导学生了解场合礼仪以及高雅艺术的审美教育。

任务实施评价表

小组编号:　　　　　　　　　　　任务序号:

项　目	评　价　依　据	优秀	良好	及格	继续努力
任务准备	认真阅读舞蹈起源、特点、分类,并按照教学内容作了细致梳理				
知识理解	对舞蹈特点的理解,能够梳理知识脉络				
分析讨论	对情景导入的问题,学生观点是否鲜明、准确				
合作学习	小组成员讨论是否积极主动、发言是否充分、观点补充是否完整				

任务二　中国古典舞蹈

 情景导入

现在的高中生学习压力很大,每天背着沉甸甸的书包,后背逐渐有驼背的迹象,再加上学习姿势不端正,长期一个姿势看书、写作业,早已没有青春活力的姿态。

请思索如何塑造出具有活力的身姿和优雅的行为。

 知识积累

中国古典舞是我国舞蹈艺术的一种,它是在民族传统舞蹈的基础上经过专门人士的改良与创新,并经过长久的艺术实践验证而传承下来的一种具有特色和典范意义的古典舞蹈。

一、中国古典舞的起源

古典舞是一种古老的舞蹈形式,它以民间文化为基础。舞者经过提炼和整理这一传统舞蹈,并进行了长期的艺术实践,形成了具有典范价值和古典风格特征的表演形式。我国古典舞的创作起源于20世纪50年代,最初被称为戏曲舞蹈,古典舞处于戏曲和舞蹈之间的交汇点。它脱离了戏曲而独立存在,因此也被称为戏曲舞蹈。

舞蹈之美重难点讲解

二、中国古典舞的发展

中国古典舞的起源可追溯到古代的宫廷舞蹈,是中国传统文化的重要组成部分。中国古典舞巧妙地融合了地方的民间舞蹈元素,并逐渐形成独特的风格。中国古典舞以它独特的风格、优美的姿态、高度的技术技巧,赢得了大众的喜爱和赞誉。

我们将各种类型的民间及宗教舞蹈进行了总结和融合,以此为基础构建了皇家舞蹈体系。中国的传统舞蹈一直以来都是古代帝王们的休闲方式之一,这种舞蹈主要用于满足他们的个人喜好,因此它具有一定程度上的负面影响和民众特性。然而,到宋代时,中国传统的舞蹈已经展现出明显的戏剧风格,他们会在舞蹈中融入角色特质和生活元素,适当地添加一些生活动作,这能使舞蹈更为生动且富有表现力。

三、中国古典舞风格特色

古典舞在中国有着极其高的审美价值和强烈的艺术感染力,这使得它能大量吸引公众观赏。在演出过程中,主要通过舞者的身体动作来呈现身法与节奏之美,使之完美结合并成为古典舞的主流风格特点。借助身法和节奏可以彰显中华民族独特的舞蹈美学价值,其中身法代表着舞蹈的外部激发领域,而韵律则为舞蹈艺术的核心部分。神韵的形式千变万化,如今中国的古典舞已彻底脱离了戏剧对舞蹈的束缚,身韵的产生使古典舞成为一门独立的舞种艺术中的关键表达手法。

中国古典舞的基础动作包括沉、提、冲、靠、含、腆和移,通过练习这些动作可以增强气息与身体语言的协调性和连贯性,使动作变得柔顺、流畅,没有生硬的感觉,从而使表达的情感更加充实和感染人。

中国古典舞的基本舞蹈动作可以分为两类:一是圆场步,其中一步是通过脚跟向上到另一只脚的前端,然后勾住脚,按照脚底外缘顺序从脚跟向脚掌施加压力,与此同时,另外一只脚也须提起脚跟再继续前行,如此循环反复;二是花梆步或称为碎步,它是一种使用半足掌支撑地面,保持半足尖站立的状态,并在双腿之间迅速切换的方式,同时提升中心位置。执行步骤首先需要采取正确的姿势,双脚合并且膝盖略微弯曲,随后抬高脚跟,勾住脚,让踝部肌肉松弛下来,最后以脚掌部分为基础,朝前后左右四个方向高速移动。需要注意的是,行走时应避免仅靠脚掌摩擦地面前进。

检测评价

简答题

1. 中国古典舞的基本舞步有哪两种?
2. 中国古典舞身韵里最基本的元素有什么?

任务实施

【任务1】

观赏优秀的古风舞蹈表演如《俏花旦》和《桃夭》,探索其所展现出的"形体美感、精神内涵、力量表现及节奏韵律"等元素。

【任务2】

观赏了著名的古典舞蹈作品《小城雨巷》和《鱼儿》后,试图寻找其中的"扭转"

"倾斜""球形"与"弯曲"等元素,并将其结合到古典舞步中,比如"圆场步"和"花梆步",从而展现出一种如同一笔勾勒出的神仙般的美感。

任务实施评价表

小组编号：　　　　　　　　　　　　　　任务序号：

项　目	评 价 依 据	优秀	良好	及格	继续努力
任务准备	认真阅读古典舞起源、发展和风格特点，并按照教学内容作细致梳理				
知识理解	理解中国古典舞身韵的基本元素				
分析讨论	对情景导入的问题，学生观点是否鲜明、准确				
合作学习	小组成员讨论是否积极主动、发言是否充分、观点补充是否完整				

任务三　中国民族民间舞蹈

情景导入

甜甜对民族民间舞蹈很感兴趣，她平时喜欢看一些舞蹈短视频，对不同民族舞蹈的服饰、习俗、舞蹈特点也了解不少。在一次联欢会中她用不同的民族舞串烧了一段舞蹈，同学们看后拍手叫好，大家都很好奇，她为何如此了解舞蹈。

问题：生活中我们常常能看到舞蹈表演，如每年的春晚，报幕词都会介绍舞蹈的地域风格，在众多民族舞蹈当中你是如何区分舞蹈风格的呢？

知识积累

大多数民间舞蹈都是以歌唱和跳舞的形式呈现，其独特的舞蹈姿势多样且丰富多彩，展现出浓厚的民族气息与地域特征。这类舞蹈所展示的内容涵盖了古老社会中的打猎场景、战斗历程、图腾崇拜等元素，同时也包含了现今生活中的各类传统文化节庆及娱乐行为，甚至还有一些传统的习俗、祭祀仪式和礼仪文化的痕迹。本篇文章主要讨论的是那些历史悠久并被传承下来的民间舞蹈，它们拥有明确的舞蹈流程和特定的动作词汇。

劳作之源生出民众歌曲与舞蹈，它们满足着大众的需求，主要由农夫或者放牧者表演，带有自我娱乐的特点。除了丰富的主题外，这种民间舞蹈还拥有多种类型，且每一种都有其独特的风貌和展现方式，即使同属一类，也因为地域差异而在风格和表达手法上有显著区别。

一、朝鲜族舞蹈

（一）朝鲜族舞蹈文化背景

历史文献对中国古代的高丽人文化和文艺活动的记录由来已久。从南北时期开始，就有"高丽乐""百济乐"被带到中国的中心地域的记录;而在盛世大唐时,"十部伎"中的"高丽乐"也被收录其中;明清时期,"队舞"经其艺术家们的学习与创新演变出如"献仙桃""五羊曲""抛球乐"及"莲花台"等歌曲戏剧作品,并且由此塑造出了独特的朝鲜族音乐风貌,使得它成为东亚表演艺术领域的一朵奇葩。众所周知的一些著名传统民俗演出包括农业娱乐节目(即农民们自娱性的集体跳跃)、大型的长柄木琴独奏秀场还有手持折叠纸扇或水瓶的水上杂技展示等多种形式的活动都属于这个范畴。

(二)朝鲜族舞蹈欣赏

当我们观赏朝鲜族的传统舞剧时,能察觉到表演者的动作为其独特的韵律赋予了鲜明的特征。例如,"古格里"舞应该展现出深情款款的一面,它的节奏应平稳且徐缓;相反地,"安旦"舞则更显活力四射与阳光开朗,它所呈现出的节奏感富有跳跃性。至于"他令"舞,它展示的是一种深邃有力之态。此外,我们还需关注表演者对气息运用的精准程度,这是由于许多人会认为气息的使用决定着动作的发展方向并影响着掌握动作尺度的内驱动力。最后,我们需要评估该表演者对于膝盖和手腕的操控能力如何,并且观察其在舞台上的整体表现能否达到形神合一的效果(图6-1)。

图6-1 朝鲜族舞蹈(图片来源于天津音乐学院舞蹈系 舞蹈大赛拍摄)

二、维吾尔族舞蹈

(一)维吾尔族舞蹈文化背景

新疆维吾尔自治区以其丰富多彩的歌舞艺术而闻名遐迩。在历史长河中,新疆人民在游牧生活中创造了其独特的民族舞蹈形式,尤其是丝绸之路的兴盛使得新疆地区的歌舞曾经达到极盛的阶段。例如,在盛唐时期的《乐舞十部伎》中,维吾尔族的舞蹈占据了四个部分,包括《龟兹乐》《高昌乐》《疏勒乐》《于田乐》等。

(二)维吾尔族舞蹈欣赏

观赏维吾尔族舞者演出的时候,需要观察其姿态是否优雅且直立,其舞蹈动作能否保持头部和颈部的稳定但不过于僵硬,膝盖轻微抖动而不会乱跑,身体姿势张弛有度,脚步移动有序，摆动的幅度适中，同时伴随着头部转动；当舞者做耸肩动作时，会用手腕来回扭动；展示技艺时，舞者往往以大幅度的旋转为主；而在节拍方面的表现也应到位。若能够流畅地完成以上所有规定动作，那么无疑是位优秀的舞者（图 6-2）。

图 6-2　维吾尔族舞蹈（图片来源于天津音乐学院舞蹈系　舞蹈大赛拍摄）

三、蒙古族舞蹈

（一）蒙古族舞蹈文化背景

在大片广袤的草原上，蒙古民族以"追随水源和草地生活"的方式生存并开展捕猎与放牧工作，同时也孕育出了他们悠久且辉煌的草原文明。蒙古舞蹈特征具体如下。

男性所独有的筷子舞蹈充满力量与活力，强烈的节奏感和热烈奔放的感觉让人感受到勇猛之美。

女性的盅碗舞常出现于庆祝活动或盛大的晚宴中，舞蹈动作优雅且细致，给观众带来了一种精致和高雅的视觉体验。

（二）蒙古族舞蹈欣赏

观赏蒙古舞的过程中，我们需要关注的是舞者的肩膀、手指、上肢和步伐所展现出的气场，以及马步这种独特的蒙古式步伐等。当观察到他们展示肩部的动作时，我们会发现他们的肩部放松且有力，富有弹性与柔韧。而在呈现脚步的时候，他们的呼吸会推动步伐的波动，膝盖保持着稳定的力量，同时流露出自然而然的气息，这使得他们在表演过程中显得雄壮大气又沉静优雅（图 6-3）。

图 6-3　蒙古族舞蹈（图片来源于天津音乐学院舞蹈系　舞蹈大赛拍摄）

四、藏族舞蹈

（一）藏族舞蹈文化背景

藏族人民（如西藏和青海等地的居民）是一个擅长歌唱和舞蹈的民族。他们擅长用歌曲表达情感，借助舞蹈来展现情感。藏族的歌舞形式多种多样，这些形式在历史文化的长河中经过广大群众的创作和影响，并因为各地的不同而呈现出各自独特的风格。藏族歌舞具有四种形式，具体如下。

"踢踏舞"是一种多元化的舞蹈风格，属于藏族文化的一部分。

"果谐"这个词指的是一种被称为"围绕圈子跳舞"的汉族传统舞蹈形式。这种舞蹈深受西藏游牧民族的喜爱，具有悠久的历史和强烈的民众娱乐性质。"果谐"洒脱奔放。

"弦子"这个词在汉语中代表着和谐，它是一种源远流长的藏族歌曲和舞蹈风格。"谐"柔美开朗。

"锅庄"这个词在汉语中表示"卓舞"，这是一种充满劳作氛围、狂野奔放且历史悠久的藏族传统歌曲和舞蹈方式。

（二）藏族舞蹈欣赏

当我们观赏藏族舞蹈的时候，我们会注意到舞者膝盖部位的管理与身体整体的配合度。在各种类型的藏族舞蹈里，其运动规律有一个共通之处：膝盖会有持续不断的抖动，轻快的小幅度跳跃，或是有弹力的震荡，或是流畅柔软的弯曲伸展感觉。因此无论是在震荡还是弯曲伸展的过程中，都需要保证膝盖处于放松的状态，也就是需要具备灵活性和弹性，并且在演出过程中，上半身的动作应跟随下半身同步移动，而不是独立行动（图6-4）。

图 6-4　藏族舞蹈（图片来源于天津音乐学院　毕业汇报拍摄）

五、胶州秧歌

（一）胶州秧歌文化背景

"跑秧歌"这个名字是对流行于山东南部胶县地区的民俗广场歌曲与舞蹈的通俗叫法。这种表演形式包括两个主要的部分："跑场"和"小戏"。胶州秧歌角色包括扇女、翠花、小嫚等行当，每一个角色具有独特的动作姿态。例如，扇女角色以优雅为特征，常进行"撇扇"动作。女性翠花角色动作轻盈,常进行"翠花扭三步"的动作。小嫚角色动作活泼,常进行"小嫚正反三步扭"动作。

(二)胶州秧歌舞蹈欣赏

"三道弯"是胶州秧歌的主要舞姿特征,这种舞蹈美学上的特色主要体现在拧、碾、抻和韧这四个方面。此外,因为该种舞蹈步伐多样且复杂,通常包括轻微屈膝与腰部的旋转,因此对表演者的全身协调能力和脚步力量有较高需求。膝盖需保持黏附感,腰部则应展现扭转力,而手臂须展示拉伸的力量。唯有完全满足以上舞蹈运动的要求,才能够充分体现出胶州秧歌独特的舞蹈风貌。

六、安徽花鼓灯

(一)安徽花鼓灯文化背景

作为中国北方地区尤其是安徽北部乡村极受欢迎的一种民谣歌曲及戏剧演出方式,花鼓灯文化起源于当地社区活动和社会庆典仪式的发展演变过程。它的独特之处在于融合了多种元素于一体并不断发展壮大,这种多元化的特性体现在三个方面——音乐(包含唱歌)、动作(跳跃或摆动身体等各种动态行为)及其相关的小型剧场作品之中。这些不同类型的节目各自保持着一定的自主权且互有区别,其中最显著的一点就是当人们正在演唱时不会同时参与到任何一种肢体的运动中,反之亦然。此外,他们所采用的方式既可以满足自我娱乐的需求,也可以展现出他们的才艺来吸引观众欣赏。而为了增强观赏效果,他们在舞台上的辅助工具主要是一些敲击性的乐器,如大型铜钟和大镲等。至于其他的一些装饰物则以折叠式纸伞和平整布料为主导角色。

(二)安徽花鼓灯舞蹈欣赏

扭转与倾斜是花鼓灯舞的显著特征之一,其主要表现为身体在动态变化过程中产生的三个弧线形状。如今我们常用的舞蹈动作大部分源自于安徽省的花鼓灯民间风格"小花场"的部分内容,并由专业的舞蹈工作者进行了改编和精选,包括大兰花、小兰花及架子等类型的角色表演,如风摆柳、单拐弯斜塔和三回头的典型动作,以及其他步伐和站姿的基础技巧(图6-5)。

图6-5 安徽花鼓灯舞蹈(图片来源于天津音乐学院舞蹈系 舞蹈大赛拍摄)

项目六 舞蹈之美

我们需要关注的是安徽花鼓灯舞者的小腿疾速踢踏与突然停止的能力，能否展现出他们所具备的"滑行自如且停顿稳健"的特点。此外，我们也应留意他们的身体姿态特征"扭转""旋转"。接下来则是他们在演出中对于节拍的掌握程度，包括身体的平衡转移范围、动作的快慢，等等。然而，最重要的还是观看这些舞者的内心感受如何，能否充分展示出花鼓灯独特的精致、优雅、干练的美学特性。

七、东北秧歌

（一）东北秧歌文化背景

起源于中国中部地区的早期秧歌逐渐传播到了东北地域，并被汉族与满族民众一同培养壮大。据清代杨宾所著的《柳边记略》中的描述，清代顺治时期就有"上元夜"的习俗，热衷之人会参与秧歌表演的记录。这表明，东北秧歌的历史传承及进步已有超过300年的时间了。在中国东北地区，有三种不同的秧歌形式，分别是高跷秧歌、二人转和地秧歌。

经常用于舞蹈展示的手绢和扇子也是东北秧歌的重要元素之一，有时也会使用其他类型的工具。此外，东北秧歌的音乐也别具一格，主要由唢呐和小钹等乐器来演奏。总而言之，东北秧歌的特点可被归纳为"稳定而波动"，这是对其民众豪放直率的人文精神、个性心态及生活乐趣的一种艺术表达。

（二）东北秧歌舞蹈欣赏

东北秧歌主要通过步伐、稳定姿态、击打节奏及手巾花等元素展现其独特的舞风。观赏东北秧歌时，应首先关注舞者的步伐动感，观察他们如何利用身体的上下联动展示一种和谐的美感，即他们的腿部踢踏能否推动身躯的旋转与手臂的花样变化，形成一种平衡之美。其次，观看东北秧歌的一个关键要素在于观摩手巾花的精湛技巧。手巾花即是我们在日常生活里所熟知的"手帕"，作为舞蹈中的核心技能，它的存在不仅仅是为了展示技术水平，更是用来传达感情的重要方式（图6-6）。

图6-6 东北秧歌舞蹈（图片来源于天津音乐学院 毕业汇报拍摄）

在舞动过程中，通过各种手巾花的展示方式与节奏转变的方式可以展现出各异的人格特质。例如，可以通过优雅的"片花"描绘少女的美艳与害羞，也可以利用轻盈敏捷的"小燕展翅"动作塑造少女的美丽与活泼。而手巾花作为舞蹈演出中的关键元素，不仅能突显其表现力，还能体现出对演员内在节奏感及身体操控能力的观察。

八、傣族舞蹈

（一）傣族舞文化背景

傣族人主要居住于亚热带气候区，其环境炎热且安静如画，因此他们并不喜欢剧烈活动。因此，他们的舞蹈风格相对平缓，姿态优雅，很少有跳跃动作，大部分是连续不断的长音节节奏。舞蹈的基本运动模式通常包括膝盖微微弯曲并交替屈伸，以此来推动身体的摇晃与左侧或右侧的小幅度移动。他们的脚步主要表现为脚跟抬高然后迅速落回地面，这既模仿了孔雀走路的样子，也类似于在大树林里的大象的行进方式，展现出一种内敛但稳定的美丽力量感。

"三道弯"与"一顺边"两种舞姿造型的结合产生了一系列流畅优雅的线条，展现了傣族舞蹈独特的宁静和平稳特征。"一顺边"源自人们日常劳作的生活方式，例如傣族少女提水的姿态，搬运粮食的风貌，还有在农事活动中，使用大型竹扇来筛选谷物的手势和动作。这种统一协调的方式也体现在舞蹈姿势的设计中，除了具备"三道弯"的特色外，还融入了"一顺边"的美感，包括孔雀舞、鼓舞、鱼舞和大鹏鸟舞等等。

（二）傣族舞蹈欣赏

"象脚鼓"作为傣族的主要打击乐器，几乎所有年龄段的人都能熟练地敲击它。高级的象脚鼓手不仅是一位卓越的音乐家，也必须具备精湛的舞蹈技巧。由于他们对舞蹈的理解深入骨髓，因此能够根据舞者的技能程度调整鼓点节奏和速度，并激发其展示更高难度的动作。有时，他们在合适的时机还会亲自加入舞蹈，利用手指、手掌、拳头、肘部甚至头部和腿部的各个部分，一边击鼓一边起舞。这种舞蹈风格充满活力且富有激情，展现了年轻男性的鼓舞能力和才华（图6-7）。

图 6-7　傣族舞蹈（图片来源于天津音乐学院　毕业汇报拍摄）

检测评价

单项选择题

1. 一般而言，山东省的三个著名的秧歌舞蹈是鼓子秧歌、胶州秧歌和（　　）。
   A. 海洋秧歌　　　　B. 花鼓灯　　　　C. 云南秧歌

2. 东北秧歌的形成已经过去了（　　）年。
   A. 100　　　　　　B. 200　　　　　　C. 300
3. 马头琴是（　　）舞蹈中的特色伴奏乐器。
   A. 汉族　　　　　　B. 藏族　　　　　　C. 蒙古族

 任务实施

【任务1】中国传统舞蹈特点

小艺是一名华裔学生，在美国学校读书。在一次民族情感教育课程中，她了解了中国文化的丰富性。随后，她开始关注和研究中国的文化背景，并逐渐对自己的文化身份有了更深的认识和理解。她开始穿着传统的中式衣服，并学会跳不同风格的民族舞。她还积极参与学校的中国文化活动，并在学校舞台展示了自己的舞蹈作品，深受大家的喜爱。

问：请根据中国传统舞蹈特点，说说你对民族民间舞蹈的认识和理解。

【任务2】民族民间舞蹈特色

中职学校开展"少数民族文化进校园"活动，丰富了学生的校园生活，传承和发展中国文化，学生们参观不同的民族服饰、饮食特色、地域特点，欣赏少数民族舞蹈表演，学生乐在其中，寓教于乐，收获满满。

问：你作为一名中职生如何给学弟学妹开展文化艺术宣传，让传统文化深入人心。

任务实施评价表

小组编号：　　　　　　　　　　任务序号：

项　目	评价依据	优秀	良好	及格	继续努力
任务准备	认真阅读各民族民间舞蹈特点，并按照教学内容作细致梳理				
知识理解	对中国民族民间舞蹈特点理解，能够梳理知识脉络				
分析讨论	对课后练习题，学生能够准确回答				
合作学习	小组成员讨论是否积极主动、发言是否充分、观点补充是否完整				

任务四　外国民间舞蹈

 情景导入

舞蹈赏析课上，学生欣赏了外国民间舞蹈《大河之舞》，感受外国舞蹈的魅力，了解世界的多元文化。这时，莉莉同学说："《大河之舞》用脚踏击地面，步伐自由洒脱，感觉与中国藏族踢踏舞步相近，各有各的特色美。"

思考：请同学们说一说爱尔兰踢踏舞和中国藏族踢踏舞有何异同？

知识积累

传统舞蹈是每个民族的瑰宝和宝藏,它们反映了历史文化,是传承文化的重要途径。每个传统舞蹈都有独特的风格和特点,可以对人们的情感和文化价值进行深入的探索。

世界文化多姿多彩,是各国历史与传统的深刻体现,在舞蹈艺术里我们要包容接纳不同文化,让我们一起探索不同国家的代表性舞蹈吧。

一、俄罗斯民间舞

(一)俄罗斯民间舞概述

作为拥有深厚舞蹈底蕴的国家,俄罗斯的舞蹈创作及演变始终与其国民的生活方式和习俗密切相关。这个国家的人民热爱音乐和舞蹈,无论是在庆祝活动还是朋友聚会时,都会拿出他们喜爱的乐器——手风琴,开始唱歌并翩翩起舞。这些舞蹈包括单人表演、对舞、群舞、踢踏舞、头巾舞以及驱马舞等等。

(二)俄罗斯舞蹈特点

手风琴步。双手叉腰,小八字步准备。右脚以脚掌为中心,脚跟向外转动,左脚以脚跟为中心,脚尖向里转动,整个动作过程中双膝并拢半蹲。

横步。右脚立起半脚掌,左脚向左旁抬起25°;左脚向左旁落地,同时右脚向右旁抬起25°。

三步法。两脚依次以25°角向前踢腿后落下,以右脚为先,1拍1次;第3拍时左脚向里弯曲;第4拍向前踢出左脚,保持第3拍的形态。

二、印度民间舞

(一)印度民间舞概述

印度的舞蹈起源可以追溯到远古时代,与人们对神灵的崇拜密切相关。为了讨神喜爱,印度人民发展了多种多样的祭祀仪式,久而久之这些仪式逐渐固定下来,并在日常生活中演变成了舞蹈形式。

在古老的文学作品如《耶柔吠陀》及两部巨著《摩诃婆罗多》和《罗摩衍那》里,都能找到关于印度民间舞的描述。这些舞蹈的特点在于它们的眼神随着动作而移动,其中一些为宗教性质,另一些则代表了特定的季节。这种多样化的表现形式使其更受大众喜爱,因此某些民间舞蹈得以流传数代。

(二)印度舞蹈特点

顶胯。身体放松,将用力点放在胯上,向身体外侧用力顶出。

垫步。第1拍踏左脚,同时右脚掌点地;第2拍重复第1拍的动作。
踏脚。全脚掌用力向前、后、旁踏出。
捏指。掌心向上,大拇指和中指相捏,食指、小指和无名指上翘。
合掌。四指并拢,大拇指向里弯曲贴于掌心,双手合拢。

三、西班牙民间舞

(一)西班牙民间舞概述

坐落于欧洲伊比利亚半岛的西班牙因其独特的舞蹈而广受赞誉,其中最著名的就是被称为"霍塔"的地方民俗舞蹈。这是一种基于对舞形式的大众舞蹈,它的旋律和歌词都由音乐来决定。表演者们会拿着响板跳舞,同时用双手弯曲成环状高举着它们,一边跳跃一边敲击出声音。这种舞蹈通常伴随着诗歌吟诵,具有轻松愉快的节奏感,并且特别注重腿部的动作多样化,而上身的姿势则相对较为稳定,主要通过舞者的相互交错和旋转形成各种不同的队伍形态。

(二)西班牙舞蹈特点

甩裙。两手分别捏住身体同侧裙角,双手同时向左或向右用力甩出。
点步。重心落右脚,左腿屈膝,脚尖前点地,拧身,双手摆至身体左侧。
盘腕。手指张开,以腕为轴向外盘转。
击掌。双手手掌相对,于耳旁用力相击。
提裙式。双手执裙角,在身体两侧提起。

检测评价

单项选择题

1. 下列不属于印度古典舞的是( )。
   A. 婆罗多　　　B. 奥迪西　　　C. 卡塔卡利　　　D. 泰米尔
2. 印度古典舞是( )的代表。
   A. 印度主流文化　　　　　　B. 印度不同民族特色
   C. 印度宝莱坞娱乐　　　　　D. 印度民间艺术

任务实施

踢踏舞是俄罗斯的一种民间舞蹈,节奏清晰欢快、脚下动作灵活,他们用皮鞋与地面接触,发出踢踏声音。场面欢快热情,人们的舞姿步调矫健,远胜于迪斯科,深受俄罗斯人民喜爱。

问题:请试举几个踢踏舞的动作。

任务实施评价表

小组编号： 　　　　　　　　　　　　任务序号：

项　目	评价依据	优秀	良好	及格	继续努力
任务准备	认真阅读外国舞蹈特点，并按照教学内容作细致梳理				
知识理解	对外国民间舞蹈特点理解，能够梳理知识脉络				
分析讨论	对课后练习题，学生能够准确回答				
合作学习	小组成员讨论是否积极主动、发言是否充分、观点补充是否完整				

任务五　国际标准舞蹈

情景导入

据称，巴西的狂欢节始于十五世纪的欧洲，当时罗马教皇发布命令，要求在封斋期的头三日里，人们可以在教皇皇宫门前举办庆典。他们在那里载歌载舞，尽情享受生活，使得整座罗马城市充满了喜悦和快乐，自此之后，这种节日便开始在欧洲广泛传播，并最终被葡萄牙人带到了巴西。

同学们，说到狂欢节，你们会想起哪个国家的舞蹈呢？

知识积累

"国标舞"也被称为"国际标准舞"或"社交舞"，起源于欧洲皇室举办的交际舞活动，自法国大革命之后便开始流行于大众之中。"二战"结束后，这种舞蹈由美国传播至全世界，并引发了持续不断的舞蹈狂欢，直至今日依然盛行。

一、拉丁舞

拉丁舞被称为"拉丁风情的跳跃""自如交际之舞"，是一种广泛流行的群众艺术。它以其随性和轻松自在而著称于世，并拥有着广阔的表现力与创新的空间。这种源起南美的热情洋溢、充满活力且富有生命气息的形式深深地吸引了人们的心灵，成为他们生活乐趣的一部分。

国际标准拉丁舞是基于拉丁舞蹈发展而来的一种竞技专业舞蹈，它遵循着严格的规范，包括伦巴、恰恰、牛仔舞、桑巴、斗牛舞等多种主要的舞蹈形式。

（一）伦巴

伦巴作为最具象征性地位的拉丁舞种，被称为"拉丁灵魂"。它的节拍模式为四分之一拍，每两个数值构成一拍。这种舞蹈的显著特征在于其优雅而温柔的姿态和流畅的脚步移动。由于古巴人的生活中常有头部负载物品的情况，他们会通过腰部的左右摇晃来调整步伐并维持身体的稳定,这也影响到了他们的舞蹈步伐,使原始的舞蹈形式融入了一丝现代感。跳跃式的动作展现出一种宽广且富有感情的表现力,同时又充满了浪漫与美的氛围。配合着那深情的旋律,让整个舞蹈都弥漫着浓厚的浪漫气息。

(二)恰恰

恰恰起源于墨西哥,音乐为 4/4 拍,节奏为 two、three、chacha、one。每一个数字占一拍,其中恰恰各占半拍。这种富有趣味性的音乐风格,强烈的节奏感和充满活力的舞姿使得这个舞蹈备受人们欢迎,并在全球范围内广泛传播。

(三)牛仔舞

源自美国的牛仔舞是通过对"吉特巴"这种舞蹈的改良而产生的,去掉了其中的复杂元素并增添了一些技巧。这是一种高强度和快速节奏的舞蹈,需要消耗大量的精力。由于它的特性使得人们认为应该将其放在所有其他舞蹈后面,这是由于观看者会感到在前四种舞蹈结束后,参赛者的精神状态仍然饱满,能够积极面对新一轮的挑战。该舞蹈在美国南部的受欢迎程度逐渐上升,因为它强调手的灵活性和身体的自然摇摆,同时保持步履轻松,不断变换位置并且持续旋转。它的音乐节奏以 4/4 拍为主,具有欢乐、幽默、活跃和轻快的特点,因此越来越受到大众的喜爱。

(四)桑巴

巴西的桑巴舞起源于音乐,其节奏为 4/4 或 2/4 拍,这种舞蹈充满了热情和动感,舞步变化多端,深受广大观众的喜爱。

(五)斗牛舞

法国是斗牛的起源地,而西班牙则是它的发展地,斗牛舞的节奏通常是按照 2/4 拍来演奏的。斗牛舞的音乐婀娜多姿、舞姿豪放、步伐强劲有力,这也是人们为何如此喜爱它的原因。斗牛舞是受到斗牛活动的影响而演变而来的舞蹈,在斗牛竞技场入口上方的铜管乐队经常演奏进行曲,这就是我们所说的斗牛舞音乐,同时也是斗牛舞的灵感来源。这种音乐同时也激发出斗牛表演本身的步伐。斗牛舞就是斗牛表演的一种表达方式,男舞者的角色相当于斗牛士,而女舞者则扮演用来吸引公牛注意力的红斗篷。

二、摩登舞

摩登舞是一种充满魅力和技巧的舞蹈形式,它要求舞者具备良好的舞蹈技巧、协调性和表现力。摩登舞的特色是其高度的移动性,音乐既充满激情又带有柔和的性感,舞蹈动作精细而严谨,穿着得体,展现了欧洲男士的绅士风范以及女性的迷人魅力。摩登舞种类包含探戈、华尔兹、狐步和快步舞等。其中,探戈是一种激情四溢的舞蹈;华尔兹是一种优美的旋律舞蹈,维也纳华尔兹是华尔兹的一种快速版本;狐步是一种轻快活泼的舞蹈;快步舞则是一种节奏明快的舞蹈。

中职 美育素养

（一）探戈舞

探戈作为一种双人舞蹈形式，源自阿根廷，并且具有独特的拉丁风格。它以舞步快速、流畅、多变的特点而闻名，舞姿优美而富有情感。阿根廷探戈是国际舞蹈的一种，属于拉丁舞。

在融合了舞蹈、歌唱和音乐元素的阿根廷探戈到如今被标准化为国际探戈的过程中，两者存在着密切的关系。相较于标准化的国际探戈，阿根廷版本更显活力且充满欢乐，展现出了各种创新的花式动作。作为探戈的发源地，阿根廷人民热爱并擅长跳探戈，无论走到哪里都能够听见它的旋律。他们视探戈如瑰宝，将其视为国家的荣耀。阿根廷政府也宣称探戈是其国家文化的无价之宝，无法分离的部分。然而，这只是本地人的观点，对阿根廷人而言，探戈早已成为融入日常生活的艺术形式，深入骨髓的文化传承。

（二）华尔兹舞

华尔兹又称圆舞曲，是一种自娱舞蹈形式，深受人们欢迎，它起源于奥地利民间舞。华尔兹舞的姿态优雅而高贵，舞步稳健而愉快，动作优美且回旋自如。通过膝盖、踝部、脚底和脚掌的运动，配合身体的起伏、倾斜和摆动，使得舞步变化多端，展现出华丽和典雅的舞姿。舞曲旋律抒情，传递出温馨而浪漫的情感。

华尔兹这个词最开始源自于古德文中的"Walzel"，意思是"滚动""旋转"或者"滑动"。华尔兹的特点是庄重典雅、华丽多彩。舞蹈动作流畅起伏、婉转多变；舞姿优美飘逸、文静柔和。在舞蹈时，男伴表现得像王子一样气宇轩昂，女伴则保持公主般温文尔雅、雍容大方的姿态。华尔兹的音乐采用3/4拍，节奏中等，每分钟演奏20~30小节。

（三）狐步舞

作为一种独特且具有魅力的社交舞蹈，狐步舞基于其特有的4/4拍音乐旋律而生。它的步伐优雅自由，给人带来愉悦与活力感。这种舞蹈源自美国的黑人群体，并在1917年之后，伴随着新兴的爵士乐潮流应运而生。这股浪潮是对切分音节奏的热烈追求，同时也试图展现非洲原始森林般的神奇魅力。在此期间，新型爵士舞成为时尚的风向标，取代传统弦乐队的则是五弦琴、萨克斯风等各种打击乐器的组合，形成了全新的爵士乐团。随之而来的是两种新的舞蹈形式：爵士摇滚和三步舞，它们都对狐步舞产生了深远的影响。其中，一套包括慢速、中速及快速三种速度的三步舞，通过使用四拍子音乐来演绎，并普遍融入狐步舞之中。当人们前进时，他们的脚步会轻轻相碰，创造出独具一格的滑冰式的荷兰摇滚版本。时间来到1918年的九月，原本流行的倾斜和快速移动动作逐渐淡出舞台，此时的狐步舞正处于蓬勃发展的阶段。

检测评价

选择题

1. 国际标准舞蹈又称作（　　　　）。（单选）
   A. 国标舞　　　　B. 标准舞　　　　C. 考级舞　　　　D. 民间舞

2. 拉丁舞的表演形式有（　　）。（多选）
   A. 伦巴　　　　　　B. 恰恰　　　　　　C. 牛仔舞　　　　　　D. 斗牛舞
3. 摩登舞的舞种包括（　　）。（多选）
   A. 华尔兹　　　　　B. 探戈　　　　　　C. 狐步　　　　　　　D. 快步舞

 任务实施

某学校开设了一门"舞蹈礼仪"课程，学习交谊舞舞步，教师示范动作让学生模仿，一个叫王菲（化名）的女生根本不配合。教师问其原因，王菲说交谊舞是社交舞蹈，中职生不适合学习这样的舞蹈。

你作为中职生会接受舞蹈礼仪课的学习吗，为什么？

任务实施评价表

小组编号：　　　　　　　　　　　　任务序号：

项　目	评　价　依　据	优秀	良好	及格	继续努力
任务准备	认真阅读各类国际标准舞蹈特点，并按照教学内容作细致梳理				
知识理解	对知识点舞蹈特点理解，能够梳理知识脉络				
分析讨论	对课后练习题，能够准确回答				
合作学习	小组成员讨论是否积极主动、发言是否充分、观点补充是否完整				

要点梳理

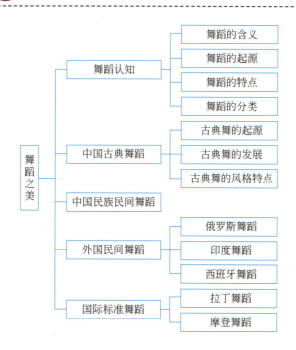

小结检测

填空题

1. 体育舞蹈按舞蹈的风格和技术结构分为_____和_____两大类。
2. 形体在舞蹈中指的是_____。
3. 舞蹈的三要素_____、_____、_____。

知识链接

如同音乐艺术一般，舞蹈作为一种全球性的交流方式并以其独特的美感吸引着人们，同样也成为传播美的工具。所以，教师有责任充分运用这个机会来教授舞艺，同时通过传授舞蹈技能的方式推进美育教育的进程，引导学生们在欣赏舞蹈之美时构建他们的审美能力，完善他们的高贵品格。

一、舞蹈中美育教育的实施意义

首先，舞蹈艺术包含了美的元素。在舞蹈教学中通过实施美育，可以自然而然地引导学生去感知和欣赏这种艺术美。当他们在对各类舞蹈艺术进行深入欣赏时，就能体验到其独特之处。在掌握了各种舞蹈形式的美感后，学生能够有效地提高审美技巧。

其次，在舞蹈教育过程中引入美学教育能助力学生的健康发展和持续进步。只有当一个人拥有积极的审美观念和修养时，他才能在社会进步中产生正面影响。所以，通过舞蹈教育进行美育，学生能在艺术学习中提高审美修养，为社会创造更多富有美感和幸福的精彩画面。

最后，在舞蹈教学过程中引入美育的实施将要求教师利用更多样化的舞蹈教学活动来激发学生的参与热情，这种多元化的教学安排有助于学生体验更丰富的舞蹈感受。通过参与各种舞蹈艺术活动，学生们能够增强他们的艺术表达技巧并提升他们的艺术修养。

二、舞蹈中美育教育的实施策略

在舞蹈教育过程中，教师需要通过艺术欣赏活动的实施来引导学生参与。只有当学生在舞蹈艺术学习过程中积累了大量的舞蹈艺术欣赏资源后，他们才能真正掌握并应用这些资源。

若想培养出一定的舞蹈艺术审美技巧，只有通过深入的艺术欣赏，学生才能在观看一个舞蹈作品时，全面评估其优劣。

例如，为了让学生在每天开始进行舞蹈艺术教育前，都能够获得更多的舞蹈艺术审美知识，教师会在课程开始之前播放一些优秀的舞蹈作品，这些作品可能是世界上知名的芭蕾舞，如《天鹅湖》《仙女》《胡桃夹子》等舞蹈剧作；有时也包括中国当代的舞蹈表演《雀之灵》，等等；也可能是中国的传统舞蹈《春江花月夜》《黄河》及《扇舞丹》等。

无论是观看何种类型的舞蹈演出，学生们都能全神贯注于大屏幕上，对那些令人叹为观止的舞者表现出极大的兴趣。通过观赏各种类型舞蹈的美感，学生的美学观念将会得到明显的提升，并拥有一套初步的美学鉴赏技巧。

通过对舞蹈基础知识的掌握和舞蹈基本技能的教导，教师有能力帮助学生构建起舞蹈基础，从而在舞蹈艺术的学习过程中培养出优秀的舞蹈表演技巧。

通过学习舞蹈艺术，学生将逐渐掌握舞蹈美的展现方式和技巧，从而提升他们的艺术表达能力。

比如，在学习舞蹈艺术的过程中，教师通过教授舞蹈基本知识来帮助学生打牢基础。在这个过程中，学生对全球各地的多样化舞蹈形态有了更深入的理解和认识。理解并阐述了舞蹈的直接感知力、身体活动能力、节拍感和形态塑造特征等特质。此外，通过对舞蹈基础技巧的学习，教师也在培育学生的舞艺根基，使他们在优秀的基本技能支持下能够积极地投入舞蹈审美的创作过程中。在教学环境里，教师引导着学生一步一脚印地练习各种基本姿势，如腿部、后背、腹部及手臂的位置，以此激发他们的兴趣并激励他们不断努力以达到舞蹈艺术表达能力的构建与提高。最后，学生在艺术学习的进程中逐渐积累丰富学识，并且成功增强了舞蹈艺术的美感展现力。

项目七
劳 动 之 美

 学习导语

马克思主张"劳动创造了美",并将"劳动"与"美"结合起来进行考察。劳动之美主要体现在人类劳动遵循"美的规律",劳动产生了美、劳动彰显出劳动者人格之美、劳动的价值和目标体现劳动者对美好生活的向往等。党的十八大以来,习近平总书记多次提出要弘扬"劳动最光荣、劳动最崇高、劳动最伟大、劳动最美丽"的观念。为贯彻落实中共中央、国务院《关于全面加强新时代大中小学劳动教育的意见》及省市文件精神,发挥职业院校在劳动教育中的独特作用,构建德智体美劳全面培养的现代职业教育体系,坚持知行合一、德技并修的育人理念,造就新时代高素质劳动者和社会主义接班人,现将劳动教育与德育、智育、体育、美育相融合。因此,劳动教育在当代中职学生的学习生活和职业规划中有着极其重要的影响。

本项目将以认识劳动、生活劳动、生产劳动、生存劳动、工匠精神五个任务进行展开。其中,"认识劳动"从劳动的含义、类型、作用和知识四个模块提升学生对劳动的认知。"生活劳动"以劳动基本理论学习、开展日常生活劳动、校内劳动实践为主,提高学生自立自强的意识和能力,在校园劳动中重新塑造自我。"生产劳动"在服务性劳动的基础上,结合所学专业进行生产劳动,大力开展社区服务、技能大赛、顶岗实训等活动;依托实习实训进行劳动教育,培育敬业专注,吃苦耐劳,精益求精的品质,提升劳动幸福感。"生存劳动"在生产劳动中创新创业和择业,在毕业设计和顶岗实习中,提升生存发展需要的劳动能力。以服务性劳动养成教育为主,培养学生运用职业技能服务他人,回报社会的精神。"工匠精神"从工匠精神的含义、价值、意义和弘扬、践行工匠精神入手,在学习工匠精神内涵的同时将工匠精神融入日常的学习生活中,以实际行动践行工匠精神。

 学习目标

➢ 正确认识劳动含义,引导学生崇尚劳动、尊重劳动,养成辛勤劳动、诚实劳动、创造性劳动的良好品格。
➢ 参与家庭劳动,做好校园劳动。
➢ 结合所学专业进行生产劳动,广泛深入开展社区服务、技能大赛、教学实训等活动。
➢ 注重在生产劳动中的创新创业和择业,在毕业设计和顶岗实习中,提升生存发展需要的劳动能力。
➢ 锤炼工匠精神、弘扬志愿服务精神、体会劳动创造美好生活。

项目七 劳动之美

任务一 认识劳动

情景导入

小赵同学入学已经快一年了,他的学习成绩一向不错,但是最近几天他总是愁眉不展,因为他的值日小组卫生总是做不好,组内同学做卫生不积极、不主动,尽管他作为组长一再要求,但是收效甚微,这件事让他感到身心俱疲。而且由于卫生问题老师多次和他进行沟通和强调,也让他倍感压力,他甚至在听课时会分神,不自觉地思考如何解决这件事,在一定程度上影响了他的学习。

请同学们思考一下,小赵的状态是否出现了问题?如何帮助他解决问题?小赵值日组内的同学为什么会出现此类问题?

知识积累

一、劳动的含义

在恩格斯发表的《劳动在从猿到人转变过程中的作用》一文中,他深入探讨了"劳动创造了人本身"这一观点。他明确指出,这里的"劳动"并非广义上的所有活动,而是特指人类运用一定的生产工具,对劳动对象进行改造,从而创造物质财富和精神财富的有目的的活动。恩格斯进一步强调,劳动是人类社会存在和发展的基础,在人类形成过程中发挥了决定性的作用。以人类的祖先猿为例,它们是通过长期的劳动实践,逐渐掌握了制造工具的技术,从而完成了向人的转变。此外,恩格斯还指出,劳动在不同社会制度下,地位与作用各不相同。然而,无论社会制度如何变迁,劳动始终是人类进化和社会发展的核心驱动力。总的来说,恩格斯的这篇文章以严谨的学术态度,深入剖析了劳动在人类进化和社会发展中的重要地位与作用。他的观点为我们理解人类自身的起源和发展提供了重要的理论指导。通常所说的劳动特指人类的劳动,也就是人类创造物质或者精神财富的活动,如农民种地、工人做工、教师教学、销售卖货、画家作画、作家写作、警察出警、军人出征等。劳动的本质是人通过有意识、有目的的活动去改变自然或者人文事物的形态或性质,来服务于人类生活的需要。

行为属不属于劳动,主要看行为是不是有意识的、有目的的且主动的。某些活动与劳动的外在表现形式相似,但是是无意的、无目的的,就不属于劳动的范畴。如随手扔东西、无意间摔倒、不小心碰到东西等;有些活动虽然是有目的的主动行为,但它不是为了人类生活和需要服务,这种行为也不属于劳动,如打架、毁坏财物、偷东西等。劳动和运动也是有所不同的,劳动的目的是创造价值或获取报酬,形式既可以以人体肌肉与骨骼为主,又可以以大脑或其他生理系统为主,劳动的结果是完成施工、制造商品、创造财富等;而运动的目的是锻炼身体或比赛竞技,形式以人体肌肉与骨骼为主,以大脑和其他生理系统

187

为辅,其结果是强健身体或取得比赛名次等(表7-1)。

表7-1 劳动与运动的区别

对比项目	劳动	运动
目 的	获得报酬创造价值	强健体魄或比赛竞技
形 式	可以以人体肌肉和骨骼为主,也可以以大脑或者其他生理系统为主	以人体肌肉骨骼为主,以大脑和其他生理系统为辅
结 果	制造商品、创造财富、完成施工	锻炼身体或获取比赛名次
感 受	荣誉、成就、价值、忙碌	竞争、疲惫、坚持、放松

二、劳动的类型

依据劳动中体力和脑力活动所占比例的不同、复杂程度的不同、理论和实践特点的不同,可以将劳动的类型按不同的形式划分,具体见表7-2。

表7-2 劳动类型的划分

划分依据	种 类	示 例
体力与脑力的占比	体力劳动	伐木、捕猎、种地、编织
	脑力劳动	写作、方案、绘图、艺术
简单或复杂	简单劳动	推、举、扛、提、拉
	复杂劳动	制作方案、创作书籍、发明产品
理论或操作特点	理论型	科研探索、理论研究、问题解答
	操作型	乐器表演、维修车辆、生产产品

三、劳动的作用

劳动是人类社会发展进步的根本,劳动创造了物质财富和精神财富,在人类的社会关系中,劳动推动了人类社会、经济、科技、精神文明的发展,具有积极的作用,具体如下。

(1)劳动是维持人类社会生存和发展的基本手段。

(2)劳动促进了人类的和谐友善和团结,使人类共同进步。

(3)劳动激发了人类的潜能,通过收获物质和精神财物的喜悦促进人类不断提升劳动技能。

(4)劳动培养了人类的同理心。

(5)劳动丰富了人类的生活体验,使每一个人发挥了自身价值,同时获得了社会的认可,通过付出和回报这一过程与世界进行着良性的互动,完成对自身生命的追求。

四、劳动知识

1. 五一劳动节

五一劳动节又称"五一国际劳动节""国际示威游行日",是世界上80多个国家的全国性节日。它定在每年的五月一日,是全世界劳动人民共同拥有的节日。1889年7月,由恩格斯领导的第二国际在巴黎举行代表大会,会议通过决议,规定1890年5月1日国际劳动者举行游行,并决定把5月1日这一天定为国际劳动节。中央人民政府政务院于1949年12月做出决定,将5月1日确定为劳动节(图7-1)。从1989年开始,全国劳动模范和先进工作者的评选表彰工作逐渐规范化,基本形成了每5年一次的固定周期,每次表彰3000人左右。

图7-1　五一劳动节(图片来源:搜狐网)

1999年9月18日,国务院发布《关于修改〈全国年节及纪念日放假办法〉的决定》,将每年春节、"五一"和国庆节法定节日加上调休,规定全国放假7天,形成了3个"黄金周"。

2007年12月14日,国务院第二次修订《全国年节及纪念日放假办法》,将春节的放假起始时间由农历年正月初一调整为除夕;"五一"由7天调整为3天,减少4天;清明、端午、中秋增设为法定节假日,各放假3天。五一黄金周也将成为历史。2008年起,五一黄金周变为五一3天小长假。

五一劳动节的意义主要有以下几个方面。

(1)纪念工人运动和争取工人权益的斗争,同时强调劳动者的权利和尊严。这个节日不仅是对工人阶级的尊重和认可,也是对所有劳动者的庆祝和肯定。

(2)通过庆祝活动和宣传,进一步弘扬了劳动精神和劳动文化,让人们认识到劳动的价值和意义。它提醒人们要珍惜劳动成果,尊重劳动者,同时激发人们的劳动热情和创新精神。

(3)为人们提供了一个休息和放松的机会,让人们能够与家人和朋友共度美好时光,享受休闲和娱乐活动。这也是对劳动者的一种关爱和照顾,让他们在辛勤工作之余能够得到身心的放松和愉悦。

总之,五一劳动节的意义在于弘扬劳动精神,促进社会和谐发展,让人们更加尊重和珍惜劳动成果,同时也为所有劳动者提供了一个展示自我、维护权益、放松身心的平台。

五一劳动节各个国家的习俗如下。

(1)中国。中国劳动节是一个传统的节日,有很多流传已久的风俗和习惯。人们会去公园赏花、休闲放松,或者组织野外活动等,与家人、朋友团聚欢庆。此外,还会有各类劳动节庆典活动,如工人文艺晚会,劳动模范表彰会等。

（2）泰国。在五一全国统一放假一天，在首都以及一些大城市会有相关的庆祝活动，不过规模一般都不会太大。

（3）美国。如果恰逢周末，4月30日、5月1日休假，如果在周中，只在5月1日休假一天，且没有任何庆祝活动。

（4）俄罗斯。五一期间全国放假三天（5月1日—5月3日），届时各政党都会齐聚红场进行演讲等，普通市民会举行游行。

（5）德国。五一期间放假一天（5月1日），如果周末和五一节重合，德国也只休一天，并不会补休。

（6）意大利。尽管意大利承认五一国际劳动节，政府也表示尊重劳工，但一般人并不举行专门的庆祝活动，也没有全国性的"五一"假期。

此外，许多国家在五一劳动节还会有共同的习俗，如寄送劳动节祝福、回家照顾老人或陪伴孩子度过假期、放松身心、学习新技能或充实自己的知识储备、学习劳动知识和管理知识等。还有一些国家会悼念牺牲在劳动斗争中的先烈们，并表扬当代劳动模范。总之，五一劳动节是一个旨在表彰和庆祝劳动者辛勤付出的日子，各地的庆祝方式和习俗各具特色。

2. 宪法中有关劳动的规定

（1）第四十二条　中华人民共和国公民有劳动的权利和义务。

国家通过各种途径，创造劳动就业条件，加强劳动保护，改善劳动条件，并在发展生产的基础上，提高劳动报酬和福利待遇。

劳动是一切有劳动能力的公民的光荣职责。国有企业和城乡集体经济组织的劳动者都应当以国家主人翁的态度对待自己的劳动。国家提倡社会主义劳动竞赛，奖励劳动模范和先进工作者。国家提倡公民从事义务劳动。国家对就业前的公民进行必要的劳动就业训练。

（2）第四十三条　中华人民共和国劳动者有休息的权利。

国家发展劳动者休息和休养的设施，规定职工的工作时间和休假制度。

（3）第四十四条　国家依照法律规定实行企业事业组织的职工和国家机关工作人员的退休制度。退休人员的生活受到国家和社会的保障。

（4）第四十五条　中华人民共和国公民在年老、疾病或者丧失劳动能力的情况下，有从国家和社会获得物质帮助的权利。

国家发展为公民享受这些权利所需要的社会保险、社会救济和医疗卫生事业。国家和社会保障残废军人的生活，抚恤烈士家属，优待军人家属。国家和社会帮助安排盲、聋、哑和其他有残疾的公民的劳动、生活和教育（图7-2）。

3. 劳动模范

劳动模范简称劳模，是在社会主义建设事业中表现卓越的劳动者，经过职工民主评选、有关部门审核和政府审批后被授予的荣誉称号。这些劳动模范分为全国劳动模范和省、部委级劳动模范，有些地方也会评选市级、县级或大企业的劳动模范。其中，由中共中央、国务院授予的劳动模范称号为"全国劳动模范"，这是中国最高的荣誉称号，与此同级的还有"全国先进生产者"和"全国先进工作者"称号。这些劳动模范不仅是民族的精英、人民的楷模，更是共和国的功臣。

项目七 劳动之美

图 7-2 国家宪法日（图片来源：搜狐网）

自 20 世纪 90 年代以来，全国劳模表彰大会每 5 年召开一次。然而，受新冠疫情影响，原计划在 2020 年"五一"国际劳动节前夕召开的全国劳模表彰大会不得不推迟，最终于 2020 年 11 月 24 日在北京人民大会堂举行。1950—2020 年，共召开了 16 次表彰大会，表彰了超过 30000 名全国劳动模范和先进工作者。

邓小平在中国工会第九次全国代表大会的致辞中对劳动模范的价值和意义给予了充分的肯定。他指出，劳动模范至今仍然是我们学习的榜样，尽管时代已经发生了很大的变化，但他们的基本条件是一致的。

（1）热爱祖国，坚决贯彻执行党的基本路线和各项方针政策，模范遵守国家法律法规，具有优秀的思想品质和职业道德，在推进产业结构调整和在岗位上实现"创新、创先、创优、创最佳"的过程中表现出色。

（2）崇尚科学，注重科学技术的学习和应用，推动科技进步和生产力发展。

（3）在环境保护、安全文明生产、农业现代化建设、市场开拓、农产品流通、经济发展等方面做出显著贡献。

（4）敢于探索，勇攀高峰，在共和国的光辉历史上，涌现出许多在不同发展阶段始终走在改革开放和社会主义建设前列的劳动模范和先进工作者。

（5）在社会主义物质文明、政治文明、精神文明建设及其他方面做出重大贡献者，他们的劳动价值体现了社会精神价值。

社会学家艾君在 2005 年的一篇题为《劳模永远是时代的领跑者》的文章中，对劳模的意义做了深入的解释。他认为，劳模是一种饱含感情的符号，代表着一种温暖人心的希望之光；劳模是一种"人文"，代表着一种时代的精神和道德取向；劳模是一种人生价值的体现，展示着一个时代的思想与情愫。他进一步指出，回首新中国走过的几十年风风雨雨，劳模所体现出来的人文精神，代表着一个时代的价值观、道德观和精神风貌，展示了中华民族顽强拼搏、自强不息的崇高品格，体现了我们伟大的民族能够与时俱进、开拓创新的精神风貌。

检测评价

多项选择题

1. 下列（　　）属于劳动。
   A. 做家务　　　　　　　　　　B. 收麦子
   C. 与同学一起玩耍　　　　　　D. 不小心打碎玻璃
2. 下列（　　）不属于劳动。
   A. 踢球　　　　B. 跑步　　　　C. 打扫卫生　　　　D. 维修计算机
3. 下列（　　）是脑力劳动。
   A. 捕鱼　　　　B. 写作　　　　C. 耕地　　　　　　D. 艺术创作

任务实施

劳动的光荣

在一所平凡的学校里有两位热血少年——小赵和小孙。他们不仅是同班同学，更是无话不谈的朋友。在他们眼中，劳动不仅是生活的基石，更是通往辉煌的必经之路。

随着"五一"国际劳动节的到来，学校举办了一场名为"劳动最光荣"的综合实践活动，小赵和小孙毫不犹豫地报名参加了。他们深知，劳动不仅能让生活更美好，更能让人感受到内心的快乐和满足。

活动当天，阳光明媚，微风拂面。小赵和小孙来到学校后山的果园。果园里，苹果树、梨树、桃树竞相生长，果实累累。他们的任务是帮助果农采摘水果。

一开始，他们还有些手忙脚乱，但很快就进入了状态。他们采摘、搬运、装篮，配合默契。每一次收获的果实，都让他们感受到劳动带来的成就感。他们笑着说："看，这就是劳动的果实！"

夕阳西下，果园里一片金黄。他们看着满载而归的篮子，心中满是喜悦。这一天的劳动，让他们体验到了从未有过的快乐。他们明白了，真正的幸福，是靠双手努力创造出来的。

小孙感慨地说："小赵同学，你知道吗，我觉得自己今天真的光荣极了。我感受到了劳动的力量。"

小赵深有同感："没错，我们都是劳动的勇士。只有热爱劳动，才能创造美好的未来。"

夜晚，学校礼堂灯火通明。学校为参加活动的同学们举办了一个庆祝晚会。小赵和小孙站在舞台上，接受着大家的掌声和赞美。他们明白，这是对他们劳动的认可，更是对他们精神的嘉奖。

从此以后，小赵和小孙更加热爱劳动了。他们努力学习，积极参与学校的各项活动，用实际行动践行着"劳动最光荣"的信念。他们的故事，也成为学校里的佳话，激励着更多的同学投身于劳动的伟大事业中。

在那个特殊的"五一"假期，小赵和小孙收获的不仅仅是果实和荣誉，更是对劳动精神的深刻理解和对生活的无尽热爱。他们明白了，无论何时何地，只要肯付出努力，就一定能够收获属于自己的光荣。

项目七　劳动之美

问题：你认为劳动光荣吗？请采访你身边的朋友或家人，看一看他们是如何看待"劳动最光荣"的。

中职生家庭劳动表现评价表

学　校：_____　班　级：_____　姓　名：_____　学籍号：_____

名　称		累计时长	
写实记录	劳动目标：_____ 时间和地点：_____ 内容和过程：_____ _____ _____ _____ _____ _____ _____ _____ 劳动感悟：_____ _____ _____ _____ _____ _____ _____ _____ 证明单位（社区、村委会）签字（盖章）：		
得　分		家长签字	

填表说明：学生每学期参加家庭劳动累计达到 4 小时及以上计 1 分、2~3 小时计 0.5 分、2 小时以下不得分，由家长认定。累计时长可以通过多次劳动实践达到。

中职 美育素养

任务二　生活劳动

 情景导入

小周找到班主任帮助解决值日小组不爱做卫生的问题，班主任在与小周组内同学的家长沟通后了解到，这几位同学在家的时候基本属于衣来伸手、饭来张口的状态，根本不做生活劳动，甚至不知道什么是生活劳动，家里的劳动都由父母或爷爷奶奶来包办，因此来到学校会特别反感做班级的值日。所以班主任建议小周与其携手，先从生活的日常劳动开始培养这几位同学的劳动积极性，逐步改变他们对劳动的认知，先养成爱做生活劳动的良好习惯。

请同学们进一步分析：小周和班主任会制定怎样的策略来帮助他们？

 知识积累

一、生活劳动的含义

生活劳动是指人们在日常生活中投入的劳动。它被定义为在家庭、社区、国家等不同社会组织中，个人、家庭、社区通过借助技术和物质资源而做出的有益劳动。在全球范围内，生活劳动是一项必不可少的活动，它不仅影响着人们生活的方方面面，而且影响着社会、经济和整个国家的发展。

生活劳动可以分为：自然劳动和文明劳动两类。自然劳动指的是自古以来人们都在从事的基本劳动，主要包括收集食物、修建住所、耕种土地等。相比之下，文明劳动更加复杂，要求人们长期进行有组织的活动，以获得更多的物质资源、精神资源和知识资源。文明劳动可以将人们带入一个更高级别的社会生活，以满足他们更高级的物质、心理和精神需求。

生活劳动中最重要的是家庭劳动。在家庭中，劳动可以处理各种事务，为家人提供食品、衣服、住房、交通等最基本的物质需求，并帮助家人追求更高的生活水平。家庭劳动也可以保证家庭成员良好的健康水平，帮助他们更好地发挥职业潜力，激发孩子的学习兴趣，也可以增进家庭成员之间的情感交流。

此外，社会劳动也是生活劳动中不可或缺的一部分。社会劳动是指个人向公共事务投入的劳动，包括参与政治、社会文化、经济和社会服务等活动。它可以增强社会统一性，培养公民的社会文明素养并增进社会责任感，拓宽人们的劳动参与范围，从而促进社会的发展。

总之，生活劳动是人们日常生活的重要组成部分，它既可以帮助我们满足物质需求，又可以促进我们精神上的发展。我们应该认识到生活劳动的重要性，在尊重劳动者的同时，以自觉劳动为人类发展做出贡献。

二、生活劳动的意义

日常生活劳动是指日常的学习、工作、家庭劳动等。它是社会发展的基础,也是我们自身发展的重要组成部分。

日常生活劳动是社会繁荣发展的根基。日常生活劳动为社会发展奠定了基础,例如,学习是提高个人能力以及社会发展的基础;工作是改善社会生活质量的基础;家务劳动是促进家庭幸福的基础。

日常生活劳动是个人成长的重要支柱。学习不仅仅是为了提高自身的知识,更是为了提高自身的能力,丰富自身的经历,扩大自身的视野;工作不仅仅是为了获得经济回报,更是为了提升自身的素质,培养自己的能力,丰富自身的经历;家庭劳动不仅仅是为了保持家庭环境的整洁,更是为了培养自己的责任心和创造力。

日常生活劳动是满足感的重要来源。学习是满足获取知识的渴望;工作是满足获得成就的渴望;家务劳动是满足贡献的渴望。

总的来说,日常生活劳动是社会发展和个人发展的重要组成部分,也是满足感的重要来源。我们要珍惜日常生活的机会,用劳动滋养自己的心灵,积极向上地生活,为社会和个人发展尽自己的努力。

三、家庭劳动与校园劳动

(一)家庭劳动的价值和意义

劳动之美重难点讲解

(1)家庭劳动是指家庭成员之间进行的各种日常生活活动,它不仅对家庭生活有着重要意义,而且对社会也有着重要作用。

(2)家庭劳动是家庭成员之间相互服务的过程,有助于增进家人之间的感情。家庭劳动不仅可以培养家庭成员之间的互助互爱,而且可以增进家庭成员之间的交流,增强家庭凝聚力。

(3)家庭劳动可以帮助家庭降低生活成本。很多家庭经济困难,家庭劳动有助于节省家庭的经济开支,减少购买商品和服务的支出,可以改善家庭的经济状况。

(4)家庭劳动有助于提升社会效率。家庭劳动可以帮助家庭成员更有效地利用时间,提高家庭成员的生活质量,有助于提高社会的整体效率。

家庭劳动具有重要的意义和价值。它不仅可以增进家庭成员之间的感情,节省家庭的经济开支,还可以提升社会效率,是一项有益的事业。因此,各家庭成员都应该努力参与家务劳动,为家庭和社会做出贡献。

(二)学校组织学生积极开展力所能及的家庭劳动

充分发挥家长在加强劳动教育中的职责。学校应通过多种信息渠道和沟通形式,广泛宣传劳动教育的意义和实施措施,使家长深入理解劳动实践在学习、生活和未来发展中的积极影响和作用,引导家长成为孩子家庭劳动的指导者和协助者,形成教育合力。学校应合理安排家庭劳动作业，根据中职学生的年龄特点和个性差异，确定具体的家庭劳动内容，布置可行的家庭劳动作业，并保持与家长的沟通和反馈，表彰和鼓励积极参与家庭劳动的学生。

（三）家庭劳动种类与内容

家庭劳动的种类和内容非常丰富（图7-3），可以根据家庭成员的性别、年龄和兴趣进行分工。以下是一些常见的家庭劳动。

（1）烹饪：包括购买食材、准备食材、烹饪饭菜、洗碗等。

（2）清洁：包括扫地、拖地、擦窗户、擦家具等。

（3）洗衣：包括清洗衣物、晾晒衣物、收纳衣物等。

（4）照顾孩子：包括照顾孩子的饮食、穿衣、洗澡等。

（5）园艺：包括种植花草、修剪植物、清理花园等。

（6）维修：包括修理家具、电器、管道等。

（7）购物：包括购买家庭所需的物品，如食物、日用品等。

（8）洗碗：包括清洗餐具、锅具等。

（9）家庭办公：包括文件处理、账单支付、整理家务等。

在家庭劳动中，可以根据家庭成员的性别和年龄进行分工。例如，家长可以承担较重的家务劳动，如烹饪和维修，而孩子可以承担较轻的劳动，如扫地和整理自己的房间。同时，可以根据家庭成员的兴趣和技能进行分工，例如喜欢烹饪的孩子可以承担烹饪事务，而喜欢园艺的家长可以承担园艺工作。

总之，家庭劳动的种类和内容非常丰富，可以根据家庭成员的实际情况进行分工（图7-3）。通过参与家庭劳动，可以提高家庭成员的协作能力和生活技能，增强家庭凝聚力和幸福感。

图7-3　各种家庭劳动（图片来源：网易）

（四）校园劳动的价值和意义

劳动教育在引导学生践行社会主义核心价值观方面具有至关重要的作用。当前演艺圈中天价片酬、阴阳合同、批量造星、流量小生一夜暴富、网络红人靠打赏日进斗金等社会不良风气和乱象，如同烟雾一般无孔不入，侵蚀学生的心灵，扭曲其价值观念，助长好逸恶劳、拜金主义、享乐主义和极端个人主义的思想。因此，我们应该通过劳动教育，让学生热爱劳动、尊重劳动，尊重每一位劳动者，使他们真正认识到劳动是财富的源泉，幸福是奋斗出来的。

劳动是推动人类社会进步的根本力量，社会发展中的各种难题，只有通过创造性劳动才能破解。我们应该通过劳动教育，让学生自觉将日常生活与理想追求紧密结合，在劳动创造中实现远大理想和个人目标，树立依靠辛勤劳动、诚实劳动、以劳动获取财富、实现人生价值的正确思想观念。

使学生树立正确的劳动观念和劳动态度，热爱劳动，尊重劳动人民和劳动成果，抵制好逸恶劳、贪图享受、不劳而获、奢侈浪费等不良习气的影响，在劳动中磨砺意志品质，这本身就是德育的重要内容。正如陶铸（杰出的无产阶级革命家，党和军队卓越的政治工作者，党和国家卓越的领导人。）所言："劳动是一切知识的源泉。"只有通过实践锻炼，才能将课堂上学习的书本知识、理论知识内化和升华。劳动还能直接为某些知识的学习、观念和情感的体悟提供真实情境。

体育是在劳动的过程中产生的，劳动不能代替体育锻炼，但是劳动可以促进人体消化吸收，使人体魄强健，为体育打好基础。有些农村学校或城乡接合部的学校，学生体育成绩和体质监测指标通常好于中心城区学校，这和这些学生劳动锻炼较多有一定关系。

劳动创造了世界，也创造了美。劳动美是人们在生产劳动中形成和表现出的美，是社会美最基本的内容，它使人的自由、自觉的创造活动，才能、智慧、品格、意志、情感等本质力量最直接、最集中地体现在生产劳动之中。苏霍姆林斯基曾说："人在劳动中创造自己并理解劳动的美。"可见，劳动教育可以引导青少年树立正确的审美观、价值观，在各种时尚风潮中坚持自己独立的认识和选择。

（五）有效组织多种形式的学校劳动教育实践

学校在劳动教育中应发挥主导作用，切实承担主体责任，明确实施机构和专职人员，确保充分开设劳动教育课程，不得挤占、挪用劳动实践时间。劳动课程应纳入学校课程管理，明确劳动教育目标，并根据学生特点设计劳动技能培养目标，将家庭、学校、企业、社会劳动实践有机结合，有序开展。结合学生管理一日常规，遵循学生身心发展规律，在确保安全的前提下，为学生创设参与校园卫生保洁、绿化美化、食堂劳作、教室环境美化、实训室清扫、勤工俭学等劳动实践岗位，建立学校、专业部、班级劳动实践岗位系统，引导学生自主制定校内劳动实践公约，倡导学生自治管理，形成"人人为我，我为人人"的劳动服务理念。

（六）校园劳动的种类与内容

教室卫生包括扫地、拖地、擦黑板、擦讲台、擦窗台、倒垃圾、擦窗户、劳动用具整齐摆放等。

校园卫生区包括教学楼公共区域扫地、拖地、擦窗台、走廊门、楼梯扶手等。室外马路、绿化带、篮球场和操场、看台、跑道捡垃圾。

宿舍卫生包括扫地、拖地、倒垃圾、床上被褥整齐摆放、床下鞋子日用品整齐摆放、行李箱整齐摆放、储物柜合理使用与物品整齐、洗漱间和厕所的干净整洁等。

宿舍公共卫生区包括宿舍公共区域楼道、厕所、水房需要扫地、捡垃圾、擦地等。

办公室卫生包括定期组织校学生会志愿者去各教学楼教师办公室进行打扫。

四、培养中职生生活劳动习惯

学校应合理设置劳动教育课程，将其纳入中职课程体系，确保劳动教育时间。课程内容应涵盖劳动观念、劳动技能、劳动法律法规等方面，以全面提高学生的劳动素养。

实践活动。组织学生参与各类劳动实践活动，如校园环境整治、社区志愿服务等。通过亲身体验，让学生感受劳动的价值和意义，增强劳动意识和习惯（图7-4）。

图7-4 中职生进行劳动实践活动

家校合作。加强家校合作，引导家长重视孩子劳动习惯的培养，共同监督和引导学生在家中进行适当的家务劳动。

校园文化。营造崇尚劳动、尊重劳动者的校园文化氛围。通过开展劳动主题的校园文化活动，如"最美劳动者"评选、劳动技能大赛等，激发学生劳动热情，培养勤劳品质。

教师引导。加强教师对劳动教育的认识，通过课堂教学、主题班会等形式，引导学生树立正确的劳动观念，提高对劳动的认同感和自豪感。

制度保障。建立健全学校劳动教育管理制度，明确责任分工，确保劳动教育的有效实施。同时，将劳动教育纳入学生综合素质评价体系，激励学生积极参与劳动。

要培养中职生的劳动习惯，需要学校、家庭、社会多方面的支持和配合。只有全面提高学生的劳动素养，才能让他们成为具有良好劳动习惯的优秀人才。

检测评价

一、选择题

1.（　　）不属于家庭劳动。（单选）

  A.唱歌   B.擦桌子   C.叠被子   D.帮父母做饭

2.（　　）属于校园劳动。（多选）

  A.打扫宿舍 B.擦黑板   C.捡绿化带垃圾 D.踢足球

3.（　　）属于劳动实践活动。（多选）

A. 种蔬菜　　　　　　　　　　B. 打扫老师办公室
C. 跑步　　　　　　　　　　　D. 打乒乓球

二、简答题

1. 简述家庭劳动的内容。
2. 简述校园劳动的内容。

【任务1】

家庭劳动我能行

高一的小周和小李在周末参加了一次班级组织的"家庭劳动我能行"活动。这次活动的主要目的是让同学们通过亲身体验，感受家务劳动的辛苦，从而更好地理解父母的付出。

小周被分配了打扫客厅和厨房的任务，而小李则负责洗衣服和整理卧室。一开始，两人都有些手忙脚乱，但很快他们就沉浸在了劳动的乐趣中。

小周发现，打扫客厅并不是一件容易的事。他需要先吸尘，再擦桌子，最后还要拖地。每一个步骤都需要耐心和细心。而厨房的清洁工作更是繁重，油渍、污渍都需要用洗涤剂一一清理。这让他深刻体会到了平时妈妈在家中忙碌的辛苦。

与此同时，小李也在洗衣和整理卧室的过程中感受到了劳动的艰辛。她发现，洗衣服不只是将衣物放入洗衣机那么简单，还需要分类、预处理污渍，最后还要晾晒和整理。整理卧室更是需要细心和耐心，每一个小细节都不能忽略。

整个周末，小周和小李都在忙碌的家务劳动中度过。虽然有些累，但他们都觉得非常值得。通过这次活动，他们更加理解了父母的辛苦和付出，也更加珍惜他们的劳动成果。

这次"家务劳动我能行"活动让小周和小李收获了很多。他们不仅学会了如何做家务，更重要的是，他们体会到了父母的辛苦和不易。这让他们更加懂得了感恩和回报。在未来的日子里，他们决定要多帮助父母分担家务，让他们能够更加轻松和愉快地生活。

请帮父母做一天家务劳动，体会家务劳动给你的感受。

【任务2】

小周和小李的"值周奇遇"

这周小周和小李作为值周生，肩负起了维护校园环境的重要责任。他们的职责包括清扫校园、帮助老师和同学解决各种问题。这对他们来说，既是一次锻炼的机会，又是一次奇妙的冒险。

清晨，当第一缕阳光洒在校园里，小周和小李已经开始工作了。他们拿着扫帚，仔细地清扫着每一个角落，确保校园的整洁。在清扫的过程中，他们遇到了各种各样的挑战，有时是落叶满地，有时是雨后的泥泞。但他们从不言弃，每一次都用心地完成任务。

除了清扫校园，他们还要帮助老师和同学们解决各种问题。无论是帮助同学找失物、为老师送文件，还是帮助修理损坏的设备，他们都尽心尽

值日故事

力地完成。在这个过程中，他们学会了与人沟通、合作解决问题，也获得了老师和同学的尊重与感激。

最让他们难忘的是一次帮助一位同学修理自行车的过程。那位同学的自行车链条掉了，正当他一筹莫展之际，小周和小李主动上前帮助。虽然一开始有些手忙脚乱，但在多次尝试和努力后，他们终于成功地修好了自行车。那一刻，他们体会到了助人的快乐和成就感。

值周活动结束后，小周和小李感慨万分。他们不仅体会到了劳动的辛苦和快乐，而且明白了责任和担当的重要性。这次奇妙的冒险让他们更加成熟、更加懂得珍惜。

从那以后，小周和小李更加积极地参与学校的各种活动，努力为社会做出自己的贡献。他们明白，每一个小小的付出都能让自己的人生更加丰富多彩。

值周是每个班都会轮到的，请记录你值周的一天，看看在这一天里，你都做了哪些劳动，帮助了哪些人？

中职生校园劳动表现评价表

学　　校：_____　班　　级：_____　姓　　名：_____　学籍号：_____

名　　称		累计时长	
写实记录	劳动目标：_____ 时间和地点：_____ _____ 内容和过程：_____ _____ _____ _____ _____ _____ _____ 劳动感悟：_____ _____ _____ _____ _____ _____ 证明单位（学校）签字（盖章）：		
得　　分		教师签字	

填表说明：学生每学期参加校园劳动累计达到 4 小时及以上计 1 分、2~3 小时计 0.5 分、2 小时以下不得分，由教师认定。累计时长可以通过多次劳动实践达到。

项目七 劳动之美

任务三 生产劳动

 情景导入

小吴通过班主任的帮助解决了值日小组不爱做卫生的问题，组内几位同学现在都能够主动和积极地去做卫生。可是新的问题又出现了，目前学校迎来了技能节，并且在这之后就是市级的专业技能大赛。小吴之前听班主任说过，获得省赛一等奖就可以免试去大学了，想要参加省赛需要在校赛、市赛有好的表现，才能有机会参加，小吴可不想错过这次好机会，这件事情让他又兴奋又焦虑，那么小吴作为一名参赛小白，他需要在短时间内提高自己的专业技能水平，他应该制定一个什么样的方案。

请同学们进一步分析一下，小吴和其他参赛的同学会找谁来寻求帮助？

 知识积累

一、生产劳动的含义

生产劳动一般指的是人类在自然环境中以各种方式进行的活动，使自然资源由原来的未加工状态转变为可直接满足人类要求的有价值状态。这种价值转换过程，涉及人们在山脉下精心耕作、在田间栽培、在森林中采集、在海底捕捞、在工厂产品加工等多种情况。

从实质上讲，生产劳动就是帮助人们获取物质和实体资源，积极改造自然资源，通过技术的运用和创新，以满足人类的物质需求和精神需求，起到经济驱动的作用，这种驱动作用也决定了人们应鼓励和重视那些能够产生价值和效益的劳动行为。

从这一定义中可以明显看出，生产劳动具有重要的历史意义和社会意义，它不仅是实现有形财富的基础，而且是推动人们不断努力的动力。每一位工人、每一个企业都在不断累积着自己的劳动成果，也在继续不断地创新，把未经加工的自然资源转化为可满足人们需求的有价值产品的能力，使生活可以更加美好，同时将社会发展至新的高度。

二、教育与生产劳动相结合的现实意义

教育与生产劳动相结合，在当今社会具有十分重要的现实意义。目前，世界各国正在加强两者结合的实践，促进素质教育的发展，促进各国经济的发展。

首先，教育与生产劳动相结合，有利于提高劳动者的技能和素质，培养高素质专业人才。结合有利于学生进一步深入研究，增强动手实践技能和创新能力，从而提高其生产劳动素质。这种结合有利于学生在实践中发现自己的特长，在特定环境下熟悉专业领域，拓宽自身就业能力和就业空间，为就业打下良好基础。

其次，教育与生产劳动相结合，有助于学生掌握相关专业领域的最新实践、技术、流程等，让学生充分感受到实际工作中的紧张和快节奏。开展这种结合有利于企业招募到工

作经验丰富的高端人才，保证企业的发展，也促进本地经济的发展。

最后，教育与生产劳动结合，有利于激发学生学习的热情，增强个人动力，增进社会人才队伍的整体水平，真正实现素质教育。只要我们在学习实践中理论联系实际，规范控制劳动实习，合理安排劳动力资源，就能始终保持教育与生产劳动的有机结合，充分发挥它们的积极作用。

总之，在当今社会，教育与生产劳动相结合具有十分重要的现实意义，对改善技能水平，提升人才品质，促进各国经济的发展有着重要的推动作用。教育部门应积极推行"教育与生产劳动相结合"策略，以促进教育和经济发展的持续性要求。

三、参加服务性劳动对社会的意义和价值

服务性劳动具有重要的意义。第三产业，把生产劳动从物质生产领域拓展到服务经济领域。服务性劳动也属于生产性劳动，人类需要通过各种服务来满足精神、财富、艺术、养老等需求，服务过程本身就是劳动，服务的结果相当于劳动产品。并且，服务性劳动间接刺激了物质生产劳动，间接提高了劳动产出，促进了经济的发展。

服务劳动的定义存在广义和狭义之分。

广义的服务劳动可以理解为一切为他人提供服务的活动，这包括但不限于社会的分工与协作。在这种理解下，任何为他人提供服务的行为都可以被视为服务劳动。

狭义的服务劳动则通常指的是那些专门为人们提供服务的劳动，这些劳动通常与农业、工业和商业等专业劳动并列，并且是社会分工的产物。在这种理解下，服务劳动通常被称为服务业劳动。这种服务劳动通常包括诸如医疗护理、教育、旅游、餐饮等领域的职业。

无论是广义还是狭义的服务劳动，它们都是社会经济活动的重要组成部分，对于社会经济的发展和人们的日常生活都至关重要。

四、中职生参加服务性劳动的意义和价值

劳动教育在新时代中职生中扮演着重要角色，它不仅有助于培养学生的劳动观念和劳动技能，还能够拓宽学生的视野，增强对社会的深入了解。通过组织学生开展日常生活劳动、生产劳动和服务性劳动，特别是社区服务性劳动，学生可以更加深入地了解社会的现状和劳动的本质、价值和方式。

劳动教育有助于广大中职生形成正确的世界观和人生观。通过参与劳动实践，学生可以更加深刻地认识到劳动对于社会发展的重要性，理解到人民的疾苦及劳动在社会发展进程中的重大作用。这种认识将有助于学生以科学理性的态度对待劳动、劳动者和劳动方式，从而形成正确的劳动价值观。

此外，劳动教育还有助于中职生养成踏实、勤奋、严谨的劳动品质，使其在劳动实践中成长、成才。这种品质将影响学生的精神面貌，使其在未来的学习和工作中更加认真负责、勤奋努力。

最后，中职的劳动教育可以帮助青年学生正本清源，反求诸己，思考如何才能紧跟时代，夯实基础，服务社会，真正成为社会主义事业的建设者和接班人。通过劳动教育，学生将更加明确自己的社会责任和使命，从而更好地为社会做出贡献。

中职学生参加生产劳动的种类和形式

（一）技能型生产劳动

（1）参加技能节的比赛训练。
（2）参加技能大赛市赛的选拔与课后训练。
（3）参加专业技能二课堂的学习与训练。
（4）参加省赛的选拔与课后训练（图7-5）。

图7-5　学生进行训练

（二）服务性生产劳动

（1）使用所学专业技能帮助学校社团设计宣传海报。
（2）使用所学专业帮助专业部进行视频剪辑。
（3）使用所学专业帮助学校处室完成学生的照相工作。
（4）进社区养老院对老人进行慰问、照顾，帮助老人打扫卫生并为老人表演节目（图7-6）。

图7-6　学生走进养老院进行服务性生产劳动

五、中职学校参加动漫类技能比赛准备事项

动漫专业类参赛选手需要掌握相关的软件有Flash、Photoshop、3D Max等，而且参赛选手必须具备美术绘画功底、一定的审美能力和创作动

比赛的故事

画片所需要的灵感，这对参赛选手的专业能力要求是比较高的。只有将指导教师可行、有效的培训方法与学生积极、努力的学习训练相结合，才能在各类比赛中取得好成绩。所以，我们要仔细研究比赛规则与大纲、培训的策略与方法、学生学习习惯与规律。通过多方面的努力与提高，方可在大赛中取得优异的成绩。

一般技能大赛的比赛规则和大纲会在比赛前提前发布。学校指导教师需要准确无误地对比赛规则和大纲进行解读，确定比赛规则、内容、时间、地点、人员等一系列信息，根据信息制定好培训方案，对学生进行针对性的训练。在这段时间里，不仅要对本次比赛进行分析解读，还要对比前几年比赛的要求，发掘比赛发展的规律与变化，对学生进行的解读要详细，要将比赛发生的变化明确列出，使学生在训练的时候目标明确，做到高效率。

（一）训练要提前部署，做好充分的准备

一般省、市级技能比赛从发出通知到正式比赛的时间是比较短的，所以如果学校有参赛计划，需要提前半年甚至更长时间来选拔参赛的学生。从最基础的专业技能到对作品的创作和设计都要有步骤地进行培训。这样才能保证学生可以循序渐进地熟悉和掌握操作技能，有足够的时间进行训练。比赛通知出来后的这段时间里，则需要按照比赛最新的规则和要求进行针对性的专业技能训练。争取在赛前这段时间里，通过高强度、高目的性的技能训练，以及对心态的调整和准备，让参赛选手在大赛中能做到沉着应对，以取得优异成绩。

（二）比赛前的培训要做到重基础、抓技能、应变化

不管是市赛还是省赛，对学生基础技能和操作熟练程度的考查都是必需的。所以，培训可以按照以下步骤进行。

（1）对基础技能的训练一定要扎实。对参加比赛学生的训练要以比赛大纲的要求为蓝本，对要求的每一项都进行针对性训练，要注重基础，将比赛要求的一切基本技能都充分地学习，只有将基础技能训练扎实，才能为后面综合能力的提高做好铺垫，基础技能是综合能力的前提，必须重视起来。

（2）训练要有一定的强度，要严格要求。要提前给学生做好思想工作，训练是艰苦的、高要求的，训练必须要做到认真、仔细、一丝不苟，练习基础技能要踏实，有耐心、恒心。训练的项目一定要全面，要全面覆盖大纲，特别要在基础操作的熟练程度上、速度上和作品的表现能力上下功夫，做到轻车熟路。

（3）比赛前要组织学生在实训基地进行模拟。要按照比赛规则和大纲的要求组织学生进行赛前的适应性训练。首先，检验学生对操作技能的掌握程度是否熟练；其次，在适应性的训练中，指导教师必须严格按照赛事大纲和要求出试题，尽量做到还原比赛现场，组织学生进行实战演练。开展赛前模拟实战演练的目的在于锻炼学生的综合技能素养、锻炼学生比赛的抗压能力和心理素质、发现模拟赛中出现的问题，以便在之后的训练中有针对性地进行调整和改进。

（三）根据比赛内容要求，分项目进行培训

根据动漫比赛内容要求，分项目、分层次进行培训。人物、场景、片头、片尾、剧本和剧情，这几部分内容在动漫的创作中都很重要，需要根据其每部分的内容和要求进行培

训。例如，剧本的创作和编辑、片头与片尾的制作、配音配乐、角色的绘制、场景的布局、剧情设计等。

剧本。一部好的动画片一定是一个好的故事，好的故事就需要一个好的剧本，所以，剧本是动画片表现力的核心要素，是灵魂。剧本的创作在制作动画片时一定要放在首位，剧本也是动画片的大纲，只有大纲做好了下面的环节才好进行。在创作剧本的时候也要根据往年的比赛内容经验有针对性地创作。

片头与片尾。一个有冲击力的片头会给观看者留下深刻的印象，并且起到一个点题的作用。好的片尾都有彩蛋，会给观众留下一个悬念，给人意犹未尽的感觉，起到很好的收尾作用。片头片尾的制作要多掌握几种形式，每一种都要熟练掌握，最后根据剧本选取最合适的进行套用，在兼顾效率的同时让观看者感觉舒服。

角色与场景。角色和场景的设计要尽量美观，这部分就很考验学生的美术功底，好的审美才能做出有美感的角色和场景。所以，要想制作好一个动漫的角色，首先要研究角色的特点、风格，掌握到制作的要领；其次熟练地使用各种绘图工具并结合一定的绘图基础和审美能力。同理，在场景的布置和绘制上会更考验绘制的功底和审美水平，场景的布局要符合剧情，颜色的搭配要和人物相呼应，做到角色和场景生动、美观、一体化，完全贴合剧情。

剧情。剧情是动画的灵魂，如果说制作技巧和熟练程度是难点，那么剧情就是重点。剧情的设计要和学生技能水平相匹配，无论人物动作、场景过渡还是动画镜头的表现手法，都要熟练地掌握，所以在训练中对这些项目都要全面地进行培训，做到万无一失。

（四）训练之外要多欣赏动画作品，开拓思路

中职生的年龄在 16~18 岁，社会经验和阅历少，创作思路的局限性比较大。因此，在组织学生训练的时候应覆盖多种主题，研究往年比赛的各种主题与思路，总结经验用于新的比赛。首先可以多欣赏动漫作品，尤其是各级各类大赛的优秀作品。学习这些优秀作品中的剧情设计、角色设定、场景布置、制作手法及手段等。对特别优秀作品中的一些素材的制作可以进行模仿和借鉴，从而培养学生的动漫设计与制作能力。其次可以结合主题，拓展思维，启发引导。围绕近些年比赛的主题内容进行针对的训练，例如"社会主义核心价值观""环境保护""运动会""敬老"等。对于这些主题，让学生写剧本安排剧情还是较为容易的，但是要求学生将这些主题内容制作成有剧情的动画片比较困难。所以，指导教师需要多带领学生欣赏不同主题的动漫作品，积累经验与素材并运用到自己的动漫设计与制作中。

（五）将课后的第二课堂作为选拔比赛选手的有效途径

动漫制作，不仅需要学生对 Flash、Photoshop、3D Max 等软件熟练操作，还要具备扎实的美术功底和一定的审美能力，并且能够根据一定的主题创作剧本和剧情，最后将这些能力有机地结合形成优秀的综合技能素养，才能制作出优秀的动画片作品，所以动漫制作比赛对选手的要求比较高。通过对二维、三维、手绘板绘等二课堂的开展，能够做到：第一，通过手绘和板绘挖掘具有美术天赋、功底良好和具有好的审美能力的学生，然后进一步培养他们的特长；第二，二维动画二课堂，很好地锻炼了学生 Flash 软件的使用熟练

度，结合比赛规则和时间要求，提升了学生二维方面的综合能力；第三，三维动画二课堂，锻炼了学生 3D Max 软件的熟练使用，结合三维比赛的规则和时间要求，大幅提高了学生三维方面的综合技能素养；第四，结合前三项二课堂的训练，根据学生的综合实力，对大赛选手进行选拔，进而促进了大赛的人才储备与备赛工作。能够反映一个中职学校的专业教学水平的平台就是市级、省级、全国的中职学生专业技能大赛。只有将教师专业、有效、全面的培训方法和学生用心、努力、坚持训练相结合，才能够取得优异的成绩。所以，我们要对比赛的大纲、规则、要求进行针对性的研究，制定出适合本校的高效率的培训方式和培训策略，并且做好人才梯队的培养和竞争机制，才能够稳定地在每年的大赛中取得不错的成绩。

六、进行服务性劳动注意事项

（1）参加社区服务性活动的所有团队成员需已购买意外保险。

（2）外出活动，带队负责人须具备冷静处理突发事件的能力，每一位成员须做好自己的个人卫生与防护。

（3）负责人要告知成员提高安全意识，看管好个人物品；行动以团队为主，单独行动需要提前向负责人报备，一切行动听从指挥。

（4）在进行实践活动时应避免危险场所与行为，如活动具有一定的危险性，需要在负责人与专业人员的陪同与指导下完成，不可让学生单独操作。

（5）在服务的过程中要注意自己的身份，严格要求自己的行为举止，做到文明礼貌。如遇到不公平或者冲突做到冷静对待，找负责老师协商处理，不可冲动行事。

（6）和所属专业部或处室保持良好、及时的沟通。

（7）遵守实践服务场所的秩序和规定，在人群拥挤的地方时要紧跟队伍，不要掉队，如遇特殊情况掉队要及时联系团队负责人。

（8）负责人与团队成员都具备安全意识，在劳动过程中避免去有安全隐患的场所和接触有安全隐患的设施，如遇到安全问题，能做到第一时间做出反应，联系相关负责部门，负责人要保障团队成员的安全，做到安全第一。

七、培养中职生生产劳动习惯

培养中职生生产劳动习惯是一项非常重要的教育任务，因为生产劳动是中职生未来职业发展的重要组成部分。

（1）制订明确的劳动教育计划。学校应该制订明确的劳动教育计划，包括劳动的时间、内容、方法、评价等，确保劳动教育的有效实施。

（2）注重实践操作。中职生需要更多的实践操作机会，通过亲身实践来培养生产劳动习惯。学校可以安排学生到企业或工厂实习，或者在学校内建立实践基地，提供更多的实践机会。

（3）强调规范操作。在实践操作中，教师应该注重规范操作，要求学生按照标准流程进行操作，确保安全和效率。同时，教师还应该加强对学生的监督和指导，及时纠正学生的错误操作。

（4）培养学生的职业素养。在劳动实践中，教师应该注重培养学生的职业素养，包括工作态度、职业精神、团队协作等方面的素养，帮助学生更好地适应未来的职业生活。

（5）开展劳动竞赛等活动。学校可以开展各种形式的劳动竞赛等活动，激发学生的劳动热情和兴趣，提高他们的劳动意识和能力。

（6）加强家校合作。学校应该与家长密切合作，共同关注学生的成长和发展。学校可以向家长宣传劳动教育的重要性，鼓励家长积极参与学校的劳动教育活动，共同促进学生的全面发展。

培养中职生生产劳动习惯需要学校和教师共同努力，注重实践操作和规范操作，培养学生的职业素养和劳动意识，为他们未来的职业发展打下坚实的基础。

 检测评价

多项选择题

1.（　　）属于生产劳动中的技能型劳动。
   A. 参加 Flash 二课堂　　　　　　　B. 志愿服务打扫办公室
   C. 参加技能比赛市赛选拔　　　　　D. 帮助老师搬桌子
2.（　　）属于生产劳动中的服务性劳动。
   A. 作为志愿者服务敬老院老人　　　B. 参加 3DMax 赛前集训
   C. 参加手绘、板绘二课堂　　　　　D. 做社区志愿者协助工作

 **任务实施**

【任务1】

动 漫 之 路

在远离城市喧嚣的一所职业学校里，有两个特别的学生——小吴和小郑。他们与其他人不同，有着一种特殊的热爱——动漫设计与制作。对于他们而言，动漫不仅是爱好，更是一种生活的方式。

学校里的各种动漫社团活动中，总能看到他们忙碌的身影。从初次的尝试，到逐渐的熟练，再到最后的创新，他们始终保持着对动漫的热情与追求。

一次偶然的机会，小吴和小郑得知学校即将举办一场市级动漫设计比赛。他们毫不犹豫地报名参加了。经过数日的努力，他们提交了自己的作品。等待的过程是漫长而紧张的，但最终的结果令人欣喜：他们获得了比赛的一等奖！这个消息迅速在学校传开，老师和同学们都为他们欢呼。

但这只是他们成功的开始。不久后，他们又参加了省级动漫设计比赛。这一次，他们的作品更加成熟，充满了创意与情感。最终，他们再次获得了比赛的最高荣誉。他们的名字开始在行业内传开，成为众人瞩目的焦点。

然而，他们并没有因此而骄傲自满。相反，他们更加努力地学习和创作，希望能在更广阔的舞台上展现自己的才华。

终于有一天，他们收到了一个来自国内知名动漫公司的邀请，希望他们能加入公司，共同创作一部全新的动漫作品。小吴和小郑毫不犹豫地答应了。

在新的征程上，他们带着对动漫的热爱与执着，一路向前。无论遇到什么困难与挑战，他们始终坚信：只要热爱，就有可能实现自己的梦想。

小吴和小郑的故事告诉我们，只要有梦想、有热情、有毅力，无论在哪个领域，都能创造出属于自己的辉煌。

请找一位同学报名参加学校组织的技能比赛，体验比赛的过程，体会竞争的乐趣与获得荣誉的喜悦。

【任务2】

小吴和小郑的雷锋精神之旅

在周末的清晨，小吴和小郑早早地起床，他们不是去逛街、看电影，而是要作为团支部的一员，参加学校组织的敬老爱老、学习雷锋精神活动。

活动地点是一所位于城市郊区的养老院。当他们到达时，发现其他团员们已经热火朝天地开始了准备工作。有的在布置场地；有的在准备食物；还有的在为老人们准备小礼物。

小吴和小郑也立刻加入忙碌的队伍中。他们一边干活，一边聊起了雷锋的故事。小郑说："雷锋真是个伟大的人，他的精神值得我们每一个人学习。"小吴点头表示赞同："是啊，他无私奉献、乐于助人的精神，正是我们这个时代最需要的。"

活动正式开始后，他们为老人们表演了精彩的节目，还陪老人们聊天、玩游戏。小吴看到一位老奶奶笑得合不拢嘴，心里感到十分温暖。

小郑注意到一位老爷爷有些闷闷不乐，便主动坐到他身边，关心地问："爷爷，您怎么了？"老爷爷叹了口气说："我想起了年轻时的那些日子，现在感觉时间过得真快。"小郑安慰他说："爷爷，您年轻时的故事一定很精彩，可以和我们分享吗？"老爷爷听了，眼中闪过一丝光芒，开始讲述起他年轻时的经历。

小吴和小郑还帮助养老院的工作人员一起打扫卫生、整理房间。他们发现，虽然这些工作看似简单，但却需要耐心和细心。他们体会到了帮助他人的快乐和满足感。

活动结束后，小吴和小郑感慨万分。他们意识到，学习雷锋精神不仅仅是一个口号，更是一种行动。他们决定以后要多参加这样的活动，用自己的力量去影响更多的人。

回到学校后，小吴和小郑在团支部会议上分享了他们的经历和感受。其他团员们也纷纷表示要向雷锋学习，将这种精神融入自己的生活中。他们还计划在未来的活动中更加注重实际效果，为更多的人提供帮助。

在这次敬老爱老、学习雷锋精神活动中，小吴和小郑不仅收获了宝贵的经验，还更加坚定了他们践行雷锋精神的决心。他们相信，只要人人都献出一份爱，世界将变得更加美好。

每年学校都会组织学习雷锋的敬老、孝老活动，请你去参加一次这样的活动，并把你的感受写在日记里。

项目七　劳动之美

中职生生产劳动表现评价表

学　校：_____　班级：_____　姓　名：_____　学籍号：_____

名　称		累计时长	
写实记录	劳动目标：_____ 时间和地点：_____ _____ 内容和过程：_____ _____ _____ _____ _____ _____ _____ 劳动感悟：_____ _____ _____ _____ _____ _____ _____ _____ 证明单位（社区、村委会、学校）签字（盖章）：		
得　分		教师签字	

　　填表说明：学生每学期参加生产、服务性劳动累计达到 4 小时及以上计 1 分、2~3 小时计 0.5 分、2 小时以下不得分，由教师认定。累计时长可以通过多次劳动实践达到。

任务四　生存劳动

情景导入

　　小王通过参加 Flash、3DMax、手绘与板绘的二课堂逐步提高了专业技术素养，并且因为在技能节中的良好表现，他被选入了动漫技能大赛市赛的队伍。在比赛中，小王获得了一等奖，入选了省赛的梯队，随后在老师的细心指导与自己的努力下，又在省赛中获得了一等奖的好成绩。取得了优异成绩的小王并没有骄傲自满，反而焦虑起来，因为小王一直有一个创立自己动漫工作室的梦想。小王深知自己在学校这三年学到了知识，但是并不知道如何将自己的专业运用在工作岗位上，学校和社会还是有很大区别的，他对自己的职业生涯和如何创新创业感到迷茫。

小王在取得了这样的成绩后还能如此考虑，说明他是一个非常有上进心的人，请同学们分析一下，学校和老师应该通过什么样的方式引导小王，帮助他实现梦想呢？

 知识积累

一、劳动满足人的生存需要

劳动生产力在逐步满足现代人生活的基本发展与文化需求方面具有基础性地位和丰富性地位。基础性是指生存需要，丰富性是指德智体美劳等全面健康发展，个体价值实现与个人社会价值体现的统一。

人自身的社会生存文化需要会表现为一种物质生活需要。物质生活需要是促使人得以长期生存、延续发展和健康发展的第一基本需要。人可以通过人类劳动的过程来发展生产技能和大量获取各类物质资料，从而能够实现基本物质生活所需资源的极大满足，这又构成并决定了社会劳动供给与人们物质生活的需要间的基本关系。

任何一类生物的社会生存延续与生物种族繁衍同样离不开物质资料。生物主要通过与人类周围生活环境发生的相互物质资料交换以进行各种新陈代谢和各种生殖及遗传，这即是各种生命现象演化的两个基本特征。人类作为所有生物门类中最高级别的一种动物，不仅需要获得食物、水源、衣物、住所房屋等可以满足个体生命的持续进化活动要求的一种最具基本特性的物质生活资料，还在日常劳动生活和人类社会历史实践过程中产生了一个更加复杂丰富、独特多样的物质生活需要。近代中期以后，在全球资本规模扩张浪潮与物质生产社会化共同的驱动背景下，人类得以不断探索创新、发展应用科学技术，通过三次世界新工业革命才逐渐能够实现整体生产力技术水平的跨越式跃升，实现了包括衣、食、住、行等生活全方位革新。

从满足物质生活需求的角度来看，人类历史实际上是一部由人们为不断追求和提高物质生活水平而创造和发展出丰富多样的物质资料所构成的历史。

当今，互联网时代是一个人类发展历史上信息物质资料积累最丰富的一个时代，人赖以生存的物质生活需要与精神文化需要都达到一个历史上前所未有的高度。随着我国第四次电子工业信息化革命的逐步开展，人工智能、虚拟现实、量子通信、新材料制造等众多新兴技术产业和新领域在深刻变化着，悄然改变并影响着现代人未来的生活形态。我们当前部署的5G无线通信、高速铁路、卫星导航服务等在技术领域上取得了重要的革命性创新，正是我国为全面满足当今人们对无线通信基础设施和快速运输体系及各相关应用领域建设的深切需要而积极进行的一系列技术领域革新。这种变化几乎与现在任何一个人未来的物质生活方式都息息相关，移动支付、网络电视购物、网约车服务等都已经逐渐成为中国

大多数城市人未来在物质生活方面的"刚性需要",我们应该已无法再适应以前没有这些物质资料的生活。

物质生活需要的有效满足同样离不开创造性劳动,劳动创造是今天人类能够获取第一手物质资料和获取信息的一项重要途径。劳动是整个人类社会生活的第一基本条件。创造性劳动能够使手脑从行走、攀爬、采摘、狩猎等劳动活动中暂时解放出来,从而能够迅速掌握一门新的生活技能,如制造农用工具、耕种、纺纱、冶金、制陶等。自然界总是为生产劳动的过程提供物质材料,劳动本身则必须转变相应材料来满足现代人类丰富多彩的物质生活需要。

现代的社会结构中,人类会通过创造新的方式来进行劳动,从而进一步满足物质生活需要。"不劳而获"这种行为对于劳动来说是不允许存在的,只有通过劳动才能充分保证物质资料的持续获取和精神文明的持续发展。

二、职业学校中对生存劳动教育的开展

生存劳动的教育与培养包括在生产劳动中创新创业择业,在毕业设计和顶岗实习中,提升生存发展需要的劳动能力。以服务性劳动养成教育为主,培养学生运用职业技能服务他人,回报社会的精神。

这一阶段强调学生可持续发展能力的培养。如劳模精神、创新创业、职业生涯规划等,主动服务他人,从赓续匠心走向技能创新。在此基础上,面向社会开展职业体验、社区服务,提升志愿者情感和认同。

为此,学校会开展相应的活动,具体如下。

(1)结合"全国职教活动周""文明风采大赛",每年分类分层次设计"生涯规划月""职业体验营"等生涯规划类项目;举办校园劳动周、主题活动周等活动实践周,实施创新技能拓展行动,提升劳动教育影响力。

(2)组织学生参与"优秀毕业生报告会""优秀毕业生面对面"等交流活动,发挥校友企业劳动育人功能,实施合力发展助力行动。

学校开展劳动教育最终的目的是要求学生对标职业、岗位练兵,实现产业、专业、职业与就业创业联动发展,以实习实训课为劳动载体开展劳动教育,提高解决实际问题的能力,积累职业经验,在实践中深入体会劳动创造世界、创造美好生活,提高践行工匠精神的自觉意识,增强职业认同感和劳动自豪感。

三、校园中的生存劳动——专业二课堂

二课堂是对第一课堂的延伸和拓展,依托专业力量,引导学生提高专业兴趣,将实践教学和社团建设有机结合,对于培养职业兴趣、拓展知识领域、应用所学技能、激发潜力、不断获得成长进步具有重要意义。根据自己的专业与时间,选择并加入一个专业二课堂,与志同道合的同学们一起钻研进步。

需要制定的相关目标如下。

（1）了解专业二课堂的活动章程和相关规定。
（2）根据自己的专业和时间选择一个专业二课堂加入。
（3）通过专业二课堂的活动拓展知识面，提升专业技能素养。
（4）通过二课堂增进对行业的了解，增加对专业的认知，培养交流协作、沟通互助的能力。
（5）通过专业知识应用增强对劳动的热爱。

安全防护须知如下。
（1）认真了解二课堂章程及相关规定。
（2）课堂活动时，遵守纪律，注意防患未然。
（3）规范使用设备，不擅自活动。
（4）遵守二课堂规章制度和场所使用规定。

具体实践过程如下。

1. 选择并加入心仪的二课堂

新学期开始，各种二课堂都会进行招新，通过浏览二课堂的宣传介绍，了解其活动章程、活动时间、活动方式以及所属专业等内容，进而挑选心仪的二课堂进行了解，最终选择符合自己期望、最能体现自己价值、最能促进自己能力发展的二课堂加入。

2. 积极参加二课堂活动

熟悉专业二课堂活动的具体要求，认真履行二课堂成员的义务，重视二课堂的每一次活动。

二课堂活动主要内容，以 Flash 二课堂为例。

（1）认识动画制作项目的主题与内容，了解需要和给予的相关素材。在这个过程中体会将素材在大脑中进行整合的过程。
（2）指导教师根据主题内容与素材，对学生进行示范操作。在这个过程中学生用心观察，学习老师的操作技巧并结合自己的灵感和思路进行实操。
（3）学生将学到的操作技巧与思路运用到自己的作品中进行实操。在这个过程中要注意合理运用素材，制作出的内容要符合主题精神与要求。
（4）学生将制作好的成品动画以作业的形式发送给老师，老师挑选出比较有特色的作品一一进行展示。通过这个展示的过程，同学们将不同的作品进行对比，结合自己的作品进行反思，找到不足之处进行改进，进一步提高对专业的认知与专业素养。

3. 学生参加二课堂时的注意事项

（1）正确处理人际关系。

对待任何人都要怀着一颗谦逊之心、学习之心，通过与他人的交往，发现自己的不足，吸取他人身上的优点。即使他人与自己意见相左，也绝不能用语言或者行为攻击他人，要学会理性化解各种冲突，学会处理人际关系。

（2）学会团队协作。

团队协作对任何一个集体的发展都至关重要，各职能部门之间都需要团结合作。想要更好地完成任务，需要每位同学各司其职，而不是只凭借一个人或几个人完成。

（3）以提升自我素养为根本目的。

参加二课堂除了认识更多的老师和同学、满足自己的兴趣爱好之外，更重要的是通过进行研究性的学习、实验、劳动，培养自己的创新精神和自主探究能力。

四、职教活动周展风采

职业教育活动周是展示职教风采、宣传职教政策、营造职业教育发展良好氛围、汇报职教成果的良好契机和宝贵平台，学校、各级政府和教育行政部门都会在此期间举办职业教育宣传活动。每年的主题和内容都会围绕职教发展进行创新。中职生参与其中，进行技能展示、政策宣传、节目表演，一方面为职业教育发展做贡献，另一方面可以展示个人技能和素养。

开展职教活动周主要有以下目标。

（1）让学生与家长广泛了解职业教育发展成果。
（2）营造关于支持职业教育发展的氛围。
（3）制订了解学校职业教育活动周活动方案。
（4）动员教师与学生积极参与职业教育活动周的相关活动。
（5）在宣传活动中体会技能成就多彩人生。

实践安全与防护事项如下。

（1）注意宣传过程中的交通安全和人身安全。
（2）制作、安装展板时注意自我保护，同时避免伤及他人。
（3）做好应对雨雪风雷等特殊天气的必要准备预案。
（4）室外活动注意个人防护。

职教周实践过程如下。

1. 前期宣传

（1）确定具体活动时间。
（2）确定活动主题。
（3）国旗下的演讲和班主任会议等。

这些活动旨在向全校师生传递职业教育的重要性，并鼓励大家积极参与。此外，在学校户外电子显示屏上滚动播出职业教育活动周的口号，以吸引更多人的关注。同时，通过展板等展示学校校园文化和各专业教学改革情况，让更多人了解学校的发展和进步。这些举措不仅有助于提高职业教育的知名度，还有利于促进学校与社区之间的互动和交流（图7-7）。

2. 具体活动内容

职业教育活动周的活动内容要丰富，设计要有新意，还要突出重点、贴近群众、生动有趣。中职院校通过举办一系列活动，包括职业体验观摩活动、校企合作成果展示、校园文化展示以及优秀毕业生进校园活动等，向中小学生和家长提供了解职业教育的机会，开阔了他们的眼界，使他们能够发现职业的乐趣，并感受到现代劳动教育的特色与魅力。

图 7-7　职教活动风采显示

五、培养中职生生存劳动习惯

培养中职生的生存劳动习惯能够帮助他们掌握基本的生活技能和劳动技能，提高自我照顾和独立生活的能力。

（1）开展生活技能课程。学校可以开设一些生活技能课程，如烹饪、洗熨、打扫卫生等，教学生一些实用的生活技能。这些课程应该注重实践操作，让学生在亲身实践中掌握技能。

（2）建立劳动实践基地。学校可以在校园内建立劳动实践基地，如菜园、果园等，让学生有机会进行种植、采摘等劳动实践，提高他们的动手能力和生存技能。

（3）鼓励参加社会实践。学校可以鼓励学生参加社会实践活动，如志愿者活动、社区服务等，让学生在社会实践中培养自我照顾和独立生活的能力。

（4）加强家庭教育。学校应该与家长密切合作，鼓励家长在家庭中注重培养孩子的生存劳动习惯，如让孩子参加与专业技能相关的实习工作等。

（5）注重培养学生的专业实践能力。在专业的实践操作中，教师应该注重培养学生独立完成作品的能力以及在把专业技术运用到实际应用中的能力，不局限于课堂，使学生的技能能够真正产生出劳动价值。

培养中职生的生存劳动习惯需要学校和教师共同努力，注重实践操作和家庭教育，加强社会实践和集体劳动，提高学生的自我照顾和独立生活能力。这将有助于他们更好地适应未来的生活和职业发展。

 检测评价

一、多项选择题

1. 劳动生产力具有的两个属性是（　　）。
   A. 延展性　　　　B. 超前性　　　　C. 基础性　　　　D. 丰富性
2. 参加二课堂时需要注意（　　）。

A. 人际关系　　　　B. 团队协作　　　　C. 最终成绩　　　　D. 自我提升

二、简答题

1. 简述参加二课堂需要注意的人际关系都有哪些。
2. 简述参加二课堂的科目和理由是什么。

任务实施

【任务1】

小王和小冯的二课堂奇遇

在未来的世界里，科技的发展日新月异，而"Flash 二课堂"成为广受欢迎的专业课程。这是一个融合了科技与艺术的领域，学生们在这里学习如何利用先进的技术手段来创作引人入胜的数字艺术。

小王和小冯是 Flash 二课堂的学生，他们痴迷于这个专业，渴望通过学习精进自己的技能。小王是一个技术天才，他擅长利用代码创造出令人惊叹的视觉效果；而小冯则拥有非凡的创意和想象力，她的作品总是充满了独特的风格和情感。

在一次课堂比赛中，小王和小冯决定携手合作。他们将自己的创意和技术完美结合，共同创作出一部令人惊叹的数字艺术作品。作品中的每一个细节都充满了生命力和情感，让人们仿佛置身于一个梦幻的世界。

然而，在比赛前夕，他们的作品突然被黑客盗取。面对这个突如其来的打击，小王和小冯没有放弃。他们决定与黑客展开一场较量，捍卫自己的创作成果。

在这场激战中，小王运用他的技术能力追踪黑客的踪迹，而小冯则用她的智慧和勇气寻找线索。他们历经千辛万苦，终于揭开了黑客的真实身份，成功夺回了自己的作品。

比赛当天，小王和小冯的作品获得了评委们的一致好评，他们最终获得了比赛的荣誉。这个经历让他们更加坚定了对 Flash 二课堂的热爱，也让他们明白了勇气、智慧和合作的重要性。

这个故事不仅展现了小王和小冯在 Flash 二课堂的学习经历，还向读者传递了勇敢面对挑战、捍卫自己的信念和合作共赢的价值观。在未来的世界里，数字艺术将会成为更加重要的领域，而 Flash 二课堂将会培养出更多优秀的年轻人才。

请选择一个自己喜欢的二课堂参加，创造属于自己的二课堂神奇经历。

【任务2】

小王和小冯操纵的二维、三维魔法世界

在学校的职教周，小王和小冯决定展示他们在 Flash 二课堂学到的技能和作品。他们准备了一个精彩的 Flash 动画和一个令人惊叹的三维动画作品，向老师和同学们展示他们的才华。

Flash 动画是小王的得意之作，它融合了科技与艺术的魅力。画面流畅，色彩鲜明，每一个细节都经过精心设计。当动画在大屏幕上播放时，全场爆发出热烈的掌声。老师赞叹不已，同学们也纷纷夸奖小王技术高超。

接下来展示的是小冯的三维动画作品。她巧妙地将情感与技术相结合，创造出一个充

满生命力的虚拟世界。画面中的角色栩栩如生，场景逼真动人，让人仿佛置身其中。当作品结束时，全场陷入了短暂的沉默，随后爆发出更为热烈的掌声。

在展示结束后，老师和同学们纷纷向小王和小冯表示祝贺，并给予了他们极高的评价。老师赞扬他们为学校争光，并鼓励他们继续努力，发挥自己的潜力。同学们则向他们请教技巧，希望能提高自己的技能水平。

这次职教周的经历让小王和小冯倍受鼓舞，他们对自己的才华更加自信，也对未来的职业道路充满了期待。他们相信只要不断努力，一定能在这个充满挑战与机遇的数字艺术领域中获得更大的成就。

请把你二课堂的获奖作品在职教周上做展示，请你的朋友、同学、家长来看一看。

中职生生存劳动表现评价表

学　校：_____ 班　级：_____ 姓　名：_____ 学籍号：_____

名　称		累计时长	
写实记录	劳动目标：_____ 时间和地点：_____ 内容和过程：_____ 劳动感悟：_____ 证明单位（社区、村委会、学校）签字（盖章）：		
得　分		教师签字	

填表说明：学生每学期参加生存劳动累计达到 4 小时及以上计 1 分、2~3 小时计 0.5 分、2 小时以下不得分，由教师认定。累计时长可以通过多次劳动实践达到。

项目七 劳动之美

任务五 工匠精神

情景导入

小陈通过参加职教周和二课堂得到了锻炼,也总结了一些经验,对自己升入大学后的学业有了明确的目标,并且对自己毕业后所从事的行业也有所了解与规划。在劳动课上,老师经常会提到"工匠精神",小陈和同学们一起观看了许多关于"工匠精神"的视频。在课后的作业中,大家也搜集了很多关于"工匠精神"的故事。虽然小陈也认真学习了"工匠精神",但他的理解还不够深刻。

请同学们分析一下,应该怎样把"工匠精神"践行在日常的学习和生活中?在今后的工作中,你又会如何弘扬"工匠精神"呢?

知识积累

一、工匠精神的含义

工匠精神是一种追求卓越、精益求精的精神,是对待工作的严谨、专注、负责的态度。它代表着一种职业追求,强调对品质的极致追求和对工作的热爱。

在现代社会中,工匠精神依然有着非常重要的意义。无论是在工业、手工业还是其他领域,工匠精神都是一个不可缺少的元素。它能够推动技术的发展和创新,提高产品的质量和竞争力,同时也能够促进员工的成长和进步。

当然,要践行工匠精神并不容易。它需要具备扎实的专业知识和技能,同时也需要保持耐心、专注和执着的精神。只有在不断地努力和追求中,才能够真正地体现出工匠精神的价值。

二、弘扬工匠精神的价值和意义

弘扬工匠精神的价值和意义非常重要。

首先,工匠精神是一种追求卓越、注重细节、追求完美的精神,这不仅可以提高产品的品质和竞争力,还可以塑造一个积极向上、追求卓越的社会氛围,激发人们的创造力和创新精神。

其次,工匠精神可以保护和传承传统工艺。许多传统工艺是我国文化的瑰宝,但由于现代工业化的冲击,许多传统工艺正面临着失传的危险。工匠精神的弘扬可以促进传统工艺的保护和传承,维护文化的多样性。

再次,工匠精神还可以提高劳动生产率和经济效益。通过精益求精、追求卓越的工匠精神,企业可以减少浪费、降低成本、提高效率,从而获得更多的收益和竞争优势。

最后，工匠精神还可以促进社会稳定和发展。通过弘扬工匠精神，可以培养人们的专注力、耐心、创新精神等优秀品质，提高人们的综合素质和竞争力，为社会稳定和发展提供强有力的支撑。

因此，弘扬工匠精神对于个人和社会都具有重要的意义和价值。

三、弘扬工匠精神

弘扬工匠精神是社会发展和时代进步的必然要求。以下是一些弘扬工匠精神的方法。

（1）树立正确的价值观和职业观。

工匠精神强调追求卓越、注重细节、追求完美，这需要我们树立正确的价值观和职业观，认识到工作不仅仅是为了生存，更是为了实现自我价值和社会价值。

（2）培养专注力和耐心。

工匠精神需要我们具备高度的专注力和耐心，不断追求卓越，不轻易放弃。这需要我们在学习和工作中注重细节，从小事做起，逐步提高自己的技能和素质。

（3）坚持学习和创新。

工匠精神需要我们不断学习和创新，以适应时代的变化和技术的更新。这需要我们具备自我学习的能力和创新思维，不断探索新的领域和技能。

（4）营造崇尚工匠精神的社会氛围。

工匠精神需要社会各界的共同关注和支持，需要我们营造崇尚工匠精神的社会氛围。这需要我们通过各种渠道宣传和弘扬工匠精神，让更多的人认识到它的价值和意义。

（5）鼓励实践和探索。

工匠精神需要我们在实践中不断探索和尝试，以发现自己的潜力和不足。这需要我们具备勇于实践和探索的精神，不怕失败和挫折，不断总结经验教训，不断提高自己的技能和素质。

总之，弘扬工匠精神需要我们树立正确的价值观和职业观，培养专注力和耐心，坚持学习和创新，营造崇尚工匠精神的社会氛围，鼓励实践和探索。只有这样，我们才能更好地发挥自己的潜力，实现自我价值和社会价值。

四、中职生如何弘扬、践行工匠精神

作为一名中职生，我们可以从宏观和微观两个方面来弘扬和践行工匠精神。

（一）宏观方面

（1）努力学习专业知识，不断提高自己的技能水平。

（2）端正学习态度，勤奋刻苦，追求卓越。

（3）培养良好的职业道德和职业操守，遵守行业规范和道德准则。

（4）注重细节，追求完美，不断对自己的学习成果进行反思和改进。

（5）坚持持续学习，不断提高自己的综合素质和竞争力。

（6）学会自我管理，严格要求自己，不断提升自我管理能力。

（7）培养团队合作精神，与同学共同协作完成工作任务。

（8）树立正确的价值观和人生观，积极向上，为社会做出贡献。

总之，作为中职生，应该时刻牢记工匠精神的核心价值，将其融入自己的学习和生活中，不断提高自己的综合素质和竞争力，为未来的职业发展打下坚实的基础。

（二）微观方面

（1）注重细节。

中职生在学习和运用专业技能时，注重细节、追求完美非常重要。工匠精神的核心价值观之一就是精益求精，注重细节和追求完美是成为优秀工匠的必备品质。

在学习专业技能时，需要对每一个细节都给予足够的关注和重视。比如，在学习的过程中，要认真听老师讲解，仔细观察老师示范操作，理解每一个步骤和细节的意图和作用。在实践操作时，要注重对每一个细节的把控，不断完善自己的操作流程和技能水平。

同时，追求完美也非常重要。在学习过程中，要不断追求更高的标准和质量，不断挑战自己的极限。在实践中，要注重每一个细节的完美呈现，尽可能减少误差和缺陷。这种追求完美的态度不仅可以提高技能水平，还可以在未来的职业生涯中获得更多的机会和成功。

（2）对自己的作业、作品进行反思和改进。

例如动漫专业的学生，对自己的作业和作品进行反思和改进是非常重要的。

① 明确作业或作品的要求和目标。在开始创作之前，先要明确作业或作品的要求和目标。这样可以帮助你更加有针对性地进行创作，避免偏离主题或目标。

② 制订计划和时间表。在开始创作之前，要制订一个详细的计划和时间表。这可以帮助你合理分配时间，确保在规定的时间内完成作品，并且有足够的时间进行修改和润色。

③ 收集参考素材。在创作过程中，要尽可能多地收集相关的参考素材。这可以帮助你更好地理解动漫角色的造型、服装、动作等，以及如何更好地表现故事情节和场景。

④ 注重细节和比例。在创作过程中，要注重细节和比例。细节可以增加作品的丰富性和细腻度，而比例则可以增强作品的平衡感和协调性。

⑤ 反复修改和润色。在完成作品后，要反复修改和润色。这可以帮助你发现作品中存在的问题和不足之处，并进行改进。

⑥ 听取他人意见。在完成作品后，可以向老师、同学或专业人士请教，听取他们的意见和建议。这可以帮助你更好地了解自己作品中的优点和不足之处，并进行改进。

（3）提升自我管理能力。

作为中职生，严格要求自己并提升自我管理能力是非常重要的。

① 制订计划和目标。制订计划和目标可以帮助你更好地管理自己的时间和任务。在制订计划时，要明确每个任务的时间和优先级，并尽可能将计划落实到纸面上或使用电子设备进行管理。同时，要设定明确的目标，让自己有明确的方向和动力。

② 培养自律精神。自律是自我管理的重要品质之一。要克服自己的惰性和拖延症，按时完成任务，并保持一定的自律性。这可以帮助你更好地掌控自己的时间和情绪，提高工作效率和质量。

③ 学会合理安排时间。合理安排时间可以帮助你更好地管理自己的学习和生活。要学会合理分配时间，掌握好学习和休息的平衡，避免过度疲劳和压力过大。

④ 培养良好的学习习惯。良好的学习习惯是提高自我管理能力的重要方面。要养成定时复习、做好笔记、阅读相关书籍等良好的学习习惯，这可以帮助你更好地掌握知识和技能，提高学习效果。

⑤ 学会自我调节和情绪管理。自我调节和情绪管理是自我管理的重要组成部分。要学会控制自己的情绪，避免因情绪波动而影响学习和生活。同时，要学会自我调节，保持积极的心态和情绪，提高自己的自信心和积极性。

⑥ 培养良好的人际关系。良好的人际关系可以帮助你更好地融入集体和社会，同时也可以帮助你更好地管理自己。要学会与他人沟通、合作、互相帮助，建立良好的人际关系，提高自己的社交能力和合作能力。

提升自我管理能力是中职生非常重要的任务之一。通过制订计划和目标、培养自律精神、学会合理安排时间、培养良好的学习习惯、学会自我调节和情绪管理以及培养良好的人际关系等方法，可以更好地提升自我管理能力，为未来的职业发展打下坚实的基础。

 检测评价

选择题

1. （　　）不属于工匠精神。（单选）
   A. 精益求精　　　　B. 追求卓越　　　　C. 积极向上　　　　D. 无所畏惧
2. （　　）符合工匠精神。（多选）
   A. 认真学习功课　　　　　　　　　　B. 对待专业技能精益求精
   C. 无视老师、同学　　　　　　　　　D. 对自己严格要求
3. 弘扬工匠精神的价值是（　　）。（多选）
   A. 创新创造　　　B. 提高生产效率　　C. 传承传统文化　　D. 促进社会稳定

 任务实施

【任务1】

小陈与小卫的学术之旅

小陈与小卫是华夏大学两位优秀的学生，他们以认真仔细的态度和端正的行为，践行着工匠精神。

小陈是一名历史系的学生，他对历史有着近乎痴迷的热爱。在研究历史时，他总是仔细阅读每一份史料，不放过任何一个小细节。他深知历史的真相是建立在无数细节之上的，因此他始终坚持追求真实，不受任何外界因素的干扰。

小卫是艺术系的学生，她对绘画有着极高的天赋和热情。在绘画时，她总是全神贯注，力求将每一个细节都表现得淋漓尽致。她认为艺术是心灵的表达，只有通过不断地实践和

磨炼，才能达到更高的境界。

在大学期间，小陈与小卫共同参加了一个名为"工匠精神在学术研究中的应用与实践"的研究项目。这个项目旨在通过实际研究，探索如何在学术领域中践行工匠精神。在项目中，小陈负责历史方面的研究，小卫则负责艺术方面的研究。他们一起探讨了如何在各自领域中发扬工匠精神，并得出了许多有价值的结论。

通过这次研究，小陈与小卫更加深入地理解了工匠精神的内涵。他们意识到，在学习中践行工匠精神，就是要以认真仔细的态度对待每一个知识点，不断追求卓越，不畏困难，持之以恒地努力。

毕业后，小陈成为一名历史学者，小卫也成为一名杰出的艺术家。他们用自己的实际行动证明了在学习中践行工匠精神，不仅有助于个人的成长和发展，还能为社会创造出更多的价值。

请分析一下，在你的日常学习中是否践行了工匠精神？

【任务2】

匠心独具，成就专业梦想

东北小镇的秋风中，小陈与小卫站在学校的公告栏前，目光紧紧盯着那张省级动漫技能专业比赛的通知。他们心中涌动着激情与梦想，决定携手共赴这场技艺的较量。

备战的日子里，小陈与小卫投入了无尽的汗水与努力。他们从基础的线条、色彩到复杂的场景设计，每一环节都力求完美。夜晚，当其他同学已进入梦乡，他们仍在挑灯夜战，精益求精。

比赛的日子终于来临。小陈与小卫带着他们精心创作的动漫作品走上了舞台。他们的作品不仅技术娴熟，还融入了深厚的情感与思考，每一个细节都闪烁着匠心独运的光芒。

当主持人宣布小陈与小卫荣获比赛冠军时，全场掌声雷动。他们紧紧相拥，眼中闪烁着泪光。这份荣誉，是对他们精益求精态度的最好肯定。

赛后，小陈与小卫的故事在校园里传为佳话。他们的匠心精神成为学弟学妹们学习的榜样。而他们，也决心将这种精神继续传承下去，点亮更多人的梦想之路（图7-8）。

图7-8 中国匠心精神

请分析一下你在课上完成的动漫作品，是否体现了精益求精的态度。看完故事后，你打算在未来以何种态度对待自己的专业技能？

要点梳理

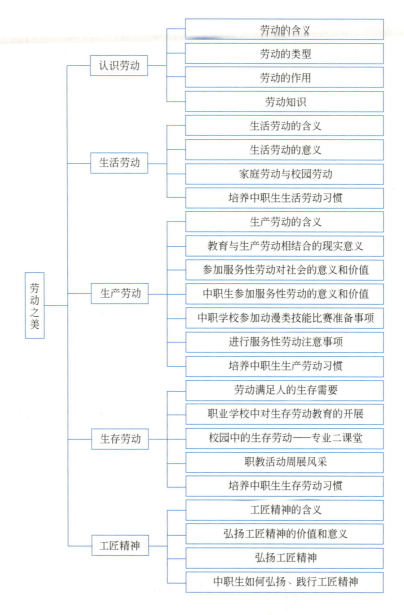

小结检测

【案例分析题】

小杨同学在中职的三年中,从一年级解决班级的值日问题,二年级积极参加专业技能比赛获得荣誉,三年级对大学以及毕业后的职业生涯规划这三年的学习与努力后,取得了极大的提高与进步。在毕业前夕,更是获得了市级最美中职生的荣誉称号。

项目七　劳动之美

请同学们结合劳动之美的相关知识,分析小杨同学获得"最美中职生"的荣誉称号,是因为小杨的长相俊美吗?小杨这位"最美中职生"究竟美在哪里?

任务实施评价表

小组编号:　　　　　　　　　　任务序号:

项　目	评价依据	优秀	良好	及格	继续努力
任务准备	认真阅读劳动之美知识点,并按照教学内容作细致梳理				
知识理解	理解各类劳动的特点与工匠精神,能够梳理知识脉络				
分析讨论	能够准确完成课后练习题				
合作学习	小组成员讨论是否积极主动、发言是否充分、观点补充是否完整				

知识链接

劳动之美的评价标准

劳动之美的评价标准可以从以下几个方面来衡量。

(1)劳动态度。是否具备勤奋、忠诚、自强的劳动态度,能够积极主动地完成工作任务。

(2)团队合作精神。是否具备良好的团队合作精神,能够带动和影响他人积极参与劳动。

(3)创新意识和创造能力。是否具备创新意识和创造能力,能够在工作中提出新的思路和方法。

(4)职业道德。是否遵守社会道德规范和职业操守,具有高度的诚信和责任感。

(5)业绩贡献。是否在平凡的工作岗位上做出不平凡的业绩,为促进企业、经济发展做出突出贡献。

(6)攻坚克难。是否在重点工程项目建设中奋力攻坚,抢抓工期,安全、保质保量完成或超额完成建设任务。

(7)科技创新。是否注重科技创新,攻克技术难题,在增强自主创新能力和产业核心竞争力方面做出突出贡献。

(8)社会贡献。是否乐于助人,热爱公益事业,关心困难职工冷暖,并身体力行给予帮助;在化解基层矛盾,创建和谐劳动关系,维护社会稳定,抢险救灾等方面,为保卫国家安全和人民生命财产安全,促进社会和谐等方面事迹特别突出。

参 考 文 献

[1] 百度百科 https://baike.baidu.com/item/ 劳动模范 /10435134?fr=ge_ala 百度文库《劳动教育的意义》.
[2] 百度百科 https://baike.baidu.com/item/ 五一国际劳动节 /810559?fr=ge_ala 宪法第二章《公民的基本权利和义务》.
[3] 蔡元培. 美育实施的方法 // 中国近代思想文库编委会，编. 蔡元培卷（中国近代思想家文库）[M]. 北京：中国人民大学出版社，2014.
[4] 陈海兵，郝彦斐，陆莉莉. 美术欣赏 [M]. 长春：东北师范大学出版社，2017.
[5] 陈嵩，刘凤. 以"道德之美"，"成"人之美——基于全面质量评价的德育. 当代教育论坛，2017（2）：22-26.
[6] 刘五华. 中外美术简史 [M]. 北京：北京师范大学出版社，2022.
[7] 马博. 中国大百科 [M]. 北京：线装书局有限公司，2014.
[8] 潘伯鹰. 中国书法简论 [M]. 上海：上海辞书出版社，2013.
[9] 钱平安. 京剧基础知识 (中英对照插图本) [M]. 上海：中西书局，2022.
[10] 任思源.《中国书法一本通》[M]. 北京：北京联合出版公司，2018.
[11] 沈义贞. 美育刍议. 江苏经贸职业技术学院学报，2022（1）：69-71.
[12] 王俊平，马啉，王阳漫. 美术鉴赏 [M]. 长沙：湖南师范大学出版社，2020.
[13] 吴爱邦. 孔子关于美与道德关系思想探析 [J]. 开封教育学院学报，2014（6）：16-18.
[14] 张玉榛. 世界民族音乐. 学习强国.https://www.xuexi.cn,2023.12.07
[15] 赵晓霞. 领略汉字之美 感悟中华文化 [N]. 人民日报海外版，2022-06-24(11).
[16] 中国音乐史编写组. 中国音乐史 [M]. 北京：高等教育出版社，2022.
[17] 朱红. 美育 [M]. 北京：人民卫生出版社，2023.
[18] 韩露. 书法艺术欣赏 [M]. 1 版. 北京：线装书局有限公司，2023.

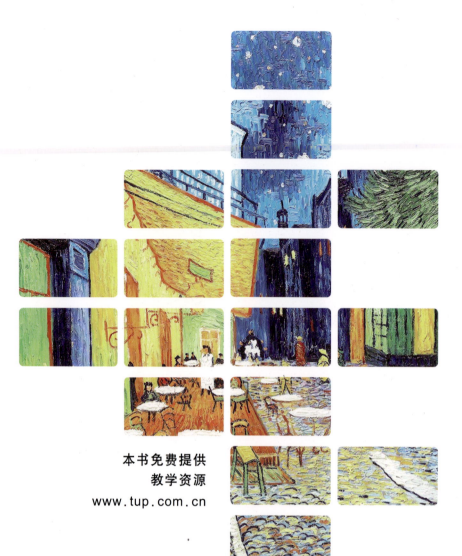

本书免费提供
教学资源
www.tup.com.cn

清华大学出版社

官方微信号

定价：59.90元